QIYE RENLIZIYUAN GUANLIZHE
ZHIYESHENGYA FAZHAN YANJIU

企业人力资源管理者
职业生涯发展研究

李沫

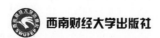 西南财经大学出版社

图书在版编目(CIP)数据

企业人力资源管理者职业生涯发展研究/李沫著 . 一成都:西南财经大学出版社,2016. 8

ISBN 978 - 7 - 5504 - 2613 - 9

Ⅰ. ①企…　Ⅱ. ①李…　Ⅲ. ①企业管理—人力资源管理—研究

Ⅳ. ①F272. 92

中国版本图书馆 CIP 数据核字(2016)第 195276 号

企业人力资源管理者职业生涯发展研究

李沫　著

责任编辑:高玲

责任校对:杨婧颖

封面设计:墨创文化

责任印制:封俊川

出版发行	西南财经大学出版社(四川省成都市光华村街55号)
网　　址	http://www.bookcj.com
电子邮件	bookcj@ foxmail.com
邮政编码	610074
电　　话	028 - 87353785　87352368
照　　排	四川胜翔数码印务设计有限公司
印　　刷	郫县犀浦印刷厂
成品尺寸	170mm × 240mm
印　　张	13. 5
字　　数	245 千字
版　　次	2016 年 8 月第 1 版
印　　次	2016 年 8 月第 1 次印刷
书　　号	ISBN 978 - 7 - 5504 - 2613 - 9
定　　价	78. 00 元

摘　要

随着企业人力资源管理者角色的转变以及在企业中地位的提升，人力资源管理者的职业发展的相关问题也受到研究者们的重视。自 Ference 等人（1977）从职位晋升角度研究职业高原以来，职业高原的含义、职业高原的构成维度以及职业高原对员工工作态度和行为造成影响的研究就一直是国内外学术界关注的热点问题。而纵观国内外研究领域，还没有对企业人力资源管理者的职业生涯发展或职业高原的专门研究。本研究认为对企业人力资源管理者的职业高原进行研究是深入了解人力资源管理者职业发展的重要方式，其研究成果对企业管理和人力资源管理者职业生涯发展都具有重要意义。

本研究的主要学术贡献包括：第一，根据文献研究和理论分析，在国内外研究者对职业高原结构进行探索的基础之上建立了企业人力资源管理者职业高原的四维度结构，包括结构高原、内容高原、中心化高原和动机高原。第二，通过分析企业人力资源管理者职业高原及其构成维度在人口学变量上的差异发现，人力资源管理者职业高原整体在年龄、工作年限、任职年限、学历、职位和企业性质上存在显著差异，在性别和婚姻上不存在显著差异；研究发现人力资源管理者的年龄越大、工作年限越长、任职年限越长、学历越低、职位越低，其职业高原的敏感度越高。国有企业和民营企业人力资源管理者的职业高原相对外资企业和合资企业较高。第三，通过对企业人力资源管理者的组织支持感、工作满意度和离职倾向进行调查发现，企业人力资源管理者的工作满意度处于中上水平，且内部工作满意度要高于外部工作满意度；企业人力资源管理者的组织支持感同样处于中上水平，在组织支持感的四个构成维度中，同事支持感最高，其次为工具性组织支持感和主管支持，情感性组织支持感相对最低；企业人力资源管理者的离职倾向处于中等偏下水平，说明企业人力资源管理者的离职倾向不是很高。第四，通过对人力资源管理者职业高原和工作满意度、组织支持感、离职倾向之间的关系分析发现，职业高原会对工作满意度产生负面影响；组织支持感在职业高原和工作满意度的关系中起到了部分中介作用，即在组织支持感的中介作用下，职业高原对工作满意度的负面影响会显著降低；企业人力资源管理者的职业高原对离职倾向产生正向影响，且结构高原对离职倾向起主要的影响作用。实证结果分析显示，组织支持感在职业高原和离职倾向的关系中未起到中介作用。除此之外，研究还发现组织支持感和工作满意度正相关，相关性较强；组织支持感与离职倾向负相关，但相关性不大。

本研究对企业管理实践的价值在于：首先，引起企业管理者，特别是人力资源管理者对职业高原问题的关注，同时，企业人力资源管理者既要重视企业的人力资源管理工作，也要重视自身的职业发展以及职业高原现象。其次，重视并协助人力资源管理者向企业战略伙伴的角色转变，例如，通过重新进行工作设计和增加培训机会帮助人力资源管理者完成管理角色的转变。最后，探索提高企业人力资源管理者工作满意度、组织支持感，降低职业高原、离职倾向的有力措施。具体措施可以包括重新塑造企业人力资源管理者的职业价值观、建立多样化的职业发展路径、为人力资源管理者的工作提供必要的工作条件、尊重人力资源管理者个人的需求和价值观、尊重人力资源管理工作本身、包括企业高管在内的管理人员都需要了解并支持企业的人力资源管理工作和人力资源管理者。

　　主题词： 职业生涯发展　职业高原　工作满意度　离职倾向　组织支持感

Abstract

With the more importance and role changes in human resource management of enterprises, researchers pay more attention on the human resources managers' career development. Since Ference (1977) did the first study of career plateau from the angle of promotion, and then the meaning of career plateau, the dimensions of career plateau, the impact of career plateau to employees' working attitudes and behaviors have being hot issues in the domestic and foreign academic fields. After the preset research of relative fields was summarized, there is few study of career development or career plateau on human resources managers. This paper considers that the study on human resources managers' career plateau is in – depth understanding of human resources managers' career development. The research results have important significance both for enterprise management and human resources managers' career development.

The main academic contributions of this research include: first, based on the documents and theoretical analysis, this paper builds the four dimensions structure model of human resource managers' career plateau, it's including structure plateau, content plateau, centralizing plateau and motivation plateau. Second, through the analysis of human resource managers' career plateau and its dimensions structure differences in demographic variables, it finds out human resources managers' career plateau has significant differences in age, working life, Length of service, education, position and the nature of the enterprise, and has few significant differences in gender and marital status. The human resources managers of the older, the longer working life, the longer the length of service, the lower education level, the lower position have the higher sensitivity on career plateau. The human resources managers from the state-owned enterprise and private enterprises have higher career plateau feel than those from foreign-funded enterprises and joint ventures. Third, the survey on human resources managers' perceived organizational support, job satisfaction and turnover intention find the job satisfaction of human resources manager is in the upper level, and their internal job satisfaction is higher than their external job satisfaction, the perceived organizational support of human resources manager is in the upper level too. And in the four dimensions structure of the perceived organizational support, colleague support is the highest, followed by tool of perceived organizational support and supervisor support, and affective organizational support is lowest. The turnover intention of human resources managers is in the middle and lower level; it means that human resources managers don't want to leave their now organization. Forth, through the analysis of the relationship between human resources managers' career plateau, job satisfaction, perceived organizational support and turnover intention, find that career plateau has a negative impact on job satisfaction, perceived organizational support plays a partial intermediary role between career plateau and job satisfaction, it means that with the mediating effect of perceived organizational support, the negative effects of career plateau on job satisfaction will reduce greatly. Career plateau has a positive effect on turnover intention, and structure plateau has major influence on turnover intention. The empirical results show, perceived organizational support does not play an intermediary role between career plateau and turnover intention. In addition, also find that there is a specific positive correlation between perceived organizational support and job satisfaction, and there is a low negative correlation between perceived organizational support and turnover intention.

Above all, this paper also has high value to the practice of enterprise management. First of all, causes the enterprise managers, especially the human resources managers focus on career plateau problems. Human resources managers should not only pay attention to the human resource management of enterprises, but also pay attention to their own career development and career plateau. And second, pay attention to the change of human resources managers to strategic business partner role, and help them accomplish the transformation. For example, design and increase training opportunities. Last, explore good measures to improve the human resources managers' job satisfaction and perceived organizational support, reduce their career plateau and turnover intention. For example, reshape human resources managers' professional values, establish a diversified career development path, provide necessary working conditions for the HR management, respect for human resource managers personal needs, respect for values and the work of human resources management itself. Including corporate executives, managers need to understand and support the human resources management and human resource managers both.

Key words: Human resources managers   Career plateau   Job satisfaction   Turnover intention   Perceived organizational support

目　录

1　企业人力资源管理者职业生涯发展的现状 / 1

　1.1　人力资源管理思想的发展 / 1

　　1.1.1　亚当·斯密关于"劳动力"的思想 / 1

　　1.1.2　德鲁克"人力资源"概念的提出 / 3

　　1.1.3　舒尔茨的"人力资本"概念以及人力资本理论 / 4

　　1.1.4　沃尔里奇的"人力资源管理角色"思想 / 6

　　1.1.5　爱德华·劳勒的"人力资源产品线"思想 / 9

　1.2　人力资源管理者的职业化发展 / 10

　　1.2.1　人力资源管理者职业化发展的趋势 / 10

　　1.2.2　中国企业人力资源管理者职业状态分析 / 13

　　1.2.3　人力资源管理者：角色的转变和职业发展路径的变化 / 14

　1.3　人力资源管理者职业高原的研究问题、目的和意义 / 16

　　1.3.1　研究问题 / 16

　　1.3.2　研究目的 / 17

　　1.3.3　研究意义 / 17

　1.4　研究的基本原理和相关概念界定 / 18

　　1.4.1　研究的基本原理 / 18

　　1.4.2　相关概念界定 / 20

　1.5　研究方法、技术路线和主要创新点 / 21

　　1.5.1　研究方法 / 21

1.5.2　技术路线 / 22

1.5.3　主要创新点 / 22

2 企业人力资源管理者职业高原研究理论分析 / 24

2.1　研究内容的总体回顾 / 24

2.2　职业生涯 / 24

2.2.1　职业生涯的概念 / 24

2.2.2　职业生涯发展的研究 / 25

2.3　职业高原 / 26

2.3.1　职业高原的概念 / 26

2.3.2　职业高原构成维度的研究 / 28

2.3.3　职业高原的测量 / 30

2.3.4　职业高原的影响因素研究 / 33

2.4　职业高原与结果变量之间的关系研究 / 37

2.4.1　认为职业高原会对结果变量带来负面效果的研究 / 37

2.4.2　认为职业高原对结果变量并非完全带来负面影响的
研究 / 38

2.4.3　职业高原对结果变量的影响研究结果存在差异的原因
分析 / 39

2.4.4　增加了中间变量的职业高原与结果变量之间的关系
研究 / 40

2.4.5　我国学者对职业高原与结果变量之间的关系进行的研究 / 42

2.5　工作满意度 / 44

2.5.1　工作满意度的内涵 / 44

2.5.2　工作满意度的测量 / 45

2.6　离职倾向 / 46

2.6.1　离职倾向的含义和相关研究 / 46

2.6.2　离职倾向的测量 / 47

2.7　组织支持感 / 47

2.7.1　组织支持感的含义 / 47

2.7.2　组织支持感的测量 / 48

2.8　本章小结 / 49

3　企业人力资源管理者职业高原结构的实证研究 / 51

3.1　企业人力资源管理者职业高原结构维度分析 / 51

3.1.1　企业人力资源管理者职业发展路径和职业生涯发展困境

分析 / 51

3.1.2　企业人力资源管理者职业高原的构成维度分析和研究假设的

提出 / 54

3.2　企业人力资源管理者职业高原量表设计 / 57

3.2.1　企业人力资源管理者职业高原量表设计方法 / 57

3.2.2　企业人力资源管理者高原初始量表设计 / 57

3.3　预调研和问卷的检验 / 61

3.3.1　初试问卷的设计、发放和回收 / 61

3.3.2　预调研问卷的统计分析 / 63

3.4　职业高原正式量表检验——大样本数据的收集与处理 / 76

3.4.1　正式问卷的发放和回收 / 76

3.4.2　量表信度检验 / 77

3.4.3　量表效度检验 / 79

3.5　研究结果分析 / 88

3.5.1　研究假设检验结果 / 88

3.5.2　从职业高原构成维度分析人力资源管理者职业高原的

特点 / 89

3.6　本章小结 / 90

4　人口学变量对企业人力资源管理者职业高原的影响 / 91

4.1　研究目的、研究假设和研究方法 / 91

4.1.1　研究目的 / 91

4.1.2　研究假设 / 93

    4.1.3　数据来源与研究方法 / 94

  4.2　企业员工职业高原及各维度的描述性统计分析 / 94

  4.3　人口学变量与企业员工职业高原及各维度的关系 / 95

    4.3.1　人口学变量与企业员工职业高原整体状态的关系 / 95

    4.3.2　人口学变量与企业员工职业高原不同维度的关系 / 103

  4.4　研究结果分析和本章小结 / 117

    4.4.1　研究假设检验结果 / 117

    4.4.2　实证结果分析 / 118

  4.5　本章小结 / 122

5　组织支持感对职业高原和工作满意度、离职倾向之间关系的
影响 / 124

  5.1　研究目的、研究假设与研究方法 / 124

    5.1.1　研究目的 / 124

    5.1.2　研究假设 / 129

    5.1.3　研究工具与研究方法 / 130

  5.2　工作满意度、组织支持感和离职倾向量表的预调研检验 / 130

    5.2.1　工作满意度量表的预调研检验 / 130

    5.2.2　组织支持感量表的预调研检验 / 134

    5.2.3　离职倾向量表的预调研检验 / 137

  5.3　人力资源管理者工作满意度、组织支持感和离职倾向的正式调查
分析 / 139

    5.3.1　工作满意度、组织支持感和离职倾向测量工具的信度、效度
       分析 / 139

    5.3.2　企业人力资源管理者工作满意度、组织支持感和离职倾向的
       总体状况 / 141

  5.4　企业人力资源管理者职业高原维度与工作满意度关系的统计
分析 / 142

    5.4.1　不同职业高原维度水平企业人力资源管理者工作满意度差异
       分析 / 142

　　　　5.4.2　职业高原维度与工作满意度的相关性分析 / 150

　　　　5.4.3　职业高原维度与工作满意度的回归分析 / 151

　　5.5　**企业人力资源管理者职业高原维度和离职倾向的统计关系分析** / 156

　　　　5.5.1　不同职业高原维度水平企业人力资源管理者离职倾向的差异
　　　　　　　分析 / 156

　　　　5.5.2　职业高原各维度与离职倾向的相关性分析 / 159

　　　　5.5.3　职业高原各维度与离职倾向的回归分析 / 160

　　5.6　**职业高原、工作满意度、离职倾向关系分析——以组织支持感为中
　　　　介变量** / 161

　　　　5.6.1　中介变量的研究方法 / 161

　　　　5.6.2　相关分析 / 162

　　　　5.6.3　中介作用分析 / 165

　　5.7　**研究结果分析** / 173

　　　　5.7.1　研究假设检验结果 / 173

　　　　5.7.2　实证结果分析 / 174

　　5.8　**本章小结** / 175

6　人力资源管理者职业生涯发展对策建议 / 177

　　6.1　**实证研究结果分析** / 177

　　6.2　**人力资源管理者职业生涯发展的对策建议** / 179

　　　　6.2.1　重视人力资源管理者的职业发展和职业高原问题 / 179

　　　　6.2.2　从职业高原构成维度出发，降低员工的职业高原程度 / 180

　　　　6.2.3　从影响职业高原的因素出发，关注特定群体的职业高原
　　　　　　　问题 / 180

　　　　6.2.4　发挥组织支持感的中介作用，降低职业高原产生的负面
　　　　　　　影响 / 182

　　6.3　**改善企业人力资源管理工作的政策建议** / 183

　　　　6.3.1　开发职业高原的正面意义，重新塑造企业员工的职业
　　　　　　　价值观 / 183

6.3.2 从职业高原四个构成维度出发，建立多样化的职业发展
路径 / 184

6.3.3 关注人力资源管理者中的特定群体，帮助人力资源管理者完
成角色转变 / 185

6.3.4 探索提高企业人力资源管理者工作满意度、组织支持感，降
低离职倾向的措施 / 186

6.4 研究局限及研究展望 / 188

附录 / 190

参考文献 / 195

1 企业人力资源管理者职业生涯发展的现状

1.1 人力资源管理思想的发展

人力资源管理思想从劳动力（亚当·斯密）—人力资源（德鲁克）—人力资本（舒尔茨）—人力资源管理角色（沃尔里奇）—人力资源产品（劳勒）的发展历程，体现了员工从企业中的"劳动力"发展到"雇员"直到成为"资源"的过程，而人力资源管理者也经历了从"专业者"提升为"伙伴"直到成为"参赛者"的角色转换。

1.1.1 亚当·斯密关于"劳动力"的思想

亚当·斯密（Adam Smith）（1723—1790）是经济学的主要创立者，也是第一个系统提出劳动分工理论和劳动价值论的经济学家。在 1776 年的《国民财富的性质和原因的研究》（简称《国富论》）中，斯密在由"看不见的手"引导的资本主义市场经济自动协调机制的框架下，系统阐述了劳动价值论与相应的分工理论，为马克思的鸿篇巨著《资本论》奠定了重要的劳动价值论基础。同时斯密对于如何通过劳动分工增进国家财富，以实现和谐的利益分配，也进行了相应的阐述。亚当·斯密关于"劳动力"的思想主要体现在两个方面：其一是揭示了人类劳动是一切价值的起源，其二是资源禀赋与劳动分工理论。

斯密在《国富论》中论述："一国国民每年的劳动，本来就是供给这个国家每年消费的一切生活必需品和便利品的源泉。构成这种必需品和便利品的，或是本国劳动的直接产物，或是用这类产物从外国购进来的物品。"[①] 关于劳

---

① 斯密. 国民财富的性质和原因的研究（上卷）［M］. 郭大力，译. 北京：商务印书馆，1972：1.

动是如何增进一国国民财富，斯密论述了劳动分工、节约劳动与积累资本、增进财富的辩证关系："增加国民土地劳动年产物的方法有二：①增加生产工人的数目；②增加受雇工人的生产力。"① 其中，为了提高在业工人的劳动生产力，首先需要加强劳动分工。劳动生产力上最大的增进，以及运用劳动时所表现的更大的熟练、技巧和判断力，似乎都是分工的结果。斯密还以著名的制针工场为例，列举了分工提高劳动生产力的原因：分工提高了每个特定工人的熟练程度；分工可以节约由一个工种转到另一个工种所花费的时间；分工简化了劳动和缩减劳动时间机械的发明，使一个人能够做许多人的工作。② 这三点表明，分工可以提高劳动生产率，继而通过生产力的提高来促进经济增长。

斯密之所以特别强调分工是因为分工是人类活动与动物活动的主要区别之一，人类几乎随时随地都要结成一定的协作关系，这种协作的倾向是人类共有和特有的特征。由此，劳动分工"不是人类智慧的结果"，而是"人类的本性"中的"互通有无、物物交换、互相交易"之倾向的结果，实际上表现为劳动的交换。③ 其实，在斯密之前，配第等一些早期古典学者也曾经讨论过分工的意义，但并没有明确提出分工与交换的关系。只有斯密明确地从交换引出分工，再从分工引出交换价值或相对价格。在斯密眼里，财富的创造和增长离不开能够提高效率的劳动分工。同时，参与分工和交换的劳动者在追求自身利益的过程中又会不断增进社会的整体利益，这正是斯密所说的"看不见的手"推动着资本主义的长期增长。

在上述分工与交换相互促进的基础上，斯密论证了劳动价值论在社会关系中的重要意义。他指出，"分工一经完全确立，一个人自己劳动的生产物，便只能满足自己欲望的极小部分。他的大部分欲望，须用自己消费不了的剩余劳动生产物，交换自己所需要的别人劳动生产物的剩余部分来满足。于是，一切人都要依赖交换而生活，或者说，在一定程度上，一切人都成为商人，而社会本身，严格地说，也成为商业社会。"④ 在这种情形下占有劳动所生产的有用物品，通常就是使其所有者具有"购买其他货物的能力"，或者说这一物品取

---

① 斯密. 国民财富的性质和原因的研究（上卷）［M］. 郭大力，译. 北京：商务印书馆，1972：325.

② 斯密. 国民财富的性质和原因的研究（上卷）［M］. 郭大力，译. 北京：商务印书馆，1972：8.

③ 斯密. 国民财富的性质和原因的研究（上卷）［M］. 郭大力，译. 北京：商务印书馆，1972：12.

④ 斯密. 国民财富的性质和原因的研究（上卷）［M］. 郭大力，译. 北京：商务印书馆，1972：20.

得了交换价值或相对价格。斯密的论述意味着物品之所以取得交换价值，是因为它是社会上一个人或一群人劳动的生产物，个人劳动产品的相互交换构成社会的特征并保证社会的存在，即，商品的交换实质上是社会活动的交换，而体现在交换行为上的商品价值关系，实质上反映出生产者之间利益冲突的社会关系。就像马克思论述的，人们在生产领域中结成的基本生产关系，最终决定着人们在流通领域或交换领域中结成的物的交换关系。斯密之所以把价值看作是赋予商品的一种属性，原因就在于这里的商品都是社会劳动的产物。在这个意义上，斯密把劳动看成是价值的"源泉"或"原因"。这是斯密劳动价值论的根本前提，正如后来马克思所阐明的，价值就是一种社会关系。

1.1.2 德鲁克"人力资源"概念的提出

彼得·德鲁克（Peter F. Drucker）（1909—2005）对管理学的发展具有卓越贡献及深远影响，他曾发表过建立于广泛实践研究基础之上的 30 余部著作，奠定了现代管理学开创者的地位，被誉为"现代管理学之父"。彼得·德鲁克于 1954 年在其《管理的实践》一书中正式提出了"人力资源"这一概念。在这部学术著作里，德鲁克提出了管理的三个更广泛的职能：管理企业、管理经理人员以及管理员工及他们的工作。在讨论管理员工及其工作时，德鲁克引入了"人力资源"这一概念。他指出，"和其他所有资源相比较而言，唯一的区别就是它是人"，并且是经理们必须考虑的具有"特殊资产"的资源。德鲁克认为人力资源拥有当前其他资源所没有的素质，即"协调能力、融合能力、判断力和想象力"。经理们可以利用其他资源，但是人力资源只能自我利用。"人对自己是否工作绝对拥有完全的自主权"①。

同时，德鲁克还在他的著作中批判了传统人事管理的弊端："人事管理构思下的员工和工作管理，包含了一部分档案管理员的工作，一部分管家的工作，一部分社会工作人员的工作，还有一部分'救火员'的工作（防止或解决劳资纠纷）。"德鲁克分析了人事管理之所以毫无建树，原因在于三个基本误解。首先是假定员工不想工作。按照麦格雷戈的"X 理论"以及传统的经济人假设，工作是员工为了获得其他满足而不得不忍受的惩罚。其次，人事管理的传统观念认为管理员工和相应的工作是人力资源专家的工作，而不是管理者的职责。人力资源部门虽然已经注意到应该传授一线经理管理员工的技能，但仍然把大部分预算、人力和精力花在人力资源部门自身的构思、拟订和实施

---

① 彼得·德鲁克. 管理的实践 [M]. 齐若兰, 译. 北京：机械工业出版社，2009：194.

的计划中去，这是人力资源工作者工作定位的错误。最后，人力资源部门往往扮演"救火员的角色"，企业管理者把人力资源部门视为会威胁到生产作业平稳顺畅运行的头痛问题。人事管理始终聚焦在问题上，就不可能做好员工与工作管理。① 因此，彼得·德鲁克依据"人力资源"概念、传统人事管理理论和实践与后工业化时代中员工管理的不相适应，提出人事管理应该向人力资源管理转变。这种转变正如德鲁克在其著作中所说："传统的人事管理正在成为过去，一场新的以人力资源开发为主调的人事革命正在到来"。② 根据德鲁克的观点，人力资源管理对企业管理至关重要，企业都是通过使人力资源更有活力来执行工作，并通过生产性的工作来取得成绩。因此，管理者应该根据企业自身的条件来设计工作，并不断增加工作的内容。要想让职工取得成就，就要把人看成是一种特别的生理和心理上的特点、能力以及不同行动模式的有机体。要将人力资源看成是人而不是物。管理的任务变成要从不同的角度去设法满足职工对责任、诱导、参与、激励、报酬、领导、地位及职务等方面的要求。

1.1.3　舒尔茨的"人力资本"概念以及人力资本理论

西奥多·W. 舒尔茨（Theodore W. Schultz）（1902—1998）从 20 世纪 50 年代开始人力资本理论的研究，在 1960 年提出了人力资本投资理论，被世人称为"人力资本理论之父"。在 20 世纪 50 年代末 60 年代初以及 80 年代末 90 年代初他发表了多篇重要文章，成为现代人力资本投资理论的奠基之作。这些文章包括《由教育形成的资本》（1960）、《人力资本投资》（1961）、《教育的经济价值》（1963）、《人力资本投资》（1971）、《对人投资——人口质量经济学》（1981）、《恢复经济均衡——经济现代化中的人力资本》（1990）。1960 年，他以美国经济学会会长的身份在年会上发表《人力资本投资》的主题演讲，在学术界引起轰动。

西奥多·W. 舒尔茨从探索经济增长之谜逐步踏上研究人力资本的道路。他认为单纯从自然资源角度，并不能解释生产力提高的全部原因。从第二次世界大战以来的统计数据表明，国民收入的增长一直比物质资本投入的增长快得多，一些在第二次世界大战中受到重创的国家，如德国和日本，以及一些自然资源严重缺乏的国家同样能在经济起飞方面取得很大成功。舒尔茨认为，这些现象说明，除土地和资本外还存在另一个重要的生产要素——人力资本。人力

---

① 彼得·德鲁克. 管理的实践 [M]. 齐若兰，译. 北京：机械工业出版社，2009：203-204.
② 彼得·德鲁克. 管理的实践 [M]. 齐若兰，译. 北京：机械工业出版社，2009：211.

资本主要指凝集在劳动者本身的知识、技能及其所表现出来的劳动能力。这是现代经济增长的主要因素，是一种有效率的经济。他认为人力是社会进步的决定性因素。但人力的取得不是无代价的，需要耗费稀缺资源。不论人力资本还是非人力资本，"这两类资本都不是同质性的；实际上两者都由多种不同的资本形态构成，因而都是非常异质性的"①。传统的经济理论或忽视，或回避资本异质性问题，只简单地假设资本具有同质性。舒尔茨经过深入的研究后指出，传统的资本概念不仅不完整，而且没有正视资本所固有的"异质性"问题。因此，舒尔茨建议："在对提供未来服务的资本分类时，最好是从两分法（即人力资本和非人力资本）入手。这两类资本都不是同质性的；实际上两者都由多种不同的资本形态构成，因而都是非常异质性的。不过，人力资本和非人力资本之间的差别是客观存在的，这正是进行分析的基础。"②

人力，包括知识和技能的形成，是投资的结果。掌握了知识和技能的人力资源是一切生产资源中最重要的资源。舒尔茨在提出人力资本投资理论后，对1929—1957年美国教育投资与经济增长的关系作了定量研究，得出如下结论：各级教育投资的平均收益率为17%；教育投资增长的收益占劳动收入增长的比重为70%；教育投资增长的收益占国民收入增长的比重为33%。③ 显然，与其他类型的投资相比，人力资本投资回报率很高。

对于人力资本的构成，舒尔茨认为可以包括量与质两个方面，量的方面指一个社会中从事有用工作的人数及百分比、劳动时间，在一定程度上代表着该社会人力资本的多少；质的方面指人的技艺、知识、熟练程度与其他类似可以影响人从事生产性工作能力的东西。正如舒尔茨所言："人口研究主要建立在人口数量论基础上，除一小部分经济学家外，几乎没有人致力于发展质量——质量论。应该把质量作为一种稀缺资源来对待。"④ 可以说，只有当人们把视野从只关注人口数量转向同时关注人口质量时，才谈得到人力资本问题，而人力资本理论的形成正是得益于这一认识上的转变。

舒尔茨认为人力资本是投资的产物。在《人力资本投资》一书中他把人

---

① 西奥多 W 舒尔茨. 论人力资本投资 [M]. 吴珠华，等，译. 北京：北京经济学院出版社，1990：174.

② 西奥多 W 舒尔茨. 论人力资本投资 [M]. 吴珠华，等，译. 北京：北京经济学院出版社，1990：6-8.

③ 西奥多 W 舒尔茨. 人力资本投资——教育和研究的作用 [M]. 蒋斌，张蘅，译. 北京：商务印书馆 1990：33.

④ 西奥多 W 舒尔茨. 人力投资：人口质量经济学 [M]. 吴珠华，译. 北京：华夏出版社，1990：9.

力资本投资范围和内容归纳为五个方面：①卫生保健设施和服务，概括地说包括影响人的预期寿命、体力和耐力、精力和活动的全部开支；②在职培训，包括由商社组织的旧式学徒制；③正规的初等、中等和高等教育；④不是由商社组织的成人教育计划，特别是农业方面的校外学习计划；⑤个人和家庭进行迁移以适应不断变化的就业机会。① 这些人力资本投资形式之间有许多差异。前4项是增加一个人所掌握的人力资本数量，而最后一项则涉及最有效的生产率和最能获利地利用一个人的人力资本。

舒尔茨对人力资本理论的主要贡献在于，他不仅第一次明确地阐述了人力资本投资理论，使其冲破歧视与阻挠成为经济学上的一个新的门类，而且进一步研究了人力资本形成的方式与途径，并对教育投资的收益率和教育对经济增长的贡献做了定量的研究。他对未来持乐观态度，他认为决定人类前途的并不是空间、土地、自然资源，而是人的能力。舒尔茨在人力资本理论上的这些贡献，使他荣获了1979年诺贝尔经济学奖。

1.1.4 沃尔里奇的"人力资源管理角色"思想

戴维·沃尔里奇（Dave Ulrich）是美国密歇根大学罗斯商学院教授、人力资源领域的管理大师，被誉为人力资源管理的开拓者。沃尔里奇教授对人力资源管理理论发展的主要贡献包括现代人力资源管理者角色的分析以及人力资源管理价值新主张的提出。

20世纪90年代，沃尔里奇在《人力资源管理最佳事务》一书中讨论了人力资源管理可提交的成果，确定了人力资源专业人员所扮演的四种角色。② 人力资源战略与经营战略结合起来的战略伙伴，为人力资源各管理领域提供管理工具、分析诊断和解决方案的行政专家，专注员工需求、提供员工所需资源和服务的员工支持者，供组织变革和人员变革流程和技巧咨询的变革的推动者。其中成为战略伙伴意味着人力资源部门要成为高级管理者的助手。③ 人力资源必须对组织进行定位、审核，甄别组织变革的方法并就本职工作设定优先顺序。企业人力资源专业人员可以通过人力资源记分卡来实现对于企业战略的促

---

① 西奥多 W 舒尔茨. 论人力资本投资 [M]. 吴珠华，等，译. 北京：北京经济学院出版社，1990：9.

② 戴维·沃尔里奇. 人力资源管理新政 [M]. 赵曙明，等，译. 北京：商务印书馆，2007：13-26.

③ ULRICH DAVE. Strategic Human Resource Planning：Why and How？[J]. Human Resource Planning，1987，10（1）：37-56.

进作用，为企业创造价值。① 为完成这些新角色，人力资源管理者需要接受更多的教育以进行深度分析；成为行政专家要求人力资源人员摆脱传统的政策制定和维护的刻板印象，采用先进技术和方法设计和提供有效的人力资源流程来管理人事、培训、奖励、晋升以及其他涉及组织内部人员流动的事项；成为员工的支持者意味着人力资源专业人员不仅要解决员工的社会需求而且要引导和训练直线经理去激发员工高昂的斗志，同时需要充当员工的代言人，参与管理讨论；成为变革的推动者意味着人力资源管理者要具备构建适应和把握变化的组织能力，必须确保公司变革方案付诸实施，甚至引导管理团队完成变革。②沃尔里奇用一个三角模型（见图1.1）来描述企业人力资源管理者为担当这四个角色应掌握的四种技能。③ 这四种技能分别与人力资源管理者担当的四大角色一一对应。同时，沃尔里奇还在他的研究中探究了人力资源管理者（HR）是如何通过履行四种职责来为企业创造价值的。

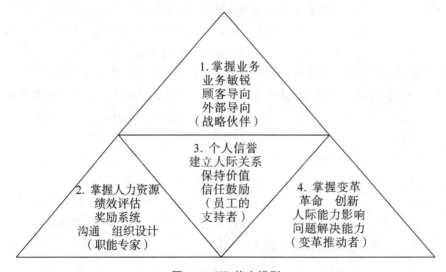

图 1.1　HR 能力模型

随着企业面临的竞争形势的加剧，组织竞争力的提高不仅要依靠企业的财务、战略和技术能力，同时也有赖于通过建立组织结构完善人力资源管理能力

————————

① BE BECKER, MA HUSELID, D ULRICH. HE HR SCORECARD Linking People〔J〕. Strategy and Performance, 2001.

② ULRICH DAVE. A New Mandate for Human Resources〔J〕. Harvard Business Review, 1998, 76（1）：124-134.

③ YEUNG RTHUR, BROCKBANK WAYNE, ULRICH DAVE. Lower Cost, Higher Value：Human Resource Function in Transformation〔J〕. Human Resource Planning, 1994, 17（3）：1-16.

形成具有内部员工竞争力的组织能力。① 同时，在人力资源所肩负的职能作用方面，随着组织研究的焦点从结构和流程转向能力，人力资源管理关注的焦点也从人转向人在其中工作的组织，强调对创造价值的实践活动的支持。人力资源专业人员应当成为企业能力的建筑师，并且成为具有定义和创建这些能力的领导人。② 人力资源管理必须交付价值，人力资源管理活动必须创造投资者、顾客、直线经理以及员工都认同的价值。③

　　沃尔里奇在 2008 年的《人力资源价值新主张》一书中详细阐述了完整的人力资源专业人员和职能部门能够和应当如何做才能持续创造价值的具体方法。人力资源管理者要由企业高层管理人员的合作者变为企业整体管理的主导者，意味着人力资源管理工作范围的扩大，人力资源专业人员要学习如何培训、设计、建立、配置、引导企业管理者，甚至成为组织的道德代表，提醒和监控公司道德伦理方面的问题。④ 人力资源的工作应该从企业的业务活动开始而非简单的人力资源职能工作；人力资源管理者要真正成为企业竞争优势的来源；人力资源管理人员应该看到企业的利益相关者——包括内部的管理人员和员工以及外部的顾客和投资者，并将以此设计和组织人力资源实践活动，符合利益相关者的要求；人力资源管理者应该关注外部顾客，通过人力资源管理活动提高企业的服务质量，在建立雇佣-客户关系方面做出努力。⑤ 沃尔里奇还通过大量的调查研究，进行了人力资源专业人员的胜任力研究，说明为了完成这些职能人力资源专业人员必须具备的相关个人知识、技能和胜任力，能够从自己独特的专业视角观察公司的关键利益相关者。

　　沃尔里奇教授对人力资源研究的贡献在于将人力资源真正提升到战略管理者的高度，并延伸出人力资源管理者在现代企业管理当中所扮演的多重角色，以及在企业价值创造过程中发挥的连接作用，并从实践和操作的角度给出了人力资源管理者履行自己新职责的路径和方法。

---

① ULRICH DAVE. Organizational Capability as a Competitive Advantage：Human Resource Professionals as Strategic Partners［J］. Human Resource Planning, 1987, 10（4）：169-184.

② ULRICH DAVE, SMALLWOOD NNORM. Capitalizing on Capabilities［J］. Harvard Business Review, 2004, 82（6）：119-127.

③ CONNER JILL, ULRICH DAVE. Human Resource Roles：Creating Value, Not Rhetoric［J］. Human Resource Planning, 1996, 19（3）：38-49.

④ D ULRICH, D BEATTY. From partners to players：extending the HR playing field. rutgers. edu［J］. Human Resource Management, 2001：293-307.

⑤ ULRICH DAVE, HALBROOK RICHARD, MEDER DAVE, et al. Thorpe. Steve. Employee and Customer Attachment：Synergies for Competitive Advantage［J］. Human Resource Planning, 1991, 14（2）：89-103.

1.1.5 爱德华·劳勒的"人力资源产品线"思想

爱德华·劳勒三世（Edward E. Lawler）是美国南加利福尼亚大学马歇尔商学院的管理和组织学教授，也是绩优企业研究中心的主管。由于劳勒为人力资源管理做出许多贡献，美国薪酬协会和人力资源管理协会给他颁发了终生成就奖，《商业周刊》将劳勒评价为世界一流的管理专家之一。他曾与人合著了250多篇论文和30多本书。其中《最终竞争力》（*The Ultimate Advantage*）被中国《产业周刊》评为"管理类年度十大畅销书之一"。

劳勒教授关注于组织绩效、员工参与管理（全面质量管理的引申）以及人力资源管理前沿问题方面的研究。他提出人力资源管理研究和实践需要进一步的融合，需要进行"有用"的研究以弥补理论与实践的差距。① 他认为，如果研究是有用的，它必须满足两个基本的标准：第一，结论必须有助于提高实践者对组织的认识并改进实践工作；第二，结论必须支持人力资源管理理论以及由此理论所创造的知识体系。② 人力资源管理领域正在向劳勒指出的方向前进。

劳勒在沃尔里奇等人研究的基础上进一步分析了 HR 作为企业的商业先导，人力资源管理者的市场价值体现在他们所拥有的无形资产上，例如拥有的知识、核心竞争力和组织能力。作为商业先导，人力资源人员必须能够为企业提供相应的产品。劳勒提出了人力资源管理的三条产品线理论。这三条产品线包括：第一条产品线是它几十年来一直提供的传统产品，也是人力资源管理最初的功能，即基本的行政服务和事务，包括薪酬、招聘、培训和员工管理——重点在于资源的效率和服务质量；第二条产品线是人力资源管理者作为商业伙伴所提供的服务，包括发展有效的 HR 系统，协助执行商业计划，管理人才——重点在于关注战略、组织发展和变革，精通商业和解决难题的方法，加强信息技术能力，设计有效的系统来确保所需的能力；第三条产品线是作为战略伙伴角色所提供的产品，主要是基于商业战略，基于对人力资本、组织能力、准备和开展 HR 训练来作为战略的区分——重点在于具备广度和深度的 HR 知识、商业知识、竞争知识、市场和商业战略知识。在提供第三类产品时，人力资源管理者的战略伙伴角色备受关注，人力资源人员成为战略信息的

---

① LAWLER III EDWARD E. Why Hr Practices Are Not Evidence-Based［J］. Academy Of Management Journal, 2007, 50（5）：1033-1036.

② LAWLER E E. Challenging Traditional Research Assumptions［M］//E E LAWLER, A M MOHRMAN JR, S A MOHRMAN, et al. Doing Research That Is Useful For Theory And Practice. San Francisco：Jossey-Bass, 1985.

提供者、组织的设计者和业务单元的执行者。在组织中 HR 能够影响到的战略方面的活动包括：影响战略的制定，战略选择，制订战略执行计划，设计组织结构执行战略，发现新的商业机会，评估可能的并购战略。HR 通过以下活动成为一个全面的战略伙伴：具备组织管理的专业技能；掌握人力资本评价的方法；通过人力资源分析和专业知识提高决策质量；掌握组织设计、业务战略分析和制定的方法技巧。① 为了进一步扩展人力资源管理者作为战略伙伴的角色，提供更好的"产品"，劳勒分析了董事会决策与人力资源管理之间的相互作用，认为董事会决策会影响组织的人力管理政策和实践。但是，董事会内部却鲜有企业的人力资源人员以及精通人力资源专业的外部董事。事实上，支持董事会是人力资源成为战略伙伴为企业创造价值的一种方式。只有当人力资源管理人员将自己看作是公司的战略伙伴时，才需要更多地参与董事会决策及取得董事会的关注。HR 需要关于组织绩效以及业务战略的信息而不仅仅是人力资源管理工作自己的服务和产品信息，HR 可以通过人力资源战略、人力资源技术、知识管理、团队合作以及绩效分析来为董事会提供支持。② 劳勒还分析了德鲁克曾经关注过的人力资源人员和一线管理人员的人力资源管理职责，他认为人力资源管理人员应该和企业一线管理人员互动，HR 需要致力于计划制订、组织设计和开发、与一线管理人员的合作以及人力资源专业能力的提升，人力资源管理者必须更了解企业业务，而一线经理必须更懂得人力资源管理。

爱德华·劳勒对于人力资源管理研究的贡献在于他在沃尔里奇等人对人力资源战略研究的基础上，进一步明确了人力资源管理者在发挥先导作用时所能够提供的"产品"，使 HR 从企业的"合作伙伴"成为真正的"参赛者"。同时，他和沃尔里奇一样关注并致力于人力资源实践与理论研究的结合。

1.2 人力资源管理者的职业化发展

1.2.1 人力资源管理者职业化发展的趋势

2002 年原劳动和社会保障部发布《关于开展企业人力资源管理人员等职

---

① LAWLER III EDWARD E, BOUDREAU JOHN W. What Makes Hr A Strategic Partner? [J]. People & Strategy, 2009, 32 (1): 14-22.

② LAWLER III EDWARD E, BOUDREAU JOHN W. HR Support for Corporate Boards [J]. Human Resource Planning, 2006, 29 (1): 15-24.

业职业资格全国统一鉴定试点工作的通知》明确指出，"为适应我国社会经济发展对企业人力资源管理……等方面人才的需求，提高从业人员的素质，大力推行国家职业资格证书制度，根据《中华人民共和国劳动法》和有关规定，决定在全国开展企业人力资源管理人员……新职业的职业资格全国统一鉴定试点工作。"这标志着中国企业人力资源管理人员步入专业化与职业化发展道路。

但在国内的学术研究领域鲜有对人力资源管理者的职业化和其职业生涯发展进程中所面临问题的专门研究。作为企业人力资源管理任务的重要承担者和企业人力资源管理工作"规划师"的人力资源管理者，他们的职业生涯发展以及职业困境等问题却很少被人关注。以"人力资源管理者"为关键词搜索中国知网的期刊论文，从2000年至2015年共有1 946篇论文，其中期刊论文1 913篇，硕士论文32篇，博士论文1篇。而以"人力资源管理者"为题目词条进行论文搜索，共有111篇论文，其中期刊论文97篇，硕士论文14篇。这些论文研究的主要内容包括人力资源管理者的胜任素质、人力资源管理者的角色定位与角色转换等。其中研究人力资源管理者胜任素质的论文占据较大比例，而以人力资源管理者职业生涯为研究内容的论文较少，专门研究人力资源管理者的职业高原问题的论文就更为缺乏。

职业化是职业逐渐发展成熟、拥有专业性职业的特质，也是各种从业人员提高专业素质、获得社会认可和社会地位的象征。人力资源管理作为企业管理中的一项重要工作，也面临职业化的挑战。随着中国企业管理能力的提高，从我国企业人力资源管理工作的发展现状来看，人力资源管理领域中的一系列岗位（招聘、培训、薪酬管理、绩效管理、员工管理等）已经逐渐从传统的行政事务中独立出来，并且开始参与甚至主导企业战略人力资源管理工作，因此，企业对人力资源管理者提出了更高的专业性要求和职业技能要求。此外，人力资源管理的各项具体职能也越来越具有专业性和技巧。这就意味着人力资源管理系列岗位已经成为职业化发展中的固定岗位，专门从事人力资源管理工作的人员也会越来越多。尽管在企业管理中，人力资源管理者的工作越来越受到重视，人力资源管理者肩负着企业组织人力资源战略规划、建立组织畅通沟通渠道和建立有效激励机制的使命，但是，作为专门为别人做评估、定薪水、规划职业发展的人力资源管理者本身却面临很多尴尬。由于人力资源管理工作的业绩难以评定，大多数企业组织提拔的高层管理人员几乎全部来自业务部门而非人力资源部门。每一位从事人力资源管理工作的员工都有可能面临职业发展的困境。因此，分析人力资源管理者面临的职业高原，帮助他们面对职业高原，提升自我价值，规划职业生涯发展，成了企业人力资源管理者理应关注的重要问题。

在职业化发展的过程中，员工很容易将职业生涯的发展依托于职位的上升。美国心理学家施恩教授（H. Schein，1971）更是提出从等级（纵向发展方式）、职能或技术（横向发展方式）以及成员资格（中心发展方式）三个维度考察员工的职业生涯发展历程。其中等级维度指人在同一职业内部垂直层次上的运动，表示通过职务晋升达到所属职业和组织一定层面的职业发展模式，即传统的职务晋升。纵向职业晋升渠道的开辟，成为大多数人在职业生涯发展中所追逐的一条道路。

自从组织文化中开始鼓吹等级制度，员工们就开始把衡量职业成功的标准设定为晋升。① 被称作 20 世纪最敏锐的社会和心理学发现——《彼得原理》中指出，在任何层级组织中，每一个员工都有可能晋升到不胜任阶层。② 而对于到达了"晋升极限"（后来被定义为"职业高原"）的员工来说，甚至会表现出一些反常的举动，包括频繁使用通信设备、喜欢归档、办公室恐惧症等。这也就意味着无限制地追求向上的晋升将给人和组织带来负面的影响。多个不胜任的人存在于部门或组织中，这个部门和组织也终有一天演变为不胜任。《彼得原理》一书，还重点分析了如何面对这种晋升恐惧的方法。毕竟，在组织中的大多数人即使是表现优良者也不一定能够获得永久的晋升，这就需要员工安于现有岗位，调整自我心理，为组织发挥出最大的效能。而随着金字塔式组织结构变得越来越扁平，以晋升衡量职业进步就变得越来越具竞争力和困难。③ 随着商业环境的改变，重组、组织结构精简以及雇佣公平等问题的出现，职业高原成为职业管理方面最重要的一个议题。

职业高原概念的创立者 Ference 指出职业高原并不一定意味着效率低下，当员工处于他所定义的"有效的职业高原"期时，才正式成为为组织创造价值的中坚力量。④ 可惜，对于这一阶段的员工——企业管理人员的状态的研究相对比较少。企业的管理措施，要么关注于新晋的明星员工——探讨如何让他

---

① NICHOLSON N. Purgatory or Place of Safety? The Managerial Plateau and Organizational Agegrading [J]. Human Relations, 1993 (12)：1369-1389.

② 劳伦斯 J 彼得，雷蒙德·赫尔. 彼得原理 [M]. 闾佳，等，译. 北京：机械工业出版社，2007：4.

③ JUNG J, TAK J. The Effects of Perceived Career Plateau on Employees' Attitudes：Moderating Effects of Career Motivation and Perceived Supervisor Support with Korean Employees [J]. Journal of Career Development, 2008, 35 (2)：187-201.

④ THOMAS P FERENCE, JAMES A STONER, E KIRBY WARREN. Managing the Career Plateau [J]. The Academy of Management Review, 1977, 2 (4)：602-612.

们更好地发展以引领带动企业的发展；要么关注于后进的"枯木"员工——探讨如何让他们巧妙地离开组织。而对于为企业发挥效力的"中坚"层次的关注却很少。

职业高原不是一个新现象，而是一个越来越具有普遍意义的概念。① 许多研究组织职业发展的学者认为，职业高原已经成为一个需要企业进行正确地管理和引导以消除员工的不满的重要的组织和管理问题。② 人力资源管理从业者的专业化程度的提高要求人力资源管理岗位拥有顺畅的晋升渠道，但企业真实的管理状况难以满足人力资源管理从业者的职业发展需要，使他们过早地面临职业高原与职业发展困境，致使人力资源管理者的工作满意度下降，导致工作效率的降低，进而会影响到整个企业的人力资源管理工作和其他员工的士气。

1.2.2 中国企业人力资源管理者职业状态分析

中国人民大学于1993年建立了"人力资源管理专业"，从此开始，我国的人力资源管理进入专业化培养阶段。到20世纪初，人力资源管理的热潮形成，人力资源管理成为热门发展的专业。在这个阶段，人们对人力资源管理的理解集中在热衷于人力资源管理概念和追求人力资源管理通用性操作技巧上。进入21世纪后，随着国外人力资源战略思想的成熟，中国研究者引入并本土化这方面的概念，中国的企业也开始思考如何将人力资源管理的思想真正融入企业的经营发展实践。人力资源管理开始逐步成为中国企业经营管理实践的一个有机组成部分，开始从战略的高度发挥帮助企业赢得竞争优势的重要作用。

2003年国务院发展研究中心企业研究所与中国人力资源开发网（简称中人网）共同组织了"2003年度中国企业人力资源管理现状调查"。此调查作为国内涉及范围较广、专业性较强的一次调查，在一定程度上反映了我国企业人力资源管理当时的现状和特征。根据对《2003年度中国企业人力资源管理现状调查报告》③ 中的大量实证调查数据进行分析，总结归纳出那一阶段我国企业的人力资源管理现状存在的特点包括五个方面。第一，人力资源管理职能与一般行政管理职能相分离。在被调查企业中，配备专门人力资源管理部门的企

① ONGORI H, AGOLLA J E. Paradigm Shift in Managing Career Plateau in Organization: The Best Strategy to Minimize Employee Intention to Quit [J]. Africa Journal of Business Management, 2009, 3 (6): 268-271.

② BURKE, R J, MIKKELSEN A. Examining the Career Plateau Among Police Officers [J]. International Journal of Police Strategies and Management, 2006, 29 (4): 691-703.

③ 国务院发展研究中心企业研究所，中国人力资源开发网. 中国企业人力资源管理现状调查报告 [R]. 2004.

业比例较大，意味着人力资源管理向专业化、系统化方向发展。第二，人力资源管理系统化建设全面发展。大量企业摆脱了对人力资源管理基本知识的横断面式、零散的吸收，开始从总体框架的方向上设计建立自己的人力资源管理体系，其中包括组织结构的设计与再设计、部门职责的分工、工作分析与工作的再设计·人力资源规划、员工招募与甄选、培训与开发、绩效管理、薪酬管理、职业生涯管理、晋升制度、企业文化建设等。第三，从事人力资源管理工作的专业化队伍已基本建立，但规模有待于扩充。根据调查显示，虽然大多数企业建立了专属的人力资源管理部门，但所配备的人力资源管理专门人员比例较低。第四，企业中人力资源管理者大多处于职业发展的中期。调查显示，企业中人力资源管理岗位的人员的年龄分布趋中。第五，企业人力资源管理者专业素质较高。企业中人力资源管理岗位的人员的学历普遍较高，具有人力资源管理相关学习和培训背景的人员比例较大。从当时我国企业人力资源管理整体状况以及企业人力资源管理者的配备状况、年龄结构和学历教育现状的分析可以看出，虽然我国大量企业的人力资源管理已经作为一项专业化的管理职能从行政管理部门分离出来，但是距离国际先进人力资源管理理念所提出的建立战略化的人力资源管理还具有相当大的差距。

在我国企业人力资源管理经历了多年的发展之后，2012 年，国内首份针对 HR 转型的人力资源领域的专业报告《2011—2012 企业人力资源管理转型与 HR 外包调研报告》（下称《报告》）于 2012 年 7 月在京发布。《报告》指出，在中国，HR 正在悄然发生改变。他们将从"HR 职能专家"和"员工鼓动者"的角色，转变成为企业的"战略伙伴"，人力资源管理的重点转移为"培养未来的领导者，提高速度和灵活性，发挥团队智慧"，企业人力资源管理面临全新的挑战。可见，随着我国企业人力资源管理能力的不断提高，人力资源管理者承担的角色也发生着相应的转变，在企业中承担着越来越重要的管理责任。

1.2.3 人力资源管理者：角色的转变和职业发展路径的变化

人力资源管理一直被认为是企业管理的重要组成部分。管理学大师德鲁克认为："企业管理最终就是人力管理；人力管理就是企业管理的代名词。"人力资源管理在企业管理中的重要性可见一斑。人力资源管理思想从劳动力（亚当·斯密）—人力资源（德鲁克）—人力资本（舒尔茨）—人力资源管理角色（沃尔里奇）—人力资源产品（劳勒）的发展历程，体现了员工从企业中的"劳动力"发展到"雇员"直到成为"资源"的过程，而人力资源管理者也经历了从"专业者"提升为"战略伙伴"直到成为"参赛者"的角色转换。可见,人力资源管理者在企业中肩负着让现代人力资源管理思想和技术手段付诸实施的重要使命。

在 20 世纪 90 年代,沃尔里奇在《人力资源管理最佳事务》①一书中讨论了人力资源管理可提交的成果,确定了人力资源人员在企业中扮演的四种角色:人力资源战略与经营战略结合起来的战略伙伴;为人力资源各管理领域提供管理工具、分析诊断和解决方案的行政专家;专注员工需求、提供员工所需资源和服务的员工支持者;供组织变革和人员变革流程和技巧咨询的变革的推动者。②

为完成这些新角色,人力资源管理者需要接受更多的教育以承担需要深度分析的责任。例如,成为行政专家要求人力资源人员摆脱传统的政策制定和维护的刻板印象,采用先进技术和方法设计提供有效的人力资源流程来管理人事、培训、奖励、晋升以及其他涉及组织内部人员流动的事项;成为员工的支持者意味着人力资源专业人员不仅要解决员工的社会需求,而且要引导和训练直线经理去激发员工高昂的斗志,同时需要充当员工的代言人,参与管理讨论;成为变革的推动者意味着人力资源管理者要具备构建适应和把握变化的组织能力,必须确保公司变革方案付诸实施,甚至引导管理团队完成变革。③ 沃尔里奇用一个三角模型来描述企业人力资源管理者为担当这四个角色应掌握的四种技能。④ 这四种技能分别与人力资源管理者担当的四大角色一一对应。

在人力资源所肩负的职能作用方面,随着组织研究的焦点从结构和流程转向能力,人力资源管理关注的焦点也从人转向人在其中工作的组织,强调对创造价值的实践活动的支持。人力资源专业人员应当成为企业能力的建筑师,成为具有确定和创建这些能力的领导人。⑤ 人力资源管理必须交付价值,人力资

① 戴维·沃尔里奇. 人力资源管理新政 [M]. 赵曙明,等,译. 北京:商务印书馆,2007:13-26.

② ULRICH DAVE. Strategic Human Resource Planning:Why and How? [J]. Human Resource Planning,1987 (10):37-56

③ ULRICH DAVE. A New Mandate for Human Resources [J]. Harvard Business Review,1998,76 (1):124-134.

④ YEUNG ARTHUR, BROCKBANK WAYNE, ULRICH DAVE. Lower Cost, Higher Value:Human Resource Function in Transformation [J]. Human Resource Planning,1994,17 (3):1-16.

⑤ ULRICH DAVE, SMALLWOOD NORM. Capitalizing on Capabilities [J]. Harvard Business Review,2004,82 (6):119-127.

源管理活动必须创造投资者、顾客、直线经理以及员工都认同的价值。①

我国学者对人力资源管理者的角色研究也是丰富多彩的。彭剑锋教授指出:"人力资源管理者在组织中究竟扮演什么样的角色,承担什么样的责任,具备什么样的素质和能力——这是中国企业普遍感到困惑的问题。"② 在借鉴了国内外最新研究成果,进行了大量的实证调查和深度访谈之后,他总结出现代人力资源管理者在组织中扮演的六大角色:专家、业务伙伴、员工服务者、变革推动者、知识管理者和领导者。北大纵横管理咨询公司的段磊博士将人力资源管理者的角色划分为管理者、业务伙伴和员工服务者,并建立了相对应的胜任力维度模型。③

企业人力资源管理者管理角色的转变意味着人力资源管理者在企业中的地位以及自身的职业生涯发展所面临的变化。随着人力资源管理者角色的转变,人力资源管理者的胜任素质随之发生变化,从过去的简单要求能够完成人事管理的相关职责,变化为以企业的战略伙伴的身份,参与到企业的战略管理当中。作为人力资源管理者自身的职业生涯发展通道也更有可能向高级管理层次以及其他管理部门迈进。这种人力资源管理者能力的多元化要求和晋升道路的多向发展,会导致人力资源管理者自身所面对的职业高原也呈现出多元化的状况。

1.3 人力资源管理者职业高原的研究问题、目的和意义

1.3.1 研究问题

本研究主要探讨和解决以下几个问题:

(1) 企业人力资源管理者职业高原的含义是什么? 企业人力资源管理者职业高原是否存在多维结构? 职业高原由哪些维度构成?

(2) 人口学变量是否会对人力资源管理者的职业高原及其构成维度造成影响? 将会造成怎样的影响?

(3) 职业高原整体及其构成维度与工作满意度之间是什么关系?

---

① CONNER JILL, ULRICH DAVE. Human Resource Roles: Creating Value Not Rhetoric [J]. Human Resource Planning, 1996, 19 (3): 38-49.

② 彭剑锋. 内外兼修十大 HR 新模型 [J]. 人力资源, 2006 (8): 34-37.

③ 段磊. 重铸 HR 经理胜任力模型 [J]. 人力资源, 2006 (17): 20-21.

（4）职业高原整体及其构成维度和离职倾向之间是什么关系？

（5）职业高原和工作满意度、职业高原和离职倾向之间的关系是如何发生作用的？其关系背后的作用机制是什么？组织支持感是否是它们关系中间的中介变量，以及对它们的关系造成怎样的影响？

1.3.2 研究目的

本研究的目的是，通过理论分析和实证研究，探索企业人力资源管理者职业高原的内涵和构成维度，对职业高原的特征以及职业高原和工作满意度、离职倾向之间的关系进行分析。以往关于职业高原的研究所建立的职业高原的结构维度包括职业高原的一维模型、二维模型、三维模型和四维模型。本研究将通过文献分析构建人力资源管理者职业高原的结构维度，通过文献分析和问卷调查等形式，采用统计分析的方法验证人力资源管理者职业高原的构成；研究职业高原与工作满意度之间、职业高原和离职倾向之间的关系以及其背后的作用机理；帮助企业管理者，特别是企业人力资源管理者正视职业高原，为企业人力资源管理者完成角色转变、提高企业人力资源管理能力提出相应的政策建议，并有助于人力资源管理者进行更加全面的职业生涯发展规划。

1.3.3 研究意义

Eliot Freidson（1973）把人力资源管理者的职业化定义为："职业化是一个过程。通过这个过程，人力资源管理从业人员由于其拥有独特专长、关注工作生活质量以及能为社会带来利益，而获得从事某种特定的工作、控制职业培训和职业进入、确定与评价该职业工作方式的专有权力。"[1] 随着企业人力资源管理者的管理意识、理论水平和实践能力的提升，人力资源管理这一职业已经逐步走向专业化和职业化。可悲的是，当产业、组织增长缓慢，有大批受教育并怀有职业梦想的人进入组织之后，将会有大批的资深员工甚至是经验丰富的经理人士会长时间面临职位无变动的局面，甚至他们未来的晋升也是渺茫的。职业化后的企业人力资源管理从业者也面临同样的职业发展窘境。在人力资源管理者不断为他人做嫁衣，指导他人订制职业发展计划，殚精竭虑地为他人的职业生涯发展"铺路"的同时，这一群体自身却遭遇着职业发展的瓶颈和晋升"天花板"。据前程无忧在线数据调查显示，70%的 HR 管理者困惑于

---

① ELIOT FREIDSON. The Professions and Their Prospects ［M］. London：Sage Publications，1973.

"企业没有提供很好的职业发展通道"。Rosen 和 Jerdee 在对 600 名人力资源管理经理的调查中发现，职业高原已成为处在职业生涯中、后期的员工丧失工作动力的一个重要原因。[①] 因此，从 20 世纪 90 年代开始，职业高原现象不仅继续受到学术界的重视，而且引起了人力资源管理实践者的关注——他们希望通过在组织内部实施具体的人力资源管理措施，降低职业高原给组织和个人带来的负面效应。因此，进行企业人力资源管理者的职业高原研究，不仅对人力资源管理者自身有益，对企业管理也具有重要的意义。

1.4　研究的基本原理和相关概念界定

1.4.1　研究的基本原理

1.4.1.1　职业生涯发展理论

职业生涯管理理论的研究内容是个体的职业生涯发展周期，根据个体不同生命周期的特点和不同职业阶段的任务和目标的不同，将职业生涯划分为不同发展阶段，并相应提出不同职业生涯周期面临的管理重点。[②] 此类型理论主要包括萨柏的职业生涯五阶段论、金斯伯格的职业发展三阶段论、格林豪斯的职业发展五阶段论、施恩的职业发展九阶段论和我国学者廖泉文的职业发展"三三三"论[③]。其中萨柏将人的职业生涯划分为成长、探索、创业、维持和衰退五个阶段；金斯伯格将职业生涯分为幻想、尝试和实现三个阶段，其中尝试阶段又细分为兴趣、能力、价值观和综合等四个子阶段，实现阶段可细分为试探、具体化和专业化等三个子阶段；格林豪斯将职业生涯分为职业准备、进入组织、职业生涯初期、职业生涯中期、职业生涯后期五个阶段；施恩将职业生涯分为成长幻想探索、进入工作世界、基础培训、早期职业的正式成员资格、职业中期、职业中期危险期、职业后期、衰退和离职、退休九个阶段；廖泉文将职业生涯划分为输入、输出和淡出三大阶段，其中，输出阶段细分为适应、创新和再适应三个子阶段，再适应阶段又分为顺利晋升、原地踏步和降到波谷三个子阶段。职业生涯发展理论通常是基于周期维度进行研究，这些研究

① ROSEN B, JERDEE T H. Middle and late career problems：Causes, consequences and research needs [J]. Human Resource Planning, 1990, 13 (1)：59-70.

② 格林豪斯，卡拉南，戈德谢克. 职业生涯管理 [M]. 3 版. 王伟，译. 北京：清华大学出版社，2006：91.

③ 廖泉文. 职业生涯发展的三、三、三理论 [J]. 中国人力资源开发，2004 (9)：21-23.

揭示了个人职业生涯发展的周期规律性，为进行职业高原研究奠定了理论基础。

1.4.1.2 职业通道理论

传统观念对职业生涯发展的理解就是职位的上升，美国心理学者 H. Schein 提出了职业生涯发展方向的多样性①。他从等级（纵向发展）、职能或技术（横向发展）和成员资格（中心发展）三个维度考察人的职业生涯发展历程。在这三种发展方向中，等级维度指员工在组织内部垂直方向上的运动，意味着员工通过纵向职位晋升获得发展，即传统的职务晋升模式。横向发展方式指扩大个体知识、经历和职业技能，开发个体潜力，为未来职业发展打下基础。成员资格维度指员工向组织核心方向发展，通过努力不断获得组织信任，不断向组织核心靠拢，进而获得有关组织的机密信息或特权。中心发展方式尽管不一定伴随职务上的晋升或待遇上的改变，但由于增加了工作挑战性，员工被赋予更多的工作权利和责任，从而使个体获得更多的决策权和资源，感受到较强的成就感和较高的工作意义，为员工今后的职业发展提供了更多机会。H. Schein 的三维职业发展模型冲破传统组织单一的直线晋升模式，拓宽了职业发展的内容，对组织扁平化和虚拟化时代的职业发展有积极意义，为个体职业发展提供了更多的可行模式。随着更加灵活的职业发展方式的产生，个体更可以离开原组织转入其他组织进行职业发展，即工作发生了脱离圆锥体的第四维切面运动，这种发展方式成为三维发展模型的补充。职业通道理论明确了个体职业生涯发展的多样性可能，为研究职业高原产生的原因以及职业高原的应对提供了理论依据。

1.4.1.3 职业高原理论

"职业高原"这一概念开始受到广泛关注是从 1977 年 Ference 等人发表在 *Academy of Management Review* 的论文《管理职业高原》开始。在这篇论文中，职业高原被定义为"员工在组织中的职位晋升达到了这样的一个位置——在这一位置上员工获得晋升的可能性非常低"②。按照这个定义，职业高原是金字塔式组织层级结构对个人职业生涯发展所带来的影响所导致的结果。在正三角式组织结构中，由于没有足够的向上的职位提供给员工，从垂直方向上来看，所有的管理者都必将到达"职业高原"。Ference 等人认为，除了金字塔式

---

① EDGAR H SCHEIN. The Individual, the Organization, and the Career: A Conceptual Scheme [J]. Journal of Applied Behavioral, 1971: 401-426.

② FERENCE T P, STONER J A, WARREN E K. Managing the career plateau [J]. Academy of Management Review, 1977 (2): 602-612.

的组织结构带来的上升职位的稀缺能够造成职业高原外，产生组织职业高原的原因还包括：①竞争，面对同一职位的候选人之间的竞争；②年龄，组织更倾向于把职位提供给具有发展潜力的年轻人；③组织需要，组织更需要员工停留在当前的职位以发挥出他最大的效能，而不是获得提升。在 Ference 等人之后也有 Chao 等人对职业高原知觉进行理论和实证的研究，这些研究拓宽了人们对职业高原概念的认识，也为未来的职业高原研究提供了新的思路。

1.4.2　相关概念界定

1.4.2.1　人力资源管理者

2001 年颁布的《企业人力资源管理人员国家职业标准》将企业人力资源管理人员这一职业明确定义为：企业中从事人力资源规划、员工招聘选拔、绩效考核、薪酬福利管理、激励、培训与开发、劳动关系协调等工作的专业管理人员。本研究的主要对象就是这些企业人力资源管理人员。他们满足两个条件：一是在企业工作，而不是在其他类型组织工作；二是从事人力资源管理工作，而非企业中的其他管理工作。

1.4.2.2　职业高原

Chao 等人将职业高原划分为主观职业高原和客观职业高原。客观职业高原主要指个人在企业中的晋升遭受到的瓶颈，通常用任职年限加以度量。主观职业高原主要是个体对自身职业发展是否处于瓶颈期的主观体会。随着对职业高原研究的深入，主观职业高原的概念备受研究者推崇。从近期大量国内外研究来看，对职业高原的度量越来越偏向于采用心理学的知觉测量方式。因此，国外也越来越关注职业高原知觉即主观职业高原的研究；而国内对职业高原进行的研究中大多也采用这种知觉测量方式，但在各种研究中并没有明确指出是对主观职业高原或职业高原知觉的研究。但从研究内容和研究方法来看，大多以职业高原为名的研究实际上都是对职业高原知觉的研究。

本研究对企业人力资源管理者职业高原的研究方法和研究重点就是人力资源管理者对自己的职位以及未来职业发展状况的主观体会，即职业高原知觉。因此，除了在本书的文献综述中区分客观职业高原和主观职业高原概念外，本书其他部分提到的职业高原均是指职业高原知觉（主观职业高原），不再作具体说明。

1.5 研究方法、技术路线和主要创新点

1.5.1 研究方法

1.5.1.1 文献分析方法

本研究收集了国内外期刊中关于职业高原及与其他相关变量关系的专业研究文献。在文献分析中，本研究主要分析了国外学者对职业高原的研究成果。同时，随着我国学者的研究跟进，也开始有一些博士、硕士论文和专业期刊论文将职业高原作为研究对象，因此，本研究也对我国学者职业高原方面的研究现状进行了总结归纳。本研究根据文献分析内容，确定本研究的研究范围和主要研究问题，提出了研究假设。本研究在设计企业人力资源管理者职业高原调查问卷时，也采用文献分析法收集已有对职业高原进行调查的问卷中的题项，通过修正形成本研究的调查问卷。

1.5.1.2 问卷调查法

本研究在文献研究的基础上，制定测量人力资源管理者职业高原的初试问卷，采用两阶段问卷调查的方法。第一阶段建立研究假设，收集、分析相关研究文献设计变量指标，形成初始问卷，通过对小样本预调研结果进行探索性因子分析、信度和效度分析对初试问卷进行验证修订，对变量指标进行剔除和重新归类，形成正式调查问卷；第二阶段将问卷投入大样本调查，根据获得的数据进行验证性因子分析，验证研究假设，形成最终问卷。本研究从文献分析中选取相对适合本研究的工作满意度、组织支持感和离职倾向问卷，并对问卷进行检验，修订为适合本研究的问卷。本研究将问卷投入大样本正式调查，对企业人力资源管理者的职业高原、工作满意度、组织支持感和离职倾向进行测量，进一步通过统计分析探讨变量之间的关系。

1.5.1.3 统计分析法

本研究收集问卷调查数据并进行整理，使用统计分析方法对数据资料进行分析。主要运用的统计分析方法包括：问卷量表的项目分析、因素分析，量表的信度、效度检验；采用独立样本 T 检验和单因素方差分析对变量差异进行分析；采用相关分析和回归分析对变量关系进行研究；采用验证性因素分析对职业高原的构成维度进行验证。本研究选用的统计分析软件是 Spss17.0 和 Amos7.0。

1.5.2 技术路线

本研究的技术路线如图1.2所示。

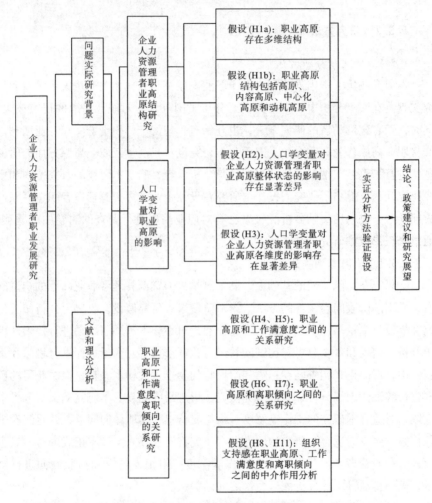

图1.2 本研究的技术路线图

1.5.3 主要创新点

本研究从企业人力资源管理者职业高原的构成维度为基本出发点，对职业高原的结构、职业高原的影响因素、职业高原与工作满意度等变量之间的关系进行了理论分析和实证检验。主要的创新点体现在以下三个方面：

第一，构建企业人力资源管理者职业高原的四维结构。本研究根据以往研究成果，在分析企业人力资源管理者职业高原特征的基础上，建立了四维度的职业高原结构模型；根据文献分析设计初始企业人力资源管理者职业高原调查问卷，通过预调研和正式调研分析、修改和完善了职业高原调查问卷。

第二，探索了职业高原影响工作满意度的背后机制。本研究通过分析组织支持感在职业高原和工作满意度之间的中介作用，发现在中国企业环境下，组织支持感在职业高原和工作满意度的关系中起到了部分中介作用。在组织支持感的作用下，职业高原对工作满意度的负面影响作用会有所降低。这一研究成果从一定程度上揭示了职业高原对工作满意度进行影响的背后机制。

第三，探索人口学变量对企业人力资源管理者职业高原的影响作用，以及职业高原与工作满意度、组织支持感、工作满意度和离职倾向的相互作用关系。本研究以企业人力资源管理者为研究对象，从人口学变量的影响作用下，对他们的职业高原进行探究，并对职业高原、组织支持感、工作满意度和离职倾向的关系进行了实证调查，发现了各个人口学变量对人力资源管理者职业高原的影响作用，以及人力资源管理者职业高原对工作满意度、组织支持感的负向影响，职业高原对离职倾向的正向影响作用。

2 企业人力资源管理者职业高原研究理论分析

2.1 研究内容的总体回顾

人力资源管理者的职业高原关系着人力资源管理者职业生涯发展的总体方向以及发展潜力。尽管有大量研究对职业高原、职业高原和工作满意度等变量之间的关系进行探讨，但是还没有特别以企业人力资源管理者为研究对象，探讨他们所面对的职业高原问题，以及他们的职业高原与工作满意度、离职倾向等变量之间的关系的研究文献出现。本书认为针对特定群体进行职业高原现象的研究有利于扩充职业高原的研究角度，丰富职业高原的研究内容，并为进行不同职业的职业高原现象的比较研究打下基础。

下文主要探讨研究者对职业高原概念、测量，职业高原与各个变量之间的关系，以及工作满意度、组织支持感、离职倾向方面的相关研究，为建立本研究的研究模型提供理论依据。

2.2 职业生涯

2.2.1 职业生涯的概念

管理学中诸多理论的发展都源于心理学研究的发展和进步。心理学研究主要从两种角度认识职业生涯：第一种角度是从个人对自己和职业的认识，选择一个最佳的职业进入职业生活；第二种角度是个人进入职业领域后，为了进一步适应个人经验、工作价值观、年龄、家庭生活和社会的变化，不断加强自身对职业生涯发展的管理，通过自我提升适应职业发展的变化，以维持在劳动力市场中的竞争力。

Donald E. Super 也曾给出职业生涯的概念，他认为职业生涯指一个人终生经历的所有职业的整体历程[①]。之后他又将职业生涯详细解释为"生活中各种事件的演进方向和历程，是统合人一生中的各种职业和生活角色，由此表现出个人独特的自我发展组型；它也是人自青春期起到退休之后，一连串有酬或无酬职业的综合，甚至包括了副业、家庭和公民的角色"。

西方研究者对职业生涯的理解着重强调职业生涯本身的发展过程，主张将职业生活与个人生活发展相统一。随着基本生活水平的改善，工作作为员工谋生手段的工具性价值作用逐渐降低，职业发展不仅成为体现个人价值的方式，也成为很多人生存的目的。对职业生涯内涵的理解应建立在所处时代的人的职业发展实际的基础上。S. E. 施恩将职业生涯划分为内职业生涯和外职业生涯，其中外职业生涯指员工从教育始、经工作期、直到退休的职业发展通路，包括职业发展的招聘、培训、提拔、解雇、奖惩和退休等阶段；内职业生涯主要指个人所取得的成功或满足的主观感情以及工作事务和家庭事务、个人消闲等其他需要之间的平衡。[②] Collin 和 Watts（1996）将学习引入职业生涯，认为职业生涯开发是一个人在自己生命阶段中学习与工作的开发。随着人的发展和组织形态的发展，Mirvis 和 Hall 开发了"无边界的职业生涯"（Boundaryless Career）的概念，这一观念认为职业生涯既包括在组织之间的移动，也包括在灵活的和没有层级的组织之间的移动。

2.2.2 职业生涯发展的研究

对于职业生涯发展的方向，传统观念对职业生涯发展的理解就是职位的上升，而美国心理学家 H. Schein（1971）提出从纵向发展、横向发展和中心发展三个维度考察员工的职业生涯发展历程。三维发展模型摆脱了传统组织单一的直线晋升模式，拓宽了职业发展的内涵，对组织扁平化和虚拟化时代的职业发展具有积极意义，为员工职业发展提供了多种可行模式。

本研究所探讨的职业高原是员工在个人职业生涯发展中所遇到的瓶颈期。

---

① SUPER D E. The Psychology of careers [M]. NewYork：Harper，1957.

② S E 施恩. 职业的有效管理 [M]. 仇海清，译. 北京：生活·读书·新知三联书店，1992.

2.3 职业高原

2.3.1 职业高原的概念

2.3.1.1 职业高原客观概念的研究

职业高原概念的全面解释最早是由 Ference（1977）等人提出的。他们认为职业高原是指"员工在组织中的职位晋升达到了这样的一个位置——在这一位置上员工获得晋升的可能性是非常低的"[①]。这种概念从晋升的角度来解释职业高原，认为职业高原是金字塔式组织层级结构发展的结果。在正三角式组织结构中，由于没有足够的上层职位提供给员工，从垂直方向上来看，所有的员工都必将到达"职业高原"。在 Ference 之前，学者们[②]通常习惯从负面的角度来解读职业高原，但是按照 Ference 的解释，职业高原并不一定意味着员工工作效率低下。Ference 建立了管理者的职业生涯模型来解读职业高原的含义和类别，如表 2.1 所示。

表 2.1　　　　　　　　Ference 的管理者职业生涯模型

当前工作绩效	未来晋升的可能性	
	低	高
高	坚实的雇员 （有效的职业高原） 组织高原　　个人高原	明星 （非高原期）
低	枯木 （无效的职业高原）	学习者 /新进员工 （非高原期）

在该模型中，"学习者"（新进员工）代表有发展潜力但是目前的工作绩效表现低于他们潜能的员工。"明星"代表工作出色，已经获得提拔，未来前途无量的员工。"坚实的雇员"以及"枯木"同属于职业高原期的员工。对于"枯木"来说，因为工作绩效表现低下，他们的职业高原被认为是无效的；而

---

① FERENCE T P, STONER J A, WARREN E K. Managing the career plateau [J]. Academy of Management Review, 1977（2）：602-612.

② PETER L, HULL R. The Peter Principle [M]. New York：Morrow, 1969.

对"坚实雇员"来说，他们的高原期由于工作绩效高所以被认为是有效率的。处于"有效的职业高原"的员工是为组织创造价值的中坚力量。在 Ference 等人眼中，职业高原对雇员是有积极影响的。处于有效的职业高原期的员工不会面对未来的不确定性，责任也不会再加大。这时期的员工能够体会到满足、安全以及工作上的舒适。

Ference 的研究的重要性在于他首次将研究聚焦在处于"有效的职业高原"的员工身上。而在此之前的实践或是研究总是将焦点放在绩效极差或极好的员工身上，如对于新进者，企业有新人培养计划，对于"枯木"，有再培训或者离职计划。但是对仍然能够创造价值的"坚实的雇员"，企业却甚少关注。

Ference 还区分了个体高原和组织高原的概念。当员工处于"坚实的雇员"时期的个体高原时，不一定会对员工产生负面的影响。但是，当员工处于组织高原时，会对员工产生负面影响，使员工感受到压力和沮丧。因为个体高原意味着员工认为自身还具有发展的潜力但是他所处的目前职位（公司）已经无法提供发展的机会，或者是组织对员工的个人能力失去信心而不再给予员工提升的机会。后来的 Choy 和 Savery 指出 Ference 将晋升作为职业成功的唯一标准而对职业高原进行定义显得过于狭隘。① 但是，尽管这个定义存在狭隘性，职业高原这一概念仍然具有重要意义。因为在组织中仍然有许多员工将获得垂直的晋升作为职业成功的重要象征。②

在 Ference 之后，还有一些学者对客观的职业高原概念进行探讨。Veiga（1981）从员工流动的角度定义职业高原，认为职业高原是指管理者处于纵向晋升以及横向发展都无望的状态，这种解释扩充了职业高原的概念。Harvey 和 Schultz 认为处于职业高原意味着除非个人离职去到其他组织，否则都将无法获得晋升。③ Feldman 和 Weitz（1988）则从责任的角度定义职业高原，认为职业高原是员工接受新任务以及责任感的增加都无望的状态。

对于企业人力资源管理者来说，职业高原的客观概念意味着人力资源管理者面临由于组织设计原因造成的职位晋升上的困难。而对于不同类型的人力资源管理者，也同样存在 Ference 所描述的"有效高原"和"无效高原"这两种

---

① CHOY M R, SAVERY L K. Employee plateauing: some workplace attititudes [J]. Journal of Management Development, 1998, 17 (6): 392-401.

② APPELBAUM S H, FINESTONE D. Revisiting career plateauing [J]. Journal of Managerial Psychology, 1994, 9 (5): 12-21.

③ HARVEY E K, J R SCHULTZ. Responses to the Career Plateau [D]. Bureaucrat, 1987: 31-34.

职业高原状况。职业高原客观概念的提出对于从直观上认识人力资源管理者的职业高原具有重要作用。

2.3.1.2 职业高原主观概念的研究——职业高原知觉

随着心理学研究成果的引入，职业高原的主观概念越来越受到研究者的关注。对高原知觉的研究关注是从 Chao 等人开始的。Chao 等人认为对于职业高原的定义关键在于个体对自身未来职业发展的感知。① 对职业发展的主观感知是认识职业高原的关键，因为高原知觉概念强调的是个体如何审视、评估自身目前的工作状态，以及对目前的工作状况会采取何种应对策略。因此，如果员工个体认为自身职业晋升的可能性很小，他的这种主观的认知——而并非他未来真实的职业发展——会影响他目前的工作态度、行为和未来的发展计划。也就是说，高原知觉才是定义职业高原概念的关键。同时，在越来越多的雇员发现在组织内垂直晋升的难度加大的情景之下，高原知觉，即员工对自己职业发展遇到的瓶颈的自我感知成为组织中压力的主要来源。② 对高原知觉的研究主要集中在高原知觉类型、高原知觉度量（Chao，1990）以及其影响因素和带来的后果③几个方面。

对企业人力资源管理者来说，高原知觉的概念意味着人力资源管理者自身对自己职业发展是否处于停滞期的主观感知，这种感知更有可能影响到人力资源管理者在工作中的行为方式。

2.3.2 职业高原构成维度的研究

2.3.2.1 国外学者对职业高原构成维度的研究

Bardwick 从职业高原来源的角度将职业高原分成三类，即结构高原、工作内容高原和生存高原（生活高原）。④ 结构（垂直）高原指员工在组织内晋升的可能性较小。工作内容高原指员工从事的工作缺乏挑战，个人责任感降低，或工作本身枯燥乏味。生存高原指个人深陷工作之外的生活角色之中，无心应对职业发展。Allen，Poteet 和 Russell 以及 Allen，Russell，Poteet 和 Dobbins 也对这三种高原类型进行了研究（Allen，Poteet，Russell，1998；Allen，Russell，

---

① CHAO G T. Exploration of the conceptualization and measurement of career plateau: A comparative analysis [J]. Journal of Management, 1990 (16): 181-193.

② ROSEN B, JERDEE T H. Middle and late career problems: Causes, consequences, and research needs [J]. Human Resources Planning, 1990 (13): 59-70.

③ TREMBLAY M, ROGER A, TOULOUSE J M. Career plateau and work attitudes: An empirical study of managers [J]. Human Relations, 1995 (48): 221-237.

④ BARDWICK J M. The Plateauing Trap [M]. Toronto: Bantam Books, 1986.

Poteet, et al., 1999)。在三种职业高原概念中，研究者往往比较关注结构高原①，对内容高原和生存高原较少有人关注②。

2.3.2.2 我国学者对职业高原构成维度的研究

在职业高原的构成维度的研究方面，我国学者在借鉴国外学者研究成果的同时，进行了自己的发展和创新。我国研究者在分析职业高原构成维度时大多采用了三维或四维这两种结构。不同职业高原维度的确定建立在对职业高原概念的不同理解之上。认为职业高原是由三个维度构成的研究包括：谢宝国在硕士论文中建立的职业生涯的三维结构，即层级高原、内容高原和中心化高原③；林长华在博士学位论文中认为职业高原是由层级高原、内容高原和动机高原三个维度组成④。认为职业高原是由四维度构成的研究包括：郭豪杰⑤以Jacob Joseph⑥的研究为理论框架，提出国内企业员工的职业高原包括结构高原、内容高原、个人选择高原和工作技能高原四个维度；寇冬泉研究得出教师的职业高原是一个多维度的层级系统，并根据教师的职业特点加入了职级高原的概念，认为教师的职业高原是由趋中高原、内容高原、层级高原和职级高原构成⑦；白光林⑧、凌文辁⑨和李国昊⑩探索并验证我国文化背景下的企业管理者职业高原是由四个维度构成，四维度结构模型包括需求满足高原、职位发展高原、工作心态高原和技能信心高原。

从文献分析来看，我国学者对职业高原的维度研究主要是以国外研究者已

---

① MCCLEESE C S, EBY LT, SCHARLAU E A, et al. Job Content of Stress, Depression and Coping Responses [J]. Journal of Vocational Behaviour, 2007, 71 (2): 282-299.

② MCCLEESE C S, EBY L T. Reactions to Job Content Plateaus: Examining Role Ambiguity and Hierarchical Plateau as Moderators [J]. The Career Development Quarterly, 2006 (55): 64-76.

③ 谢国宝. 职业高原的结构及其后果研究 [D]. 武汉：华中师范大学硕士学位论文, 2005.

④ 林长华. 企业员工职业高原及其对工作绩效和离职倾向的影响研究 [D]. 长沙：湖南大学博士学位论文, 2009.

⑤ 郭豪杰. 职业高原的结构研究及其与工作倦怠的相关 [D]. 郑州：河南大学硕士学位论文, 2007.

⑥ JOSEPH J. An Exploratory Look at the Plateausim Construct [J]. Journal of Psychology, 1996, 130 (3): 237-244.

⑦ 寇冬泉. 教师职业生涯高原：结构、特点及其与工作效果的关系 [D]. 重庆：西南大学博士学位论文, 2007.

⑧ 白光林. 职业高原内部结构及其产生机制探讨 [D]. 广州：暨南大学硕士学位论文, 2006.

⑨ 白光林，凌文辁，李国昊. 企业管理者职业高原结构维度探索及问卷编制 [C]. 2010 ETP/IITA 2010 International Conference on Management Science and Engineering: 136-139.

⑩ 白光林，凌文辁，李国昊. 职业高原结构维度与工作满意度、离职倾向的关系研究 [J]. 科技进步与对策, 2011 (2): 144-148.

有的研究成果为理论依据，进行在中国实际环境中的问卷调查统计分析检验后所形成的结果。从这些研究当中可以看出，进行职业高原的构成维度研究是探索职业高原内涵的一种有效的方式。本研究在进行企业人力资源管理者职业高原研究时，也可以通过分析职业高原构成维度的方式来探索人力资源管理者职业高原的内涵和特征。

总体来看，从员工晋升的可能性变小来定义职业高原的职业高原客观概念越来越少被研究者使用，而以员工主观感受职业发展的状态来评价职业高原的高原知觉概念越来越受到研究者的推崇。因此，本研究对职业高原的定义也采用职业高原的主观概念——高原知觉，认为人力资源管理者的职业高原是指人力资源管理者对自身的职业发展是否处于停滞期的主观感受；而对人力资源管理者职业高原构成维度的研究也将借鉴国内外学者的研究成果，首先从理论分析入手，对职业高原的构成维度建立研究假设，再通过实证调查方式进行进一步的研究。

2.3.3 职业高原的测量

2.3.3.1 职业高原的客观测量方法

职业高原的客观衡量是指采用一些客观的可度量的指标判断员工是否处于职业高原。主要的判断指标包括年龄[①]、任职期或晋升间隔期[②]等。其中采用任期的方法是最为普遍的，而对于任期的选择也分为五年任期法（Slocum, et al., 1985；Stout, Slocum, Cron, 1988）、七年任期法（Gould, Penley, 1984；Veiga, 1981）和十年任期法（Gerpott, Domsch, 1987）。在以任期为职业高原判断标准的客观职业生涯测量研究中，五年任期是最为普遍采用的任期年限。除了任期之外，也有学者采用单一未来晋升渠道方法来测量职业高原（Carnazza, Korman, Ference, et al., 1981；Near, 1985）。Veiga（1981）用在目前岗位上既无向上晋升也无横向发展来衡量职业高原，这意味着员工将在现有岗位上无限期地工作下去才意味着到达职业高原。职业高原的客观测量方法主要是采用年龄或者任期等客观的判断标准对员工是否处于高原期进行衡量，但对采用几年的任期的科学性并未做出合理解释。该方法虽然判断标准明确，但忽略了员工是否处于高原期的心理感受。

---

① EVANS M G, GILBER E. Plateaued managers: their need gratigications and their effort ~ peformance expectations [J]. Journal of Management Studies, 1984 (21): 99-108.

② ETTINGTON D R. Successful career plateauing [J]. Journal of Vocational Behavior, 1998 (52): 72-88.

2.3.3.2 职业高原的主观测量方法

Chao（1990）开启了知觉职业高原的研究，同时也开发了职业高原知觉——职业高原的主观测量方法。该方法采用员工个体所感知到的主观体会——个体感受到的未来晋升的可能性——来判断员工是否处于职业高原。[①] Chao（1990）和 Tremblay（1995）等人发现主观衡量方法对职业高原的度量相比较传统的客观衡量方法更具有解释力。[②] Chao 在研究中认为，之前某些研究对职业高原期员工和非职业高原期员工在进行工作满意度等方面的分析时之所以没有发现明显的差异，是由于他们受到所使用的以任期为主要标准的测量职业高原的客观方法的限制。Chao 认为这些研究结果的不一致性的一个重要原因是，职业高原的客观测量方法是一种二分变量法，即非是即否的判断（根据调查对象的任职或工作年限是否达到一定标准判断被调查对象要么处于职业高原，要么处于非职业高原）。而 Chao 等人采用的知觉测量法是一种将职业高原看作连续变量的测量方法。这种方法对相关结果变量的预测具有较高的精确性。从高原知觉的角度来看，定义职业高原的关键是个体对于自己未来职业发展的体会。Chao 建议职业高原研究应该脱离对职位任期的狭隘认识，而应该从职业发展的角度进行考虑，兼顾当前组织内部以及组织外部的发展机会，同时考虑员工的一系列心理变量因素。Chao 在研究中采用比较分析的方法发现从内部工作满意、外部工作满意、组织认可和职业发展计划四个方面的衡量结果显示，职业高原的知觉测量方法比单纯的按照任期的测量方法更加有效。[③]

2.3.3.3 职业高原客观测量方法和主观测量方法的比较

职业高原的主观测量方法的重要性在于它从个体知觉的角度分析目前个体处于当前职业状态的评价。如果个体认为他未来的晋升机会渺茫，他就会有所察觉，这种知觉会影响到他目前的工作态度、行为以及未来的发展计划。因此，对职业高原的测量应该是基于个体知觉的，而不是采用其他非主观的测量指标。继 Chao 之后，Tremblay 等人也认为采用基于持续刻度计量的主观测量法对职业高原进行测量对相关结果变量的解释更具有说服力。[④] 他们研究证明采用主观测量法测量职业高原能够解释12%的工作态度变量，而采用客观测量

① CHAO G T. Exploration of the conceptualization and measurement of career plateau：A comparative analysis ［J］. Journal of Management，1990（16）：181-193.

② TREMBLAY M，ROGER A，TOULOUSE J M. Career plateau and work attitudes：An empirical study of managers ［J］. Human Relations，1995（48）：221-237.

③ GEORGIA T Chao. Comparative Analysis Exploration of the Conceptualization and Measurement of Career Plateau：A Comparative Analysis ［J］. Journal of Management 1990，16（1）：181-193.

④ TREMBLAY M，ROGER A，TOULOUSE J. Career plateau and work attitudes：an empirical study of managers ［J］. Human Relations，1995，48（3）：221-237.

只能解释 1%，足以见得采用主观测量法测量职业高原的科学性。尽管随着职业高原的主观概念受到推崇，职业高原的知觉测量方法被大量开发，但是很多学者在进行研究时仍会考虑员工的工作年限或者任职期限，作为与职业高原知觉测量的比较，或将工作年限、任职年限与职业高原主观体会的测量结果进行综合，来作为判断员工是否处于职业高原的依据，也有学者将年龄和任职期限作为影响职业高原的重要因素进行研究。

总体来看，职业高原的客观测量是过去导向型的，是可观测的客观维度。主观测量是未来导向型的，是一种体验式的主观维度。为了更好地诠释职业高原的内容，有很多学者采用了这两种方法相结合的方式来研究职业高原[1]。Michel Tremblay 和 Alain Roger 用在目前岗位上的工作时间测量客观高原；用个体感受是否在该岗位工作过长时间、是否已经到达晋升的极限来测量主观高原。[2]我国学者李华根据 Chao 认为职业高原是连续变量的特点，将职业高原的连续变化过程划分为"弱""较强"和"强"三种状态，对职业高原的程度进行衡量（如表 2.2 所示）。这是一种对将主、客观职业高原和职业高原的连续变量特征相结合的测量职业高原的方式的探索，但是还未得到其他研究者的认可和支持。

表 2.2　　　　　　　　　　职业高原的分类[3]

类型	客观职业高原	主观职业高原
弱职业高原	未进入高原期	自我感知很小
较强职业高原	进入高原期不久	自我感知模糊
强职业高原	进入高原期较长	自我感知强烈

除了主观测量和客观测量外，也有研究者采用相对特殊的方式衡量员工是否处于职业高原，如 Sharon 等人曾采用所处晋升渠道的晋升速度的快慢来区分军队军人是否正在经历职业高原。[4]他们认为按照军队的晋升系统，处于快速晋升通道上的是非职业高原者，处于中速晋升渠道上的既不是职业高原者也

---

① ETTINGTON D R. How Human Resource practices can help plateaued managers succeed [J]. Human Resource Management, 1997, 36 (2): 221-234.

② MICHEL TREMBLAY, ALAIN ROGER. Individual, Familial, and Organizational Determinants of Career Plateau: An Empirical Study of the Determinants of Objective and Subjective Career Plateau in a Population of Canadian Managers [J]. Group & Organization Management 1993 (18): 411-435.

③ 李华. 企业管理人员职业高原与工作满意度、组织承诺及离职倾向关系研究 [D]. 重庆: 重庆大学博士学位论文, 2006: 33.

④ SHARON G HEILMANN, DANIEL T HOLT, CHRISTINE Y RILOVICK. Effects of Career Plateauing on Turnover A Test of a Model [J]. Journal of Leadership &Organizational Studies, 2008, 15 (1): 59-68.

不是非职业高原者，而在慢速晋升渠道上的人属于正在经历职业高原者。但是这种测量方法由于难以掌握企业晋升系统和把握晋升速度的快慢，较难在企业管理者职业高原研究中开展。在对企业人力资源管理者的职业高原进行测量时，本研究认为应该遵照职业高原主流研究领域的研究方法，采用职业高原的知觉测量方法对人力资源管理者的职业高原进行度量。

2.3.4 职业高原的影响因素研究

2.3.4.1 国外职业高原影响因素研究

Ference 认为组织中职业高原产生的原因主要是金字塔式的组织结构带来的上升职位的稀缺。除此之外，Ference 解释了其他几个产生职业高原的原因：①竞争——面对同一职位候选人之间的竞争；②年龄——组织更倾向于把职位提供给具有发展潜力的年轻人，因此年龄成为阻碍相对年长的员工职业发展的障碍；③组织需要——组织更需要员工停留在当前的职位以发挥出他最大的效能，而不是提升到更高级岗位。另有 Slocum 等人认为组织所采用的战略策略也会对员工的职业高原产生影响：采取不同战略策略（或在市场中处于不同竞争地位）的企业所采用的人力资源管理哲学及策略也是不一样的，因此会影响到员工职业发展策略选择。① 也有学者认为影响职业高原的因素可以分成个人因素、组织因素和文化因素三类。

1. 影响职业高原的个人因素

总结职业高原的研究文献发现，影响职业高原的个人因素包括个体的年龄、受教育程度、在同一组织中的工作年限、家庭状况、个性、职业期望、绩效表现、所在职位前任人员的职业发展，以及员工之前经历的职业成功等因素。

（1）年龄

由于职业高原的产生一般发生在员工进入组织工作一段时间之后，因此，年龄被认为是一种影响甚至决定职业高原的重要因素。由于年龄相对职位而言对人的需要满足层次的影响更大，年龄相对大的员工无论处于什么职位，对自身的收入、未来可能的回报和发展都要比年轻人更加难以得到满足。因此，有研究证明年龄相对大的员工面对职业高原时的工作满意度会更低②。而也有研

---

① SLOCUM J W JR, CRON W L, HANSEN R W, et al. Business strategy and the management of plateaued employees [J]. Academy of Management Journal, 1985 (28): 133-154.

② JOHN W SLOCUM JR, WILLIAM L CRON, RICHARD W HANSEN. Business Strategy And The Management of Plateaued Employees [J]. Academy Of Management Journal 1985, 28 (1): 133-154.

究者认为年龄与职业高原之间的关系是非线性的①。Evans 和 Gilbert 指出随着年龄的增长职业高原和非职业高原期经理的动机差异会越来越小。②

（2）任职期限

Mills 研究得出随着任职年限的增长晋升机会会逐年下降 9%③；Abraham 和 Medoff 研究发现晋升机会会下降 4.3%④。因此，处于职业高原期的员工一般都比同职位的员工资深。另一个容易和任职期限相混淆的概念是工作年限，工作年限是指员工参加工作的整体年限，任职期限一般是指员工担任现职的年限。相比较而言，研究者认为任职期限更能对员工的职业高原造成影响。但在我国学者的研究中，一般会将工作年限和任职期限作为两个不同因素全部纳入可能影响职业高原的因素研究当中。

（3）受教育程度

除了年龄和任期之外，另一个受关注的影响职业高原的个人因素是受教育程度。但是有学者认为受教育程度对职业稳定性的影响是有限的，因此，受教育程度是晋升的一个条件但不是充分必要条件⑤。尽管如此，受教育程度会对职业稳定性产生间接影响，因为不同受教育程度的人所具有的事业心和采用的职业策略会有所不同⑥。

（4）性别

Allen 等人研究发现女性员工比男性员工更容易经历结构高原和内容高原，但是男性员工比女性员工更易被归类为双高原或非高原员工。⑦

---

① MICHEL TREMBLAY, ALAIN ROGER. Individual, Familial, and Organizational Determinants of Career Plateau: An Empirical Study of the Determinants of Objective and Subjective Career Plateau in a Population of Canadian Managers [J]. Group & Organization Management, 1993 (18): 411-435.

② EVANS M G, GILBERT E. Plateaued managers: Their need gratifications and their effort-performance expectations [J]. Journal of Management Studies, 1984 (21): 99-108.

③ MILLS Q D. Seniority vs. ability in promotion decisions [J]. Industrial and Labor Relations Review, 38 (3): 421-425.

④ ABRAHAM K G, MEDOFF J L. Length of service and promotions in union and nonunion work group [J]. Industrial and Labor Relations Review, 1985 (38): 408-420.

⑤ TSCHIBANAKI T. The determination of the promotion process in organizations and of earnings differentials [J]. Journal of Economic Behavior and Organization, 1987 (8): 603-616.

⑥ BAKER P M, MARKHAM W T, BONJEAN C M, et al. Promotion interest and willingness to sacrifice for promotion in a government agency [J]. Journal of Applied Behacioral Science, 1988 (24): 61-80.

⑦ ALLEN T D, POTEET M L, RUSSELL J E A. Attitudes of managers who are more or less career plateaued [J]. The Career Development Quarterly, 1998, 47 (2): 159-72.

（5）人格特征

有管理者认为个人性格会对职业高原产生强烈影响，例如，进取精神、野心、对失败的恐惧和风险规避等这些因素都会影响到职业的流动性。[①] 那些认为自己能够掌握自身命运的内控型的人比那些外控型的人的流动性更大（Veiga，1981）。Sandra Palmero（2001）等人通过对兼职员工和人力资源管理者的访谈发现，有三种个人个性因素会影响到职业发展：工作进步的重要性、工作时的社交关系和工作角色的重要性。Sugalski 和 Greenhaus 研究发现进步的野心以及对自身命运的控制对客观高原无影响，但对主观高原有影响。[②]

（6）之前的职业经历

Michel Tremblay 和 Alain Roger 研究证明员工之前的事业成功、年龄和受教育程度会对客观高原产生影响，而在目前岗位的任期、之前的事业成功和个性会对知觉（主观）高原产生影响。[③]

（7）个人-家庭平衡

个人-家庭平衡也会影响到职业高原。当一个人想要花更多的时间在家庭的时候，可能会影响到他的职业高原。例如，一个人需要承担更多的家庭责任或者为了家庭而改变工作地点都有可能带来职业高原。一般研究中会将婚姻状况作为衡量个人-家庭平衡的一个标准，认为已婚的人相对会比未婚的人花费更多的时间在家庭上，会更多地面对个人-家庭平衡的问题。

2. 影响职业高原的组织因素

组织结构是影响职业高原的直接因素。组织结构是否为员工的晋升提供和提供了什么样的晋升渠道将直接影响员工的职业高原现象（Michel Tremblay，Alain Roger，1993）。组织结构的精简会使员工更易到达职业高原（Bardwick，1983）。组织环境的竞争性也会带来职业高原。Near（1980）认为一些暂时性的职业高原可能是由于下属还不具备胜任高级职位的能力。尽管如此，组织文化以及发展导向也会使那些本来具备晋升素质的管理者不能得到晋升而处于职业高原，这些都是由组织结构本身的弊病造成的。Feldman 和 Weitz 认为积极

① VEIGA J F. Plateaued versus Non-Plateaued Managers Career Patterns, Attitudes and Path Potential [J]. Academy of Management Journal, 1981, 24（3）：566-578.

② SUGALSKI T D, GREENHAUS J H. Csreer exporation and goal setting among managerial employees [J]. Journal of Vocational Behacior, 1986, 29（1）：102-114.

③ MICHEL TREMBLAY, ALAIN ROGER. Individual, Familial, and Organizational Determinants of Career Plateau: An Empirical Study of the Determinants of Objective and Subjective Career Plateau in a Population of Canadian Managers [J]. Group & Organization Management, 1993（18）：411-435.

的工作环境有利于职业高原倾向的降低。① 此外，也有学者认为，社会、经济和人口统计学上这些宏观因素所带来的压力而并非员工个体内部的压力带来了职业高原现象。②

2.3.4.2 我国学者对影响职业高原的因素的研究

在产生职业高原的原因方面，我国学者也进行了相应的研究。白光林根据施恩的职业动力学理论，提出了职业高原产生机制模型。③ 吴贤华通过文献研究和问卷等实证手段分析得出职业高原的影响因素的结构维度是多维度，即个人因素、组织因素与家庭因素；其中组织因素对层级高原起主要作用，个人因素对内容高原起主要作用。④ 李尔通过实证分析得出 IT 企业研发人员的职业高原形成因素主要包括组织人力资源管理制度、员工个体和家庭等三个因素。⑤ 通常我国学者在进行职业高原研究时，都会将性别、年龄、婚姻状况、工作年限、任职年限、最高学历、职位和企业性质等人口学变量纳入研究当中，分析在这些人口学变量上的职业高原差异。

从以上分析可以看出，客观职业高原主要是由影响职业高原的组织因素造成的，主观职业高原会受到组织因素的影响，但是否会在个体身上产生职业高原现象是受个体差异因素影响决定的。在分析企业人力资源管理者职业高原产生的原因时，既要考虑组织因素，也应该考虑企业人力资源管理者群体的特殊性以及个体的差异性对职业高原产生的影响作用。在前人研究所涉及的影响职业高原的个人因素当中，员工的性别、年龄、工作期限、任职期限、婚姻状况和受教育程度是大多数研究所涉及的，但这些因素究竟会对职业高原造成何种影响效果，研究结论并不完全一致；而人格特征和以前的工作经历等因素由于度量标准等问题，并未被多数研究者关注。本研究将继续关注前人研究的焦点，将人力资源管理者的性别、年龄、工作期限、任职期限、婚姻状况、受教育程度和职位作为影响职业高原的个人因素加以考虑，将人力资源管理者所在企业的性质作为影响职业高原的组织因素进行研究。

---

① FELDMAN D C, B A WEITZ. Career plateaues reconsidered [J]. Journal of Management, 1988 (14)：69-80.

② DUFFY, JEAN ANN. The Application of Chaos Theory to the Career-Plateaued Worker [J]. Journal of Employment Counseling, 2000, 37 (4).

③ 白光林. 职业高原内部结构及其产生机制探讨 [D]. 广州：暨南大学硕士学位论文，2006.

④ 吴贤华. 某银行员工职业生涯高原的影响因素结构研究 [D]. 广州：暨南大学硕士学位论文，2006.

⑤ 李尔. IT 企业研发人员职业高原现象成因及相关问题研究 [D]. 广州：暨南大学硕士学位论文，2009.

2.4 职业高原与结果变量之间的关系研究

2.4.1 认为职业高原会对结果变量带来负面效果的研究

有研究发现职业高原会带来各种组织问题（Rosen，Jerdee，1990）。职业高原能够使员工不安，因为职位的持续向上发展被认为是检验员工绩效表现的一项重要指标，如果员工到达了职业高原——在一定时期内无法获得晋升，将被认为是绩效不佳的表现。[①] 还有一些学者因为职业高原可能带来的负面结果而直接认为职业高原代表着心理上的沮丧和虚弱，而由于负面情绪的影响，员工在职业发展上会进一步导致暂时或永久性的停滞（Lemire，Saba，Gagnon，1999；Rotondo，Perrewe，2000）。组织高原会影响到工作态度、工作表现、工作满意度、工作激励以及职位任期。除此之外，高原期的经理比非高原期经理的缺勤率要高，工作满意度低，职业压力、离职倾向以及对组织的负面倾向都会增加。[②③] 职业高原与工作满意度之间的关系研究结果包括：高原知觉与工作满意度的负相关[④⑤⑥⑦⑧]、高原知觉与工作满意度以及职业满意度负

① ONGORI H, AGOLLA J E. Paradigm Shift in Managing Career Plateau in Organization: The Best Strategy to Minimize Employee Intention to Quit [J]. Africa Journal of Business Management, 2009, 3 (6): 268-271.

② NEAR J P. The Career Plateau: Causes and Effects [J]. Business Horizons, 1980 (23): 53-57.

③ NICHOLSON N. Purgatory or Place of Safety? The Managerial Plateau and Organizational Agegrading [J]. Human Relations, 1993, 46 (12): 1369-1389.

④ ALLEN T D, RESSEL J A, POTEET M L, et al. Learning and development factors related to perceptions of job content and hierachical plateauing [J]. Journal of Organizational Behavior, 1999 (20): 1113-1137. TREMBLAY M, ROGER A, TOULOUSE, J. M. Career plateau and work attitudes: An empirical study of managers [J]. Human Relations, 1995 (48): 221-237.

⑤ BAIK J. The influence of career plateau types on organizational members' attitude. Unpublished master thesis [D]. Sogang University, 2001.

⑥ LEE P C B. Going beyond career plateau, using professional plateau to account for work outcomes [J]. Journal of Management Development, 2003 (22): 538-551.

⑦ MILLIMAN J F. Cause, consequences and moderating factors of career plateauing [D]. University of Southern California, 1992.

⑧ TREMBLAY M, ROGER A, TOULOUSE, J. M. Career plateau and work attitudes: An empirical study of managers [J]. Human Relations, 1995 (48): 221-237.

相关①②。

个人职业高原会降低职业发展的速度，并且会导致个体的冷漠、消极、逆反、情绪低落、离职，而这些对于雇员来说都是有害的。③ 因此，有研究认为职业高原会使员工的绩效降低④，也会使一些原本能创造价值的员工离开企业⑤，直接增加离职倾向（Sharon，2008）。也有一些研究认为职业高原能降低工作满意，增加压力，减低绩效表现，降低组织承诺，增加员工离职倾向（Heilmann，Holt，Rilovick，2008）。研究者将非高原期与内容高原、结构高原以及双高原期经理进行比较研究。Allen，Poteet 和 Russell 研究发现双高原期经理的工作态度比单高原期经理的工作态度要低，组织承诺和工作满意度也要低。⑥ 就只经历结构高原或内容高原的员工来说，经历内容高原的经理的工作满意度要比经历结构高原经理的满意度低，离职倾向要高。Carrie 等人研究发现高原期员工的工作压力比非高原期员工的压力大。⑦ 而处于双高原期（内容高原和层级高原）的员工的负面压力要大于只有垂直高原的员工。

2.4.2　认为职业高原对结果变量并非完全带来负面影响的研究

职业高原与工作态度之间关系的研究成果存在着很多相反的结论（Xie，Long，2008）。Palmero，Roger 和 Tremblay（2001）研究发现职业高原期员工与非职业高原期员工的工作满意度不存在明显差异。Clark 则认为职业高原负担并不会对员工造成负面影响，职业高原对个人还有着积极的影响作用。⑧ 因为

① BURKE R J. Examining the career plateau: Some preliminary findings [J]. Psychological Report, 1989 (65): 295-306.

② ETTINGTON D R. Successful career plateauing [J]. Journal of Vocational Behavior, 1998 (52): 72-88.

③ PETERSON R T. Beyond the Plateau [J]. Sales and Marketing Management, 1993 (7): 78-82.

④ APPELBAUM, STEVEN H. Revisiting Career Plateauing [J]. Journal of Management Psychology, 1994, 9 (5).

⑤ ROTONDO D M, P L PERREWE. Coping with a career Plateau: An Empirical Examination of What Works and What Doesn't [J]. Journal of Applied Social Psychology, 2000 (30): 2622-2646.

⑥ ALLEN TD, POTEET M L, RUSSELL J E A. Attitudes of managers who are more or less career plateaued [J]. Career Development Quarterly, 1998, 47 (2): 159-172.

⑦ CARRIE S MCCLEESE, LILLIAN T EBY, ELIZABETH A SCHARLAU, et al. Hoffman. Hierarchical, job content, and double plateaus: A mixed-method study of stress, depression and coping responses [J]. Journal of Vocational Behavior, 2007 (71: 282-299.

⑧ CLARK J W. Career Plateaus in Retail Management. Proceedings of the Annual Meeting of the Association of Collegiate [J]. Marketing Educators, 2005: 77-84.

在职业高原期员工不用去面对工作的不确定性以及责任的增加，因此，员工的工作满意度会增加。职业高原期员工能够保持较高的绩效并没有出现烦躁，而且也能保持较高的工作满意度，是因为他们所处的职业高原能够为他们提供寻找新的职业发展的机会。在一些美国期刊中的研究中也发现，高原雇员和非高原雇员的工作满意度之间并没有显著差异①②。

2.4.3 职业高原对结果变量的影响研究结果存在差异的原因分析

研究发现职业高原会对员工的心理和行为带来负面影响，主要是因为员工把职位的纵向晋升当作工作动力的重要来源。晋升意味着工资、地位以及权力的增加，因此很多员工把职位晋升作为衡量职业成功的标准甚至唯一标准。当他们发现自己的职业处于一个平台期时，就会带来负面的情绪进而影响到工作效果。随之而来的后果就是处于职业高原期的员工的离职率会增加——他们想要在企业外部寻找其他的职位晋升机会。但是近些年来的研究发现，员工对职业高原的态度正在发生改变。对某个企业拥有完全的组织忠诚的员工越来越少。在一个企业当中，随着组织结构的扁平化发展以及中间管理层次的精简，纵向的职业发展道路已经不是那么顺畅了。许多雇员在企业精简机构或是缩减成本的过程中失去工作。

从宏观上来看，大多数国家的经济机构都在从劳动密集型向技术密集型转变。因此，经济的发展要求员工掌握足够的技术和知识承担工作。现在的员工要求企业的职位能够为他们提供对职业发展有用的知识和技术，以增加雇员本身的可雇用性。即便企业无法为他们提供纵向的晋升，也可以通过横向的职业变动使他们获取新的知识，增加自己的可雇用性。因此，经历职业高原也就变得不再尴尬，甚至会成为大多数员工的职业发展的必然经历。

也有一些研究认为职业高原的负面影响并未被证实③。按照这些研究，员工到达职业高原后只是意味着机会的减少。一些雇员甚至希望到达职业高原，因为他们难以承受持续晋升所带来的压力。④ 这些研究认为，职业高原是一个稳定的充满安全感的时期，个人能够在这个时期获得重新向前奋斗的动力。职

①　NEAR J P. The career plateau: Causes and effects [J]. Business Horizons, 1980: 53-57.

②　VEIGA J. Plateaued versus nonplateaued managers: Career patterns, attitudes and path potential [J]. Academy of Management Journal, 1981 (24): 566-578.

③　FELDMAN D C, WEITZ B A. Career plateaus reconsidered [J]. Journal of Management, 1988, 14 (1): 69-80.

④　GUNZ H. Career and Corporate Cultures [M]. Basil Blackwell: Oxford, 1989.

业高原并不一定导致挫折感。由此可见，职业高原对各个变量所带来的影响后果的研究呈现出百家争鸣的状态，这也显示了研究者对职业高原概念的深入理解以及对职业高原可能产生的影响的重视程度，为今后的研究从更深层次认识和理解职业高原、如何正确面对和处理职业高原，提供了各种研究方法和角度。

2.4.4 增加了中间变量的职业高原与结果变量之间的关系研究

相比较而言，职业高原研究一般都集中在高原类型、度量、解释变量（Armstrong-Stassen，2008）和结果变量（Tremblay，Roger，&Toulouse，1995）上，很少有文章讨论职业高原与这些结果变量之间的调节或中介变量（Etting-ton，1998；Lentz，2004；Lentz，Allen，2009；Jung，Tak，2008）。正因如此，职业高原与结果变量之间的关系让人捉摸不透，在加入了调节变量和中介变量之后，研究者们探求职业高原所带来的影响将更加科学，更具说服力。

曾经被研究者当作职业高原与结果变量之间的调节变量包括个人性格、职业动机、自我效能、员工的任期、主管支持、工作特征、工作类型、组织支持、组织环境、组织规模、指导关系等。主要研究成果包括：一些研究者（Ettington，1998；Milliman，1992；Palmero，et al.，2001）认为个人对职业高原的反应或多或少会受到工作类型、组织环境和个人性格的影响。之前的研究也曾经把一些工作特点方面的内容作为职业高原和工作态度之间的调节变量进行研究，包括工作丰富化的潜力、工作多样性、自主性、角色模糊以及参与决策。除了这些变量对工作态度和员工行为的直接影响外，这些变量与职业高原之间的交互作用也会影响到员工的反应（Roger，Tremblay，2009；Tremblay，Roger，2004）。还有研究者认为其他个人因素，包括人生阶段、职业期望、职业动力、上级支持知觉和指导也会作为中介变量或调节变量影响职业高原和其他变量的关系（Jung，Tak，2008；Lentz，2004；Milliman，1992）。产生这种差别的主要原因是个体对待职业高原的反应不同，但是有一些因素的确会限制职业高原所产生的负面作用。

Ettington（1998）认为是否能感受到上级的支持在高原知觉和工作满意度、组织承诺之间发挥调节作用。感知到的上级支持（上级支持知觉）是指上级能够在多大程度上对雇员提供关怀和帮助。[①] 同时，Ettington（1998）认为工

---

① GREENHAUS J H, PARASURAMAN S, WWORMLEY W M. Effect of race on organizational experience, job performance evaluations and career outcomes [J]. Academy of Management Journal, 1990 (133): 64-86.

作具有挑战性的高原期员工比认为工作不具有挑战性的高原期员工的满意度更高。对于高原期员工来说，上级支持知觉对工作表现的调节作用大，而对工作满意度的调节作用不大。但是，在 Ettington 的研究中并没有明确区分上级支持知觉是指心理支持还是职业支持。Ettington 在之后的研究中进一步证明指导是能够带来益处的，但是并未证明职业高原与指导关系之间有相互作用，仅证明指导经验和工作内容高原之间存在一定关系，但是指导并不能缓和职业高原带来的负面作用。[1]

Marjorie 研究发现以工作为中心（工作在个人生活中占有比较重要甚至主要的位置）和自我效能与工作内容高原负相关，特别是对于年长的管理者和专业员工来说更是如此。[2] 感受到的组织支持和来自组织、上级、团队成员的尊重与工作内容高原负相关。

Chao（1990）认为任期是高原知觉与职业计划之间的调节变量。在不同任期的员工对待职业高原所采取的职业计划可能是不一样的。当一个员工在任职早期感受到职业高原时，他可能会采取积极的职业计划去战胜职业高原；但如果他已经任职较长而又面临职业高原时，他可能会放弃这些长期发展的职业计划。相反的是，如果是非职业高原期的员工，无论他的任期长短，都会采取积极措施制订职业发展计划。

Par 和 Yoo 研究发现情绪智商和组织支持是高原知觉和其结果变量之间的调节变量。[3] 他们发现高情绪智商的高原期员工比低情绪智商的高原期员工的离职倾向要低。同时，具有高组织支持感的高原期员工对工作的满意度更高，相比较低组织支持感的员工更不倾向于离开组织。

James（2005）认为组织规模也是职业高原与各种结果之间的调节变量。大型的组织比小型组织会提供更多的竞争以及充分的奖励系统。因此，根据组织类型的不同，职业高原的结构以及应对策略都会有所差异。有研究认为小企业的低工资、低工作要求更有可能产生组织高原。与此相对应，大公司的高要求以及高回报会降低组织高原产生的可能性，但是会增加个人高原的机会。如果确实如此，那么组织规模也会成为影响职业高原的因素。

① ELIZABETH LENTZ. The Link Between the Career Plateau and Mentoring – Addressing the Empirical Gap［D］. University of South Florida, 2004.

② MARJORIE ARMSTRONG-STASSEN. Factors associated with job content plateauing among older workers［J］. Career Development International, 2008, 13（7）: 594-613.

③ PARK G, YOO T. The impact of career plateau on job and career attitudes and moderating effects of emotional intelligence and organizational support［J］. Korea Journal of Industrial and Organizational Psychology, 2005（18）: 499-523.

韩国学者 Ji-hyun Jung 和 Jinkook Tak 考察了以职业动机和感知到的上层支持为调节变量的高原知觉与工作满意度以及组织承诺之间的关系。[①] 研究发现高原知觉与工作满意和组织承诺之间负相关。采用分层多重回归分析显示职业动机是高原直觉与组织承诺之间的显著调节变量。上级支持知觉对职业高原和工作满意以及组织承诺之间的关系起到了调节作用。

Benjamin 等人认为当控制了个体和组织的积极工作环境以及工作满意度和年龄时，组织的职业指导会降低员工的职业高原倾向和离职倾向。[②] 其中，职业指导也被看作是组织支持的一个组成部分。Samuel 检验了职业高原与工作满意、组织承诺以及离职倾向之间的关系以及指导的调节作用。[③] 研究得出职业高原与工作满意、组织承诺负相关，与离职倾向正相关。职业指导在职业高原与工作满意、离职倾向的关系之间发挥显著的调节作用。

2.4.5　我国学者对职业高原与结果变量之间的关系进行的研究

我国学者对职业高原所带来的影响研究基本遵循了国外学者的研究路径，主要是研究职业高原与工作满意度、组织承诺、离职意愿、工作绩效、工作倦怠以及人口统计学变量之间的关系。这些研究主要包括：

谢宝国探讨了职业高原构成维度与工作满意度、组织承诺和离职意愿的关系，得出的结论包括：中心化高原对员工的外源工作满意度和内源工作满意度具有显著影响，内容高原对员工的组织承诺和离职意愿具有显著影响；工作任期对职业高原与外源工作满意度或内源工作满意度之间的关系未起到调节作用；内容高原或中心化高原会降低员工工作满意度，进而降低员工对组织的忠诚度，增加离职意愿。[④]

白光林发现职业高原会增加离职倾向，而对工作绩效没有显著影响。[⑤]

---

① JI-HYUN JUNG, JINKOOK TAK. The Effects of Perceived Career Plateau on Employees' Attitudes: Moderating Effects of Career Motivation and Perceived Supervisor Support with Korean Employees [J]. Journal of Career Development, 2008, 35 (2): 187-201.

② BENJAMIN P FOSTER, TRIMBAK SHASTRI, SIRINIMAL WITHANE. The Impact Of Mentoring On Career Plateau And Turnover Intentions Of Management Accountants [J]. Journal of Applied Business Research, 2011, 20 (4).

③ SAMUEL O SALAMI. Career Plateauing and Work Attitudes: Moderating Effects of Mentoring with Nigerian Employees [J]. The Journal of International Social Research, 2010 (3): 499-508.

④ 谢宝国. 职业生涯高原的结构及其后果研究 [D]. 武汉：华中师范大学硕士学位论文, 2005.

⑤ 白光林. 职业高原内部结构及其产生机制探讨 [D]. 广州：暨南大学硕士学位论文, 2006.

李华在博士论文中构建了企业管理人员职业高原的结构方程模型，证明了客观职业高原与主观职业高原显著正相关。[1] 客观职业高原仅对组织承诺有显著正效应；主观职业高原对工作满意度、组织承诺有显著负效应，对离职倾向有显著正效应；工作满意度和组织承诺对离职倾向有显著负效应，而工作满意度对组织承诺有显著正效应。

郭豪杰研究得出结构高原、内容高原和个人高原三者同工作倦怠的三个维度都显著相关；技能高原只同工作倦怠的成就感降低维度显著相关；并提出了应对职业高原的九条建议。[2]

寇冬泉认为教师职业生涯总体高原及趋中高原、内容高原和层级高原三因子与工作投入、工作绩效和工作满意度显著负相关，与离职意向呈显著正相关；职级高原与工作投入显著负相关，与离职意向显著正相关。[3]

林长华的研究显示在职业高原的构成维度中，层级高原相对内容高原和动机高原而言对员工工作绩效具有更强的预测力，动机高原相对内容高原而言对员工绩效具有更强的预测力；而在职业高原的各维度对离职倾向变异的解释中不存在显著差异。[4]

李尔认为IT研发人员的职业高原形成因素与工作绩效具有相关性；不同性别、年龄、学历、工作年限的IT研发人员的职业高原形成因素存在显著差异，在婚姻情况和职称两个维度IT研发人员的职业高原没有显著差异。[5]

陈怡安和李中斌以福建地区高校的工商管理硕士（MBA）学员为研究对象，实证了客观职业高原与主观职业高原与工作满意度、组织承诺及离职倾向之间的影响关系。[6]

陈子彤、金元媛和李娟通过对武汉、深圳等地区373名企业知识型员工的问卷实证分析，检验了职业高原与工作倦怠之间的关系。研究结果表明：职业

① 李华. 企业管理人员职业高原与工作满意度、组织承诺及离职倾向关系研究 [D]. 重庆：重庆大学博士学位论文，2006.

② 郭豪杰. 职业高原的结构研究及其与工作倦怠的相关 [D]. 郑州：河南大学硕士学位论文，2007.

③ 寇冬泉. 教师职业生涯高原：结构、特点及其与工作效果的关系 [D]. 重庆：西南大学博士学位论文，2007.

④ 林长华. 企业员工职业高原及其对工作绩效和离职倾向的影响研究 [D]. 长沙：湖南大学博士学位论文，2009.

⑤ 李尔. IT企业研发人员职业高原现象成因及相关问题研究 [D]. 广州：暨南大学硕士学位论文，2009.

⑥ 陈怡安，李中斌. 企业管理人员职业高原与工作满意度、组织承诺及离职倾向关系研究 [J]. 科技管理研究，2009（12）：437-430.

高原及其维度均与工作倦怠显著正相关，影响程度由强到弱依次为层级高原、内容高原、中心化高原。[①]

白光林、凌文辁和李国昊研究认为职业高原对工作满意度和组织承诺具有显著的负向影响，并会导致员工离职倾向的增加；职业高原会通过工作满意度和组织承诺部分中介作用于离职倾向，工作满意度也会通过组织承诺部分中介作用于离职倾向。[②]

从以上文献总结中可以看出，我国学者对职业高原和结果变量之间的关系进行了一些实证研究，但是由于对职业高原概念的认识、职业高原测量方法的差异以及所采用的测量工具的不同等原因，这些研究并未得出一致的结论。这也为进一步进行职业高原与各个变量之间的研究打下基础，并启发研究者采用更加科学可信的方法梳理这些关系，对这些关系进行进一步的探究。在这些被研究者关注的调节变量和中介变量中，组织支持感被当作一种重要的影响职业高原和结果变量之间关系的中间变量。广义的组织支持感包括主管（上级）支持。本书在探讨企业人力资源管理者职业高原和结果变量之间的关系时，可以借鉴前人的研究成果，选择组织支持感作为中间变量进行研究分析，并采用相对广义的组织支持感概念，认为组织支持感是员工感受到的组织重视员工贡献和关心员工利益的程度。

2.5 工作满意度

2.5.1 工作满意度的内涵

从霍桑试验开始，研究者就发现员工工作的高效率与工作满意度是影响企业生产发展的根本。为此，泰勒（1911）提出高报酬能够提高工作满意度。Hoppock（1935）发表的博士论文《工作满意度》（*Job Satisfaction*）开启了对工作满意度的正式研究。他在论文中首次提出工作满意度的概念，认为工作满意度是工作者心理与生理两方面对环境因素的满足感受，即工作者对工作情境的主观反应。而 Herzberg 将工作的满意与不满意进行了细致区分，并分析了带

---

① 陈子彤，金元媛，李娟. 知识型员工职业高原与工作倦怠关系的实证研究 [J]. 武汉纺织大学学报，2011（4）：31-33.

② 白光林，凌文辁，李国昊. 职业高原与工作满意度、组织承诺、离职倾向关系研究 [J]. 软科学，2011（2）：108-111.

来工作满意的激励因素和带来工作不满意的保健因素，说明工作报酬属于保健因素，仅能够防止员工不满意情绪的产生，而像社会认可、工作成就等与工作直接相关的因素才是产生满意感的激励因素。[①] Alderfer（1969）对 Maslow 的需求层级理论进行了修订，提出 ERG（Existeneeneeds, Relatendnessneeds, Growthneeds）理论，认为实现自己的愿望才能得到满意。期望理论的创始人 Vroom（1982）将工作态度（Job Attitudes）和工作满意（Job Satisfaction）当作可替换的概念，他认为工作满意度是"个人对其充当的工作角色所保持的一种情感倾向"。这些学者从不同的角度定义了工作满意度，并建立了自己的理论体系。

Herzberg（1959）揭示了内源性工作满意度与外源性工作满意度的构成，为人们理解工作满意的来源和内涵提供了依据。内源性工作满意度（Intrinsic Job Satisfaction），也称内部工作满意度，是人们对工作任务本身满意与否的感受。外源性工作满意度（Extrinsic Job Satisfaction），也称外部工作满意度，是人们对各种除工作之外的外部的工作情境满意与否的感受。

Weiss 等学者（1967）将工作满意度分为内在满意度、外在满意度。其中内在满意度即内源性工作满意度，是指员工对与工作内容本身相关的因素的满意程度，主要包括员工对工作本身的活动性、独立性、创造性、变化性、稳定性、工作上职权的大小以及所做工作的道德价值观、责任感、成就感、社会地位、职能地位以及运用能力的机会的满意程度；外在满意度即外源性工作满意度，是指工作者对在工作中所获得的薪资、赞赏、升迁、公司政策以及实施方式、组织文化、领导方式、工作环境、同事关系的满意程度。

在工作满意度影响因素的研究方面，Locke（1976）发现公平的待遇、良好的工作环境、领导、同事与下属以及工作本身等因素会影响工作满意度。Buchko 等人（1992）研究指出：个人因素对工作满意度的解释占 10%~30% 的变异量，情境因素占据剩下的 40%~60%，另外的 10%~20% 的变异量由它们之间的相互作用产生。[②]

2.5.2　工作满意度的测量

工作满意度的测量方法主要有单一整体评估法和工作要素综合评分法两

---

① HERZBERG F, MAUSNER B, SNYDETLNAN B. The Motivation to Work [M]. NewYork: John Wiley&Sons Inc., 1959.

② BUCHKO A. Empoyee owerership, Attitudes and Turnover: An Empirical Assessment [J]. Human Relations, 1992 (45): 711-734.

种。其中，单一整体评估法要求被试者对工作的总体感受做出回答。这种测量方法可以了解员工对工作的相对满意度程度，但是由于没有进行具体评估要素的划分，无法对企业出现的具体问题进行诊断。工作要素综合评分法则是将工作满意度进行多维度划分并对不同维度进行调查，在等级评定后，得出总体满意程度的结果。这种方法虽然复杂，但结果较为精确。对工作满意度的测量相对成熟的量表是明尼苏达满意度量表和工作描述指标量表。该量表由 Weiss，Dawis，England 和 Lofquist（1967）编制而成，它分为长式量表（21 个量表）和短式量表（2 个分量表）。短式量表包括内在满意度和外在满意度两个分量表。实践证明此量表具有较好的信度、效度。

2.6　离职倾向

2.6.1　离职倾向的含义和相关研究

离职倾向是指员工在某一组织中工作一段时间后，经过一番考虑，蓄意要离开该组织。[①] 离职倾向被认为是一系列撤退的认知——想要离开组织并试图寻找其他工作机会的最后一个阶段，对员工离职行为的发生具有良好的预测性。

国外从 20 世纪初开始关于员工离职的研究。经济学家最早关注这一领域，他们主要考察工资、劳动力市场结构和失业率等宏观因素对员工离职的影响。20 世纪 70 年代工业心理学家开始对员工离职进行研究，这时的学者们主要构建员工离职模型，从个体层面研究员工离职的决定因素，试图揭示员工离职决策的过程。

国内关于员工离职的研究主要有两种思路：一种是企业员工离职因素研究；另一种是评价国外研究中的离职动因模型，并在此基础之上进行实证研究验证模型。我国学者张勉和赵西平等人曾对西安地区的企业员工离职进行问卷调查，采用回归因子分析方法提取工作满意度、工作压力感、组织承诺和经济报酬评价四个主要因子，发现影响员工离职的关键因素包括对提升的满意感、

① MOBLEY W H. Intermediate Linkages the Relationship between Job Satisfaction and Employee Turnover [J]. Journal of Appiled Psychology, 1977（62）: 238.

对工作本身的满意感、事业生涯开发压力感、情感承诺和对报酬的满意感等因素。[1][2] 张勉等人采用回归分析对 Price（2000）离职意愿的路径模型进行了实证研究，证明影响离职的主要决定变量包括工作满意度、组织承诺度、工作搜寻行为、工作投入度、机会、期望匹配度、积极情感、晋升机会、职业成长度和工作单调性等十个因素。[3] 叶仁荪、王玉芹、林泽炎等人对国有企业员工进行问卷调查，建立的相关模型显示：工作满意度、组织承诺和员工离职显著负相关，而且工作满意度对员工离职倾向具有更大的解释性，工作满意度和组织承诺在解释员工离职倾向上具有跨文化效度。[4]

2.6.2　离职倾向的测量

早期的研究者通常用离职率和生存曲线来计算离职倾向。而 Price（1971）及其他的学者提出应该重视员工自愿与非自愿的离职行为。Muchinsky 和 Tuttle（1979）指出：大多数的研究都很难分清离职是自愿还是非自愿的，实际的离职很难测量；由于实际的离职很难测量，最好的方法是通过离职的意愿来衡量员工是否主动离职。

Fishbein 和 Ajzen（1975）提出预测个体行为最好的方法是测量他的行为意愿。测量离职意愿能够相对较早地了解员工对企业的看法和关于工作的心理意愿，有助于企业及早发现问题并做出员工管理上的改进。测量离职倾向的方法主要是测试员工未来留在企业的可能性和寻找其他工作的可能性。

2.7　组织支持感

2.7.1　组织支持感的含义

在大量增加了中间变量的职业高原与结果变量的关系研究当中，组织支

---

① 张勉，李树茁.雇员主动离职心理动因模型评述 [J].心理科学进展，2002，10（3）：337 -339.

② 赵西平，刘玲，张长征.员工离职倾向影响因素多变量分析 [J].中国软科学，2003（3）：71-74.

③ 张勉，张德，李树茁.IT 企业技术员工离职意图路径模型实证研究 [J].南开管理评论，2003（4）：12-19.

④ 叶仁荪，王玉芹，林泽炎.工作满意度、组织承诺对国企员工离职影响的实证研究 [J].管理世界，2005（3）：122-125.

2　企业人力资源管理者职业高原研究理论分析 ╎ 47

持、上级支持（主管支持）和指导关系被认为是重要的中间变量。

美国心理学家艾森伯格等人于 1986 年提出"感受到的组织支持"（Perceived Organizational Support，简称"组织支持"，英文简称 POS）。定义是：员工感受到的组织珍视自己的贡献和关系自己福利的程度[①]。1988 年，科特克提出"感受到的主管支持"（Perceived Supervisory Support，简称"主管支持"，英文简称 PSS）。组织支持的概念是以社会交换理论和利益共同体理论为基础，进一步探讨员工与企业之间的关系。组织支持感可以有狭义和广义的概念划分，如表 2.3 所示。在广义的组织支持感中主管支持（上级支持）是包含在组织支持感之内的。本研究采用相对广义的组织支持感概念，认为组织支持感是员工感受到的组织重视员工对工作的贡献和组织关心员工利益的程度，包括组织对员工情感上的支持、组织对员工工作的工具性支持以及来自主管和同事的支持等方面。

表 2.3　　　　　　　　　　　广义和狭义的组织支持感[②]

组织支持感	维度	具体维度
狭义	一维	情感性支持
相对狭义	二维	情感性支持和工具性支持
相对广义	四维	情感性支持、工具性支持、上级支持和同事支持
广义	更多维	情感性支持、工具性支持、发展性支持、上级支持和同事支持

2.7.2　组织支持感的测量

组织支持感的测量方式与组织支持感的定义和构成维度设计相联系。国外现有相关研究一般将组织支持感理解为一个单一结构，基本上都采用了 Eisenberger 设计的单维量表。[③] 但单维的测量难以全面反映组织支持的广泛内涵。国内现有的涉及组织支持感的调查往往照搬国外问卷，或笼统地把众多组织行为因素归入组织支持感。如刘智强（2005）将组织支持感区分为职业协助支持、上级支持、公正性支持、工作保障支持、尊重支持、亲密支持和社群支持

①　EISENBEGRER R，HUNTINGTON R，HUTCHISON S，et al. Pereeived organizational support [J]. Journal ofApplied Psychology，1986（71）：500-507.

②　陈志霞. 知识员工组织支持感对工作绩效和离职倾向的影响 [D]. 武汉：华中科技大学博士学位论文，2006：414.

③　EISENBERGER R，HUNTINGTON R，HUTCHISOM S，et al. Perceived Organizational Support [J]. Journal of Applied Psychology，1986（2）：500-507.

等7个维度。陈志霞（2006）在博士论文中编制了组织支持感的二维、四维和多维问卷，并对问卷的信度、效度进行分析，比较不同问卷对工作绩效和离职倾向的预测作用。其编制的四维问卷对组织支持感具有相对真实而全面的解释，且具有良好的信度、效度和预测作用。

2.8　本章小结

本章重点回顾了职业高原的概念、构成维度和测量方法，这些回顾是人力资源管理者职业高原研究的理论基础。然后，本章对职业高原的影响因素、职业高原对结果变量的影响作用等研究成果进行了回顾，重点分析了职业高原对结果变量的影响效果如何，在这种影响关系中是否存在中介变量或调节变量。这一回顾为研究人力资源管理者职业高原的影响因素、对结果变量的影响效果以及作用机理打下了基础。

职业高原概念的产生以对职业生涯概念的认识为基础。本研究所认为的职业生涯概念以 Donald E. Super 的职业生涯概念为基础：职业生涯是一个人一生经历的所有职业的整体历程。个体大多数的职业经历是在一个或多个组织中完成的。在某个特定组织当中，个体总会关注自身在该组织中处于什么样的位置，是否还存在晋升的空间。Ference 等人将员工在某个组织内的职位晋升到达一个不存在其他上升可能性的状态称作职业高原，由此开启了研究者对职业高原的研究。对职业高原概念的认识经历了从传统的职位晋升的角度发展到包括横向的职位变动角度，直至从主观认知到自身职业发展的瓶颈期——高原知觉角度来定义职业高原的演变过程。为了对某个理论概念进行深入理解和研究，可以从这一概念的构成维度角度进行分析。职业高原的构成维度的划分依据主要是职业高原的来源。在职业高原的构成维度研究中，被国内外学者普遍认同的职业高原构成维度是内容高原和结构高原。但另一职业高原可能的构成维度——中心化高原被我国学者所关注，其价值得到了一定研究成果的支持。另一维度动机高原是从员工高原知觉角度理解职业高原维度的构成要素。对职业高原的测量也依据对职业高原概念的理解经历了职业高原的客观测量和职业高原的主观（知觉）测量的转变。结合职业高原的构成维度，目前在国内外研究中已经形成了一些相对成熟的职业高原测量问卷。但由于对职业高原概念和维度的认识并未达成一致，对职业高原的测量并未形成完善的测量问卷，这也为企业人力资源管理者职业高原测量问卷的开发提供了理论基础和研究空间。

　　本章还列举了职业高原的个人和组织影响因素，其中重点分析了个人影响因素当中的性别、年龄、工作期限、任职期限、婚姻状况、受教育程度、职位和组织影响因素当中的企业性质。在本研究的进一步论述中将对这些影响因素进行具体的实证研究。很多研究者已经发现职业高原会对员工的心理和行为产生影响作用，如对员工的工作绩效、工作满意度、离职倾向等因素带来的影响，但这一影响作用究竟是积极的还是消极的并未得出统一定论，这为研究者进一步讨论职业高原对其后果因素带来的影响，探索这种影响作用的背后机理提供了研究空间。一些可能的中介变量和调节变量已经开始受到研究者的关注，如组织支持感。因此，探索职业高原对其结果变量的作用效果及其背后机理也是本研究的一个重要部分。本章还对职业高原能够影响的结果变量——工作满意度和离职倾向，以及可能的中间变量——组织支持感的内涵和测量方法进行了文献回顾和总结，为本研究进一步实证调查中相关概念的定义和测量工具的选择提供了研究基础。

3 企业人力资源管理者职业高原结构的实证研究

通过第 2 章文献回顾可以看出，职业高原是员工在职业发展过程中处于与职业发展的各方面相关的进一步向前运动的相对停滞期。按照 Ference 等人的研究，职业高原并非对个体的职业发展只有消极的影响：从职业高原为员工的事业发展提供了一个冷静和重新思考学习的机会来说，职业高原期员工是组织依靠的中坚力量，职业高原期也是个人事业发展的一个缓冲期；人们对职业高原的不同看法之间的矛盾似乎也暗示着职业高原不是一个单维度的概念，而是一种复杂的现象。从文献回顾来看，鲜有文献专门针对企业人力资源管理者进行职业高原研究，但作为企业管理者的组成部分，本研究认为人力资源管理者的职业高原与其他管理者和知识员工既有共性也有自己的特点。因此，本研究对人力资源管理者的职业高原进行理论架构时借鉴了已有职业高原的研究成果，认为企业人力资源管理者的职业高原也是一个多维结果，同时，通过实证分析发现了人力资源管理者职业高原的特性。这一章将采用实证研究的方式对企业人力资源管理者的职业高原构成维度进行理论构建并检验，采用的统计研究工具包括 Spss17.0 和 Amos7.0。

3.1 企业人力资源管理者职业高原结构维度分析

3.1.1 企业人力资源管理者职业发展路径和职业生涯发展困境分析

职业通道是指一个员工的职业发展计划：对企业来说，可以让企业更加了解员工的潜能；对员工来说，可以让员工更加专注于自身未来的发展方向并为之努力。这一职业发展计划要求员工、主管以及人力资源部门共同参与制订。

员工提出自身的兴趣与倾向，主管对员工的工作表现进行评估，人力资源部门则负责评估其未来的发展可能。职业通道设计的方式有三种。第一，横向职业通道。这种模式采取工作轮换的方式，通过横向调动来使工作具有多样性，使员工焕发新的活力、迎接新的挑战。虽然没有加薪或晋升，但员工可以增加自己对组织的价值，也使自己获得了新生。当组织内没有足够多的高层职位为每个员工提供升迁机会，而长期从事同一项工作使人倍感枯燥无味，影响员工工作效率时，可采用此种模式。第二，双重职业通道。这种模式在为普通员工进行正常的职业通道设计时，为专才另外设计一条职业发展的通道，从而在满足大部分员工的职业发展需要的同时，满足专业人员的职业发展需要。其模式是：管理生涯通道——沿着这条道路可以通达高级管理职位；专业生涯通道——沿着这条道路可以通达高级技术职位。在这种模式中，员工可以自由选择在专业技术通道上或是在管理通道上得到发展，两个通道同一等级的管理人员和技术人员在地位上是平等的，因此能够保证组织既聘请到具有高技能的管理者，又雇佣到具有高技能的专业技术人员。它适合在拥有较多的专业技术人才和管理人才的企业中采用。第三，多重职业通道。这种模式就是将双重职业通道中对专业技术人员的通道设计成多个技术通道，为专业技术人员的职业发展提供了更大的空间。比如说某技术公司为员工设计的职业发展通道是：技术人员通道—技术带头人通道—技术管理人员通道。这种模式为员工提供了更多的职业发展机会，也便于员工找到与自己兴趣相符、真正适合自己的工作，实现自己的职业目标；也增加了组织效益。

按照施恩的职业通道理论，员工在组织的职业发展包括纵向发展、横向发展和向核心发展三个基本方向。企业人力资源管理者在组织中的职业发展也存在三种可能（如图3.1所示）。

其中，纵向发展意味着员工在垂直方向从现有职位向更高的职位方向发展。在纵向发展上，人力资源管理者可以按照企业在人力资源管理岗位的职位序列，沿人力资源助理岗位向上发展，逐级成为人力资源管理各职能主管（招聘主管、薪酬福利主管、绩效主管、培训主管等）、人力资源部门主管、人力资源部门经理以及人力资源总监，甚至到达更高层次的管理职位。横向发展意味着员工通过从事不同种类工作内容的职位，丰富自己的知识和阅历，成为某方面或某几个方面专业的通才。同时，某些横向发展也是为了未来的纵向发展打基础。在横向发展上，人力资源管理者可以选择成为管理通才，也就是在某一行业或业务单元中具体执行多项人力资源管理职能。作为人力资源管理通才，既需要理解和掌握组织中各项人力资源管理政策和措施，包括人力资源

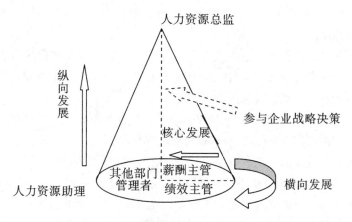

图 3.1　人力资源管理者的职业生涯发展路径

管理业务模块中的招聘、培训、绩效考核和员工职业生涯规划，同时也需要具备良好的信息收集处理和沟通能力，需要把实践工作中所遇到的各种专业问题反馈给高级人力资源管理者或者相关的人力资源管理专家。在实践中，人力资源管理者的纵向和横向的发展往往是互相促进、交错进行的。如果从全面意义上的横向发展来看，人力资源管理者也可以进入其他职能部门从事其相关工作。特别是想要晋升到高层管理岗位的人力资源管理者，如果拥有其他部门，例如业务部门或营运部门的工作经验，对于胜任高层次的管理工作是有益的。向核心方向发展意味着员工虽然没有纵向晋升，职位也没有发生平行的移动，但是组织通过赋予员工更大或更多的工作责任、更多的组织资源，使员工成为组织的中心。员工由于其所从事的工作内容本身受到企业的重视，或者是在企业发展中遇到重大决策时能够参与甚至影响决策，虽然员工的职位没有上升，可能经济报酬也不发生改变，但能拥有更多的权力和资源，对于员工的职业生涯来说，也是一种肯定，也意味着职业生涯的发展。企业的人力资源管理者是否能够向核心发展，取决于企业高层管理者对人力资源管理的认知和企业整体的人力资源管理水平。如果企业的高层管理者认识到人力资源管理的战略重要地位，企业的人力资源管理者也具备能够为企业的经营管理提供行政支持、变革咨询以及战略发展意见的知识和能力，那么，人力资源管理者就更有可能参与甚至影响企业的各项重大决策，企业人力资源管理者自身也向着企业的管理核心靠拢。施恩的三维职业发展理论可以进一步扩展为跨越组织边界的四维度职业发展模型。① 即当员工离开当前组织时，就发生了跨越组织边界的第四个职业发展纬度。

尽管按照理论分析，企业人力资源管理者可以拥有多样化的职业发展路径，但是在现实的企业环境当中，人力资源管理从业人员的职业发展道路却呈现出迷局状态。主要原因包括：

（1）企业中人力资源管理者的职业发展路径并不明确，虽然存在以上分析的人力资源管理者可能的职业发展路径，但在现实的企业当中，人力资源管理者职业生涯发展的主观性很强，其晋升道路并不十分明确。

（2）人力资源管理专业进入壁垒低，有不同背景和经验的人都可以较为轻松地进入人力资源管理领域，导致人力资源管理人员的职业发展更为复杂。

（3）我国并未建立起健全的人力资源管理者职业发展体系，虽然已经拥有人力资源管理的相应职业资格考试体系，但并未得到企业人力资源管理实践领域的完全认可。因此，对于如何评价人力资源管理的成功，人力资源管理者对自身的绩效预期并不明确。与企业当中的财务、市场、销售部门相比较，大多数人力资源管理者并不能完全认识到人力资源管理对企业起到什么作用，因此，人力资源管理者对自身的职业发展道路也并不明晰。

（4）人力资源管理人员在企业内部的工作主要是忙于满足员工的各种需求以及如何提高人力资源管理部门的地位，为企业的员工进行职业规划，却往往忽略了自己的职业规划。

尽管面临职业发展的困惑，企业人力资源管理人员仍具有较强的成就感，对于自身的成长和发展非常重视。英才网联的"2008 中国 HR 职场状态调查报告"显示，60%的企业人力资源管理人员最关注自身发展空间，他们最渴望从企业中获得各种学习机会来培养自己。人力资源管理职业发展路径呈现出复杂的状态。人力资源管理人员作为企业人力资源管理职能部门的员工，肩负普通行政人员和管理者的双重身份，他们的职业生涯发展的规划和设计非常重要，他们生涯发展的困难使他们的职业高原呈现出复杂维度的特征。职业生涯发展的局限性和人力资源管理者对自身发展关注之间的矛盾体现了进行企业人力资源管理者职业高原研究的必要性。

3.1.2　企业人力资源管理者职业高原的构成维度分析和研究假设的提出

从各种对职业高原进行研究的文献中可以看出，有一些研究认为职业高原

---

① 黄春生. 工作满意度与组织承诺及离职倾向相关研究 [D]. 厦门：厦门大学博士学位论文，2004：51-55.

意味着虽然员工的事业发展面临停滞，但是能够有更多的时间冷静思考机会。因此职业高原对个人今后的工作和生活是有帮助的，而对于组织来说，高原期员工是组织发展的"中坚力量"。更多的研究结果却表明，职业高原对个体的职业发展是有阻碍作用的。这些矛盾的研究结果暗示了职业高原并不是一个单维度结构，而是一种更加复杂的现象。本研究所研究的企业人力资源管理者的职业高原，是随着对职业高原的深入研究，根据 Chao 等人的研究得出的职业高原知觉概念，人力资源管理者是否存在职业高原的重点在于人力资源管理者个体对自身职业生涯发展是否处于停滞期的主观体会。就此分析，企业人力资源管理者的职业高原是一种多维度结构，并可以从人力资源管理者职业发展所可能遇到的阻碍角度来分析人力资源管理者的职业高原的构成维度。

按照对企业人力资源管理者职业生涯发展路径的三种假设，在每一种发展路径上，或员工在不同职业发展路径上的交错发展中，都有可能遇到职业生涯发展的瓶颈——职业高原期。职业高原不仅代表着员工在企业中的垂直发展遇到障碍，也意味着员工自身感受到的职业发展的阻碍。

谢宝国曾按照施恩的职业生涯模式建立了包括层级高原，内容高原和中心化高原的职业生涯的三维结构。① 按照前文进行的人力资源管理者职业生涯发展路径分析，本研究认为人力资源管理者的职业高原至少由三个维度构成：结构高原、内容高原和中心化高原。之所以用结构高原代替层级高原，是因为层级高原从字面上理解更多地代表员工在职位的纵向晋升中所遇到的困难，而结构高原的含义不仅可以包括纵向晋升受阻，也包括职业的横向变动受阻，这一概念更加符合对职业高原概念的深入理解。因此，结构高原指人力资源管理者在人力资源管理岗位从低职位向高职位发展或在职位的横向变动中受挫，遭遇到发展障碍。内容高原是指人力资源管理者感受到人力资源管理工作内容一成不变，或难以获得新的知识技能以供职位的提高和转换。中心化高原指人力资源管理者感受到自身和自己的工作不被组织重视，无法参与企业的重要决策，不能向组织的"中心"方向移动。在实际情形下，人力资源管理者可能面对其中的某一种或几种职业高原，而这些职业高原的产生是受到多种因素影响的。

除了从职业发展方向上考虑的职业高原的三个维度外，我们在对职业高原的研究资料的分析过程中发现，许多学者认为员工个人的工作动机对员工的职

---

① 谢宝国. 职业生涯高原的结构及其后果研究 [D]. 武汉：华中师范大学硕士学位论文，2005.

业发展有着明显的影响。因此在对职业高原的维度划分研究中，有学者将个人选择高原、生活高原纳入职业高原的构成维度。我国华中科技大学的学者刘智强在其博士论文中通过大样本调查，研究发现影响员工职业发展产生停滞感的原因主要有三个，即动机匮乏、能力不济和机会缺失，并认为动机匮乏是影响员工职业发展产生停滞感的一个最主要的因素。[①] 对于企业人力资源管理者来说，也可能因个人工作兴趣和生活重心发生转移，不再愿意在组织中承担更大责任的任务。而职位的升迁和变动往往会和承担更大责任、承担新的挑战相互联系。因此处于这种情况的人力资源管理者出于对自身工作能力和工作精力的考虑，可能会倾向于满足于目前的职业现状，放弃对职业进一步发展的追求。因此，本书认为有必要将动机高原作为职业高原的一个构成维度，以便对企业人力资源管理者的职业高原进行构成维度的全面的研究。

事实上，根据发展理论，员工很难到达职业发展的绝对高原（即无论在组织内部还是组织外部均没有任何发展的出路），因此，本研究所指的职业高原是指员工在目前组织中的工作（职业发展）面临的困境。同时，企业人力资源管理者面临的职业高原是由四个维度构成的，这四个维度的定义分别是：结构高原，指在当前组织结构中职位变动的可能性很小；内容高原，指员工不能从当前工作中获得新的知识和技能；中心化高原，指员工在当前的职位上向组织中心转移的可能性很小，承担重要工作的机会很少；动机高原，指员工出于自身原因不愿意承担新的工作任务和挑战，致使自身的职业发展处于停滞阶段。在这四个构成维度中，结构高原、内容高原和中心化高原是从工作角度考虑的职业高原构成维度，而动机高原是从人力资源管理者自身角度考虑的职业高原构成维度。

本书对人力资源管理者的职业高原结构给出两个假设：

假设1（H_{1a}）：职业高原存在多维结构。

假设2（H_{1b}）：职业高原结构由结构高原、内容高原、中心化高原和动机高原组成。

---

① 刘智强.知识员工职业停滞测量与治理研究［D］.武汉：华中科技大学博士学位论文，2005：77-89.

3.2　企业人力资源管理者职业高原量表设计

3.2.1　企业人力资源管理者职业高原量表设计方法

量表是一种测量工具，它是试图确定主观的、有时是抽象的概念的定量化测量的程序。对事物的特性变量可以用不同的规则分配数字，因此形成了不同测量水平的测量量表，又称为测量尺度。目前对职业高原的测量方法虽然在国内外都没有形成一个公认的测量工具，但是已经有部分国内外学者对职业高原的构成维度进行了分析并形成了具有一定测量效果的问卷。在采用问卷设计方法对职业高原进行测量时，本研究不准备对职业高原的测量问卷进行完全的重新设计，而是根据理论分析指导，采用借鉴已有问卷的测量项目，初步设计出人力资源管理者职业高原调查问卷。本研究采用两阶段测试方法，根据初试样本调查数据，探索企业人力资源管理者职业高原的基本构成；再通过修订的问卷，采用大样本调查方法，根据所得数据，采用结构方程对企业人力资源管理者职业高原量表进行信度和效度分析。本研究在此基础上开发出适合我国企业文化环境的职业高原问卷，为完善企业员工职业高原的测量工具做出贡献。

3.2.2　企业人力资源管理者高原初始量表设计

对于企业人力资源管理者职业高原测量量表的设计，本书首先在文献分析和企业人力资源管理者工作特点分析上提出了企业人力资源管理者职业高原构成的多维结构。本研究在构建企业人力资源管理者的职业高原问卷时，首先采用文献收集方式，在职业高原的各个维度的测量方面对各个职业高原的测量问卷项目进行收集汇总分析，以建立调查问卷的初始条目。其次，对根据文献收集方法构建好的问卷采用"专家效度"的方法进行检验，对问卷包含的题项进行逐一检视，看题项内容是否能够真正测量出构念所要表达的含义，并查看语句表达是否贴切。最后再通过发放问卷对问卷结果进行统计检验的实证方法，验证调查问卷是否能够有效解释所构建的职业高原概念。

3.2.2.1　职业高原量表项目设计

职业高原是一个不能够直接观测到的潜变量，尽管有研究者直接根据任职者的任职年限或年龄来划分职业高原，但职业高原知觉研究的始创者 Chao 等人已证明这种客观测量法的不科学性会导致测量结果的多样性。早期的职业高原研究者喜欢用客观高原和主观高原相结合的方式来探讨职业高原问题，一般而言，采用任现职年限来测量客观高原，而采用让调查对象回答主观问题来测量主观高原。主观职业高原的调查问题往往是简单而直白的，例如"你认为你任现职的时间足够长了吗？""我目前处于一个没有晋升前途的位置上"①。对于两个问题均回答"是"的人被认为是处于职业高原期，都回答"不是"的人被认为是处于非职业高原期，而某一题目回答"是"另一题目回答"不是"的人被认为是"不能确定者"。随着对主观高原——高原知觉研究的深入，人们更希望从职业高原量表问题设计上探究被调查者产生职业高原的背后原因，因此，开始选用构成维度方式测量职业高原。本研究对人力资源管理者职业高原的测量同样采用构成维度划分的主观测量方法，通过项目得分情况反映被调查者的职业高原程度。

在对职业高原进行了结构高原、内容高原、中心化高原和动机高原的维度划分后，这四个维度仍然是不能够直接观测到的变量。因此，需要将这些潜变量转化为可以直接观测的显变量。在对潜变量进行测试的项目选择上，主要遵循的原则包括测量项目的直观性、每个项目测量潜变量的某一个侧面、每一项目清晰表达一个概念、避免项目之间意义的重复。我们根据以上原则来确定企业人力资源管理者职业高原各个维度的测试项目。同时，由于职业高原对于大多数人来说属于比较敏感的问题，因此在问卷设计的某些项目中采用了反问题方式以获得被试者的真实回答，例如将"在本公司，我不能得到上级的不断提拔"项目修改为"在本公司，我能得到上级的不断提拔"；同时在问卷指导语中也明确告知被调查者"本问卷不记姓名，答案没有对错之分""您的回答将被严格保密"等。

具体到四个维度的测量项目设计，结构高原和内容高原的测量项目主要选取国外相对成熟的问卷中的测试项目，这些测试项目也得到了国内研究者的认可。中心化高原测量的项目选取主要借鉴国内研究者谢宝国的研究成果，他提出的中心化高原和寇冬泉提出的趋中高原很相似，这个概念主要是从员工能否向组织的中心方向流动的角度来定义职业高原的，即员工能否参与到企业的经营决策中以获得更高的职业发展体验。林长华在对中心化高原进行研究之后发现，该高原的表现不是很典型，所以将这一高原剔除。但根据前文对人力资源管理者职业发展路径的理论分析，企业人力资源管理职能在企业管理中的地位也影响到人力资源管理者本身的职业发展，因此本研究将中心化高原作为企业

---

① MICHEL TREMBLAY, ALAIN ROGER, JEAN MARIE TOULOUSE. Career Plateau and Work Attitudes: An Empirical Study of Managers [J]. Human Relations, 1995 (48): 221.

人力资源管理者职业高原的一个构成维度进行检验。对动机高原的测量项目选取则借鉴了林长华的研究，认为企业人力资源管理者个人对工作的看法与追求也会影响到职业高原程度。企业人力资源管理者职业高原四个构成维度的操作性定义如表3.1所示。

表 3.1   企业人力资源管理者职业高原各维度的操作性定义

职业高原	维度说明
结构高原	企业人力资源管理者在纵向晋升和横向职位变动中受阻
内容高原	企业人力资源管理者在工作中获得成长的机会受阻
中心化高原	企业人力资源管理者承担重要工作的机会受阻
动机高原	企业人力资源管理者缺乏职业生涯上再做发展的个人动力

每个维度具体测量项目的选取参照了之前国内外研究者对职业高原的量表研究成果，本研究最终分别采用7个测试题目对职业高原各个结构维度进行测量。其中，每个具体维度的项目编号和项目描述如表3.2所示。

表 3.2   企业人力资源管理者职业高原的测量项目

潜变量	项目编号和项目描述
结构高原	JG1 在本公司，我不可能获得一个更高的职别或职称 JG2 在本公司，我不能得到上级的不断提拔 JG3 在本公司我将要升职的可能性很小 JG4 在当前的组织内，我升迁的机会非常有限 JG5 在本公司我已经升到了我难以再继续上升的工作职位 JG6 在今后不久的一段时间内，我不能够被提拔到一个更高层次的岗位 JG7 由于工作性质和职务设计等原因，我近5年内平级调动的可能性很小
内容高原	NR1 我当前的工作没有机会让我学习和成长 NR2 我的工作缺乏挑战性 NR3 我的工作已经不需要我扩展我的能力和知识 NR4 当前工作很难使我获得新的工作经验 NR5 对于我来说，我的工作任务和活动已变成重复性劳动 NR6 目前这份工作已经不能开拓我的视野 NR7 目前这份工作不能进一步丰富我的工作技能

表3.2(续)

潜变量	项目编号和项目描述
中心化 高原	ZXH1 上级不会赋予我更多的工作权力 ZXH2 我提出的有关公司工作意见或建议，不会受到领导的重视 ZXH3 在目前工作中，我没有机会参与组织问题解决过程 ZXH4 在目前工作中，我没有机会参与公司的决策、计划制订 ZXH5 在目前工作中，我不能获得更多的组织资源 ZXH6 在本公司，我没机会承担更大责任的任务 ZXH7 上级不会让我负责一些重要的事务
动机高原	DJ1 我不愿意争取升职，因为升职要承担更多的责任 DJ2 我工作主动性明显下降 DJ3 我不愿再接受挑战性任务 DJ4 我对自己的工作不自信 DJ5 我宁愿保持现状，也不愿冒险或尝试新事物 DJ6 我不喜欢和同事竞争以获取升职的机会 DJ7 我更希望把精力投给家庭，而不是工作

3.2.2.2　职业高原量表项目的属性设计和尺度设计

按照职业高原知觉理论的分析，职业高原不应该是一种二分变量而应该成为一种具有强度差别的连续变量。但为了测量和分析的方便，本研究选取的变量主要是离散变量，并选用等距尺度对项目进行度量。在度量分数选择时为了避免被试者的趋中反应，采用了强迫选择法，去掉了中间的"不确定"选项，采用Likert6点计分法对项目进行反应。李克特量表（Likert Scale）属于评分加总式量表最常用的一种，属同一构念的这些项目是用加总方式来计分的，单独或个别项目是无意义的。它是由美国社会心理学家李克特于1932年在原有的总加量表基础上改进而成的。其中，"非常不同意"得分为1，"比较不同意"得分为2，"有点不同意"得分为3，"有点同意"得分为4，"比较同意"得分为5，"非常同意"得分为6。得分越高代表被试者的职业高原反应越强烈。为了避免被调查者随意选择，或对职业高原现象中过多的负面描述有所排斥，我们在正式发放问卷中将JG2、JG6、NR1、NR3、NR6、NR7、ZXH2、ZXH3、ZXH4、ZXH5、ZXH6、ZXH7修改为正向描述的题目，如将"在本公司，我不能得到上级的不断提拔"修改为"在本公司，我能得到上级的不断提拔"，具体问卷形式见附录。因为这些修改后的题目与项目想要测试的职业高原反应程度是相反的，即如果在本条目上得分越高，代表职业高原程度越低，因此在利用统计软件SPSS17.0进行统计分析时要采用反向题反向计分法加以处理。

3.3 预调研和问卷的检验

3.3.1 初试问卷的设计、发放和回收

预调研问卷由问卷题目、说明、指导语、问题和答案以及结束语五部分组成。其中，题目是"企业人力资源管理者职业高原现象调查问卷"；说明部分主要阐明问卷调查的目的、调查内容和对问卷的保密措施，为了打消被调查者的顾虑，强调"本问卷不记姓名，答案没有对错之分"，并附感谢语，请求被调查者合作；指导语是对问卷如何填写的说明，对如何填写正确回答问题的陈述和注意事项进行说明；问题和答案是调查问卷的主体内容，由三部分构成，第一部分是个人职业发展和工作环境中相关问题的看法问卷，第二部分是工作满意度问卷（后续研究内容），第三部分是个人基本情况，包括年龄、性别、文化程度、婚姻状况、工作年限、任现职年限、岗位层级和单位性质等信息；结束语部分提醒填写者对问卷进行复核，避免错答和漏答，并对被调查者的合作表示感谢。

问卷的发放采用实际发放和网络发放两种渠道。实际发放采用调查者委托在人力资源管理领域工作的朋友及朋友推荐方式进行发放；网络发放采用"问卷星"网站中的"样本服务"方式进行发放。为了避免网络发放答卷中被调查者真实情况的不确定性，我们采用了如下方式进行防范：①利用网站提供的付费样本服务，从其样本库中指定由企业人力资源管理者进行答卷（网站样本服务保证被调查者进入样本库之前需要提供真实样本属性，例如年龄、性别、职业、收入等个人资料）；②在网页问卷设计时首先建立了甄别页，对年龄不符合要求（如"18岁以下者"）、工作单位不符合要求（如"高校""事业单位""政府机关"等）、工作岗位不符合要求（如"生产""市场营销""财务""研发""采购物流"等）的被调查者直接进行排除，如果被调查者选择了被排除项将不能进入正式问卷的答题页面；③在正式答卷中设定了答题的最低时间，根据之前直接发放方式对答卷时间的估算，答题的最低时间在10分钟左右，将此作为最低答卷时间要求，如果答题时间（在答题页面的停留时间）达不到10分钟，将不能提交问卷；④为了避免重复答卷，设定IP地址答卷，每个网络IP地址只能答题一次；⑤采用"人工排查"方式，由研究者本人对极端值选择问卷进行人工排查；⑥采用发邮件方式随机抽取答卷者进行回访，以核实其身份、工作经历以及对本调查的相关看法。

本研究通过以上方式收回问卷214份，排查问卷14份，得到有效问卷200份，有效问卷率为93.46%。问卷的个人信息统计汇总如表3.3所示。

表 3.3　　　　　　　　预试样本的描述统计（n=200）

项目	类别	人数（人）	百分比（%）
性别	男	85	42.4
	女	115	57.5
年龄	18~25 岁	30	15.0
	26~30 岁	67	33.5
	31~40 岁	93	46.5
	41~50 岁	9	4.5
	51 岁以上	1	0.5
在当前企业工作年限	4 年以下	71	35.5
	5~10 年	81	40.5
	11~15 年	39	19.5
	16~20 年	3	1.5
	21 年以上	6	3.0
在当前职位上的工作年限	1~3 年	72	36.0
	3~5 年	65	32.5
	5~8 年	46	23.0
	大于 8 年	17	8.5
婚姻状况	未婚	54	27.0
	已婚	145	72.5
	离异	1	0.5
	分居	0	0
	丧偶	0	0
学位	大学专科以下	6	3.0
	大学专科	32	16.0
	大学本科	138	69.0
	硕士研究生及以上	24	12.0
职位	普通人力资源管理者	32	16.0
	基层经理	50	25.0
	中层经理	87	43.5
	高层经理	31	15.5
企业性质	国有企业	38	19.0
	民营企业	75	37.5
	外资企业	53	26.5
	合资企业	34	17.0

3.3.2 预调研问卷的统计分析

将预调研问卷回收，所有数据录入 Excel 表格中，并接入 SPSS17.0 接口程序，进行统计分析。利用 SPSS17.0 中的反向提问项目处理工具将 JG2、JG6、NR1、NR3、NR6、NR7、ZXH2、ZXH3、ZXH4、ZXH5、ZXH6、ZXH7 等答案进行正向转换，以便进一步进行统计处理。采用统计软件 SPSS17.0 对问卷进行项目分析、信度和效度分析以及相应处理。

3.3.2.1 项目分析

1. 决断值——临界比分析

项目分析的主要目的在于检验编制的量表中个别题项的贴切程度或可靠程度。在项目分析中，最常用的方法是临界比值法，即极端值法。主要目的在于求出问卷个别题项的决断值——CR 值。根据测验总分或分量表总分区分高分组和低分组被测者，采用独立样本 T 检验方法求出 CR 值并进行判断。如果项目的 CR 值达到显著性水平，即 $P<0.05$，表明这个项目能够鉴别不同被试的反应程度。对未达到显著性程度的项目可以优先考虑进行剔除。本调查共回收有效样本 200 人，按照标准选择分量表总项目得分前 27% 为高分组，得分后 27% 为低分组，检验高、低分组在题项上的差异。按照这种方法对结构高原分量表、内容高原分量表、中心化高原分量表和动机高原分量表中各项目进行检验，其决断值结果如表 3.4 所示。

表 3.4　　企业人力资源管理者职业高原量表中项目的决断值

项目编号	决断值（CR）	项目编号	决断值（CR）	项目编号	决断值（CR）	项目编号	决断值（CR）
JG1	17.023(＊＊＊)	NR1	7.586(＊＊＊)	ZXH1	8.412(＊＊＊)	DJ1	12.694(＊＊＊)
JG2	10.155(＊＊＊)	NR2	10.699(＊＊＊)	ZXH2	13.337(＊＊＊)	DJ2	10.995(＊＊＊)
JG3	16.059(＊＊＊)	NR3	7.670(＊＊＊)	ZXH3	12.617(＊＊＊)	DJ3	12.004(＊＊＊)
JG4	16.186(＊＊＊)	NR4	10.226(＊＊＊)	ZXH4	12.840(＊＊＊)	DJ4	10.247(＊＊＊)
JG5	11.385(＊＊＊)	NR5	10.006(＊＊＊)	ZXH5	9.890(＊＊＊)	DJ5	13.504(＊＊＊)
JG6	9.705(＊＊＊)	NR6	10.300(＊＊＊)	ZXH6	10.351(＊＊＊)	DJ6	10.966(＊＊＊)
JG7	12.993(＊＊＊)	NR7	8.883(＊＊＊)	ZXH7	13.179(＊＊＊)	DJ7	8.783(＊＊＊)

（注：＊表示 $P<0.05$，＊＊表示 $P<0.01$，＊＊＊表示 $P<0.001$）

根据决断值检验结果，企业人力资源管理者职业高原量表中的 28 个项目的高、低分组的区别性比较强，说明这些项目具有比较显著的鉴别能力。因此，根据决断值判断未能剔除任何项目。除了采用极端组作为项目分析的指标外，还可以采用同质性检验作为个别题项的筛选标准。具体方法是采用 Pearson 相关系数检验法进行检验。对企业人力资源管理者职业高原中四个构成维度的各项目和职业高原总分进行 Pearson 相关检验后发现显著性水平均小于 0.01，同样未能剔除任何题项。由于采用临界比分析法会受到分组标准的影响，因此这种区分度不能作为筛选项目的唯一标准。因此本研究进一步采用信度分析——科隆巴赫 α（Cronbach's α）系数对项目进行筛选。

2. 信度分析

信度代表量表的一致性或稳定性，信度系数在项目分析中是同质性检验的指标之一。在社会学科领域采用李克特量表的信度估计，采用最多的是科隆巴赫 α（Cronbach's α）系数，即内部一致性系数。一般情况下，如果量表包含的题项数目越多，内部一致性 α 系数一般越高，在删除一道题后，量表的 α 系数会相对变小，若删除一道题后 α 系数变大，则表示此题测量的行为或心理特质与量表其他项目测量的行为或特质是不同质的，此题可考虑删除。在进行量表信度分析时要考虑的一个问题是，如果量表包含的因素构念是两种以上的不同面向，则计算这些面向的加总分数并没有实质性意义，因此，在对量表进行内部一致性 α 系数检验时要以各不同的因素构念作为子量表分别进行计算。对于企业人力资源管理者职业高原结构量表来说，因为它是由结构高原、内容高原、中心化高原和动机高原四个面向组成，因此在进行 α 系数分析时要针对这四个面向分别进行信度检验。

信度检验具体的操作步骤为：第一步，剔除校正后项目总相关系数小于 0.5 的观测项目；第二步，剔除那些项目删除后可以提高科隆巴赫 α（Cronbach's α）系数的观测项目，以提高量表整体的信度；第三步，在剔除观测项目时，采用逐步剔除法，每次剔除质量最差的观测项目，以使分量表的科隆巴赫 α（Cronbach's α）系数达到信度系数最佳的水平。

（1）结构高原项目信度分析

结构高原分量表的项目数为 7，初始 Cronbach's α 系数为 0.889，已经达到了理想的水平，同时根据项目统计表，剔除结构高原中的任何一个题目后分量表的 Cronbach's α 系数均会降低，因此，结构高原分量表的信度水平良好，不需要剔除任何项目。结构高原项目总计统计量如表 3.5 所示。

表 3. 5　　　　　　　　　　结构高原项目总计统计量

项目	项已删除的刻度均值	项已删除的刻度方差	校正的项总计相关性	项已删除的Cronbach's Alpha 值
JG1	18.99	31.010	0.728	0.867
JG2	18.90	32.959	0.654	0.876
JG3	18.58	30.707	0.793	0.859
JG4	18.38	31.232	0.778	0.861
JG5	18.74	32.927	0.584	0.884
JG6	18.69	33.170	0.607	0.881
JG7	18.23	31.836	0.644	0.877

（2）内容高原项目信度分析

内容高原分量表的项目数为 7，初始 Cronbach's α 系数为 0.788。尽管该信度水平是可以接受的，但通过删除个别项目的统计量分析可以看出，NR4 项目的校正相关系数最低，为 0.379，且删除该项目后内容高原分量表的 Cronbach's α 系数会提高。除此之外，NR3 的校正相关系数也小于 0.5，也可以考虑剔除。内容高原项目总计统计量如表 3.6 所示。

表 3. 6　　　　　　　　　　内容高原项目总计统计量

项目	项已删除的刻度均值	项已删除的刻度方差	校正的项总计相关性	项已删除的Cronbach's Alpha 值
NR1	16.65	19.736	0.507	0.764
NR2	15.97	17.662	0.597	0.744
NR3	16.69	20.527	0.382	0.783
NR4	15.52	18.663	0.379	0.794
NR5	15.52	18.281	0.515	0.761
NR6	16.48	17.608	0.647	0.734
NR7	16.64	18.433	0.630	0.741

按照信度分析步骤，首先剔除项目 NR4 后，剩下的包含 6 个项目的内容高原的 Cronbach's α 系数会提高为 0.794，因此首先剔除 NR4 项目。对剔除 NR4 后剩下的所有项目进行统计分析。

在表 3.7 中发现 NR3 的校正相关系数为 0.382，小于 0.5；同时，如果剔除 NR3，剩下的包含 5 个项目的内容高原的 Cronbach's α 系数会提高为 0.798，再剔除 NR3 进行分析。

表 3.7　　　　剔除 NR4 项目后内容高原项目总计统计量

项目	项已删除的 刻度均值	项已删除的 刻度方差	校正的项总计 相关性	项已删除的 Cronbach's Alpha 值
NR1	13. 26	14. 151	0. 549	0. 764
NR2	12. 57	12. 769	0. 575	0. 757
NR3	13. 29	15. 063	0. 382	0. 798
NR5	12. 12	13. 678	0. 439	0. 792
NR6	13. 09	12. 319	0. 690	0. 727
NR7	13. 25	12. 980	0. 683	0. 732

在表 3.8 中发现 NR5 的校正相关系数为 0.464，小于 0.5；同时，如果剔除 NR5，剩下的包含 4 个项目的内容高原的 Cronbach's α 系数会提高为 0.799，再剔除 NR5 进行分析。

表 3.8　　　　剔除 NR3 项目后内容高原项目总计统计量

项目	项已删除的 刻度均值	项已删除的 刻度方差	校正的项总计 相关性	项已删除的 Cronbach's Alpha 值
NR1	11. 04	11. 250	0. 499	0. 783
NR2	10. 35	9. 786	0. 569	0. 763
NR5	9. 90	10. 368	0. 464	0. 799
NR6	10. 87	9. 283	0. 708	0. 716
NR7	11. 03	9. 954	0. 686	0. 728

在表 3.9 中发现 NR2 的校正相关系数为 0.463，小于 0.5；同时，如果剔除 NR2，剩下的包含 3 个项目的内容高原的 Cronbach's α 系数会提高为 0.828，再剔除 NR2 进行分析。剔除 NR2 后的分析结果如表 3.10 所示。

表 3.9　　　　剔除 NR5 项目后内容高原项目总计统计量

项目	项已删除的 刻度均值	项已删除的 刻度方差	校正的项总计 相关性	项已删除的 Cronbach's Alpha 值
NR1	7. 65	6. 883	0. 568	0. 770

表3.9(续)

项目	项已删除的 刻度均值	项已删除的 刻度方差	校正的项总计 相关性	项已删除的 Cronbach's Alpha 值
NR2	6. 96	6. 451	0. 463	0. 828
NR6	7. 48	5. 577	0. 718	0. 691
NR7	7. 64	5. 982	0. 732	0. 691

表 3. 10   剔除 NR2 项目后内容高原项目总计统计量

项目	项已删除的 刻度均值	项已删除的 刻度方差	校正的项总计 相关性	项已删除的 Cronbach's Alpha 值
NR1	4. 70	3. 608	0. 597	0. 846
NR6	4. 53	2. 743	0. 720	0. 733
NR7	4. 69	2. 989	0. 758	0. 690

最终分析结果，剔除内容高原中的 NR4、NR3、NR5、NR2 项目后，企业人力资源管理者内容高原分量表的 Cronbach's α 系数提高到 0. 828，达到理想的信度水平。

（3）中心化高原信度分析

中心化高原分量表的初始 Cronbach's α 系数为 0. 862，已经达到理想水平。但通过删除个别项目的统计量分析可以发现，ZXH1 的校正相关系数为 0. 408，且删除该项目后，中心化高原分量表的 Cronbach's α 系数会增加，因此可以考虑剔除 ZXH1 项目。在剔除项目后，中心化高原分量表的 Cronbach's α 系数提高到 0. 877。

在表 3. 11 中发现 ZXH1 的校正相关系数为 0. 408，小于 0. 5；同时，如果剔除 ZXH1，剩下的包含 6 个项目的中心化高原的 Cronbach's α 系数会提高为 0. 877，剔除 ZXH1 进行分析。

表 3. 11   中心化高原项目总计统计量

项目	项已删除的 刻度均值	项已删除的 刻度方差	校正的项总计 相关性	项已删除的 Cronbach's Alpha 值
ZXH1	15. 53	21. 195	0. 408	0. 877
ZXH2	15. 84	19. 411	0. 743	0. 827
ZXH3	15. 91	19. 519	0. 759	0. 825

表3. 11(续)

项目	项已删除的 刻度均值	项已删除的 刻度方差	校正的项总计 相关性	项已删除的 Cronbach's Alpha 值
ZXH4	15. 69	18. 344	0. 755	0. 823
ZXH5	15. 85	21. 093	0. 580	0. 849
ZXH6	15. 67	21. 076	0. 540	0. 854
ZXH7	15. 81	20. 101	0. 686	0. 835

如表 3. 12 所示,在剔除 ZXH1 项目后,剩余的 6 个中心化高原项目与中心化高原的相关性均大于 0. 5,且如果再剔除任何一项,中心化高原的 Cronbach's α 系数都不会再提高,因此,不用再剔除任何项目。

表 3. 12　　　剔除 ZXH1 项目后中心化高原项目总计统计量

项目	项已删除的 刻度均值	项已删除的 刻度方差	校正的项总计 相关性	项已删除的 Cronbach's Alpha 值
ZXH2	12. 99	14. 718	0. 738	0. 847
ZXH3	13. 06	14. 766	0. 762	0. 843
ZXH4	12. 84	13. 683	0. 766	0. 842
ZXH5	13. 00	16. 286	0. 558	0. 876
ZXH6	12. 82	15. 920	0. 570	0. 875
ZXH7	12. 96	15. 104	0. 715	0. 851

(4) 动机高原信度分析

动机高原分量表的初始 Cronbach's α 系数为 0. 869,已经达到理想水平。但通过删除个别项目的统计量分析可以发现,DJ7 的校正相关系数为 0. 451,小于 0. 5,且删除该项目后,动机高原分量表的 Cronbach's α 系数会增加,因此可以考虑剔除 DJ7 项目。在剔除项目后,动机高原分量表的 Cronbach's α 系数提高到 0. 876。动机高原项目总计统计量如表 3. 13 所示。剔除 DJ7 项目后动机高原项目总计统计量如表 3. 14 所示。

通过对企业人力资源管理者职业高原的四个构面的项目总体相关分析后,总共剔除了 NR4、NR3、NR5、NR2、ZXH1、DJ7 六个项目,企业人力资源管理者职业高原量表项目还剩下 22 个项目。

表 3. 13 动机高原项目总计统计量

项目	项已删除的刻度均值	项已删除的刻度方差	校正的项总计相关性	项已删除的Cronbach's Alpha 值
DJ1	16. 68	27. 758	0. 685	0. 845
DJ2	16. 23	28. 821	0. 612	0. 856
DJ3	16. 76	28. 940	0. 697	0. 844
DJ4	16. 93	29. 346	0. 662	0. 849
DJ5	16. 73	27. 929	0. 769	0. 834
DJ6	16. 48	29. 276	0. 653	0. 850
DJ7	16. 11	31. 391	0. 451	0. 876

表 3. 14 剔除 DJ7 项目后动机高原项目总计统计量

项目	项已删除的刻度均值	项已删除的刻度方差	校正的项总计相关性	项已删除的Cronbach's Alpha 值
DJ1	13. 47	21. 567	0. 683	0. 855
DJ2	13. 02	22. 814	0. 579	0. 873
DJ3	13. 55	22. 661	0. 691	0. 853
DJ4	13. 72	22. 587	0. 702	0. 851
DJ5	13. 52	21. 437	0. 800	0. 834
DJ6	13. 27	22. 980	0. 643	0. 861

3. 3. 2. 2 探索性因子分析及其结果

在对量表进行项目分析后，为了检验量表的建构效度，即量表所能测量的理论的概念或特质的程度，需要对量表进行探索性因子分析。探索性因子分析的目的在于找出量表潜在结构，减少题项数目，使量表变成一组数目相对较少而彼此相关性较大的变量。

本研究运用 Kaiser-Meyer-Olkin（KMO）和 Bartlett 球形检验法对变量间的特点进行检验。Kaiser（1974）认为可从选取的适当性数值（Kaiser-Meyer-Olkin Measure of Sampling Adequacy，KMO）的大小来判断题项间是否适合进行因子分析。KMO 是对采样充足度的检验，检验变量间的偏相关是否很小。一般规定：如果 KMO 的值在 0.9 以上，说明结果极好；在 0.8 以上，说明结果较好；在 0.7 以上，说明结果一般；在 0.6 以上，说明结果较差；在 0.5 以上，说明结果差；在 0.5 以下，说明结果不可接受。[①] 因此，在因素分析前首先对剔除 NR4、NR3、NR5、NR2、ZXH1、DJ7 六个项目后的量表进行了 KMO 检验和 Bartlett 球体检验。结果显示 KMO 值为 0.917，表明题项间极适合进行因子分析。Bartlett 球形检验的 $\chi^2 = 2\,824.547$，Sig. $= 0.000 < 0.001$，代表母群体的相关矩阵间有共同因素存在，也说明题项间适合做因子分析。具体如表 3.15 所示。

表 3.15　企业人力资源管理者职业高原量表 KMO 样本测度和 Bartlett 的检验结果

KMO 样本测度		0.917
Bartlett 的球形度检验	χ^2 统计值	2 824.547
	自由度	231
	显著性概率	0.000

统计分析时，选用 SPSS17.0 统计分析软件进行分析，把特征值大于 1 作为选取因子的原则，利用方差最大化正交旋转（Varimax）方法。对前文项目筛选后剩下的所有项目进行因子分析，第一次探索性因子分析结果如表 3.16 所示。

表 3.16　　　第一次探索性因子分析后的旋转成分矩阵[a]

	成分			
	1	2	3	4
JG4	0.810	0.211	0.080	0.184
JG3	0.799	0.226	0.095	0.247
JG7	0.719	0.142	0.256	0.026
JG1	0.715	0.356	0.151	0.148
JG5	0.713	0.272	0.087	−0.126
JG2	0.572	0.022	0.235	0.571
JG6	0.561	−0.072	0.369	0.464
DJ2	0.533	0.407	0.326	0.274
DJ5	0.223	0.827	0.178	0.128
DJ1	0.214	0.799	−0.096	0.120
DJ6	0.115	0.775	−0.023	0.109

---

① 吴明隆. 问卷统计分析实务——SPSS 操作与应用 [M]. 重庆：重庆大学出版社，2010：208.

	成分			
	1	2	3	4
DJ4	0.180	0.775	0.131	0.155
DJ3	0.426	0.644	0.303	−0.025
NR7	0.132	0.019	0.830	0.199
NR6	0.198	0.004	0.786	0.268
NR1	0.126	0.193	0.701	0.253
ZXH5	0.315	0.102	0.612	0.287
ZXH7	0.080	0.147	0.291	0.779
ZXH6	0.050	0.203	0.079	0.770
ZXH4	0.177	0.094	0.453	0.682
ZXH3	0.059	0.181	0.494	0.650
ZXH2	0.243	0.074	0.493	0.596

注：提取方法为主成分法；旋转法为具有 Kaiser 标准化的正交旋转法；旋转在 7 次迭代后收敛。

利用因子分析时，多数统计学者认为因子载荷大于 0.4 的测项可予以保留。因此，本研究决定剔除因子载荷低于 0.4 的测项。此外，本书还遵循如下四条因子分析原则：①对于因子构念中归于一类因子，而旋转后的检验结果明显归于不同因子分组的项目予以删除，因为这种结果可能是由于题目描述不清和概念模糊造成的；②考虑删除同时在两个以上公共因子中因子载荷值大于 0.4 的项目，出现这种情况往往是由于对构念的概念模糊造成的，不能判定该项目究竟属于哪个共同因子；③剔除一个项目形成一类因子的项目；④剔除共同度小于 0.2 的项目（变量）。在旋转成分矩阵中发现，原本归属动机高原的项目 DJ2 和原本归属中心化高原的项目 ZXH5 均归属到与原本结构不同的项目组（成分）中，因此首先删除 DJ2 和 ZXH5，进行第二次探索性因子分析。并以此规则删除 JG2 和 JG6，旋转后的成分矩阵如表 3.17 所示。最终经过四次探索的旋转成分矩阵如表 3.18 所示。解释的总方差如表 3.19 所示。

表 3.17　　　　第二、三次探索性因子分析后的成分矩阵

	第二次探索					第三次探索（按照规则 1 去掉 JG2）			
	1	2	3	4		1	2	3	4
JG4	0.812	0.187	0.216	0.076	JG4	0.817	0.191	0.208	0.068
JG3	0.798	0.253	0.230	0.084	JG3	0.807	0.264	0.218	0.066

表3.17(续)

	第二次探索					第三次探索(按照规则1去掉JG2)			
	1	2	3	4		1	2	3	4
JG5	0.721	-0.105	0.278	0.058	JG7	0.729	0.069	0.126	0.224
JG7	0.718	0.045	0.140	0.240	JG5	0.718	-0.113	0.276	0.076
JG1	0.716	0.156	0.360	0.141	JG1	0.715	0.153	0.358	0.146
JG6	0.564	0.496	-0.068	0.311	JG6	0.570	0.513	-0.077	0.286
ZXH7	0.074	0.791	0.146	0.259	ZXH7	0.072	0.791	0.148	0.238
ZXH6	0.042	0.782	0.205	0.029	ZXH6	0.043	0.773	0.207	0.012
ZXH4	0.177	0.695	0.093	0.436	ZXH4	0.195	0.735	0.078	0.385
ZXH3	0.063	0.665	0.182	0.478	ZXH3	0.077	0.702	0.170	0.433
ZXH2	0.241	0.613	0.071	0.474	ZXH2	0.251	0.646	0.060	0.432
JG2	0.575	0.587	0.028	0.198	DJ5	0.221	0.132	0.831	0.185
DJ5	0.223	0.132	0.828	0.181	DJ1	0.215	0.113	0.798	-0.101
DJ1	0.207	0.115	0.801	-0.098	DJ4	0.184	0.163	0.779	0.123
DJ4	0.181	0.163	0.778	0.120	DJ6	0.116	0.118	0.770	-0.045
DJ6	0.106	0.110	0.774	-0.034	DJ3	0.442	0.019	0.638	0.273
DJ3	0.432	-0.001	0.646	0.279	NR7	0.139	0.250	0.013	0.842
NR7	0.144	0.225	0.013	0.842	NR6	0.210	0.325	-0.004	0.777
NR6	0.210	0.294	0.001	0.788	NR1	0.142	0.299	0.206	0.685
NR1	0.152	0.289	0.201	0.679					

注:提取方法为主成分法;旋转法为具有 Kaiser 标准化的正交旋转法;旋转在 7 次迭代后收敛。

表 3.18　　　　　第四次探索性因子分析后的旋转成分矩阵

	成分				
	1	2	3	4	共同度
JG4	0.824	0.189	0.197	0.079	0.759
JG3	0.810	0.203	0.266	0.082	0.774
JG7	0.739	0.105	0.075	0.230	0.615
JG5	0.730	0.258	-0.104	0.075	0.616
JG1	0.727	0.338	0.162	0.150	0.691
DJ5	0.238	0.823	0.137	0.184	0.786
DJ1	0.229	0.794	0.120	-0.098	0.707
DJ6	0.119	0.776	0.114	-0.037	0.631

表3.18(续)

	成分				共同度
	1	2	3	4	
DJ4	0.198	0.773	0.169	0.121	0.679
DJ3	0.442	0.638	0.011	0.280	0.681
ZXH7	0.080	0.133	0.797	0.250	0.722
ZXH6	0.054	0.192	0.785	0.022	0.656
ZXH4	0.190	0.071	0.725	0.408	0.734
ZXH3	0.070	0.170	0.688	0.455	0.714
ZXH2	0.250	0.049	0.641	0.448	0.677
NR7	0.141	0.002	0.242	0.841	0.785
NR6	0.213	−0.018	0.319	0.778	0.752
NR1	0.118	0.223	0.266	0.705	0.632

注：提取方法为主成分分析法；旋转法为具有 Kaiser 标准化的正交旋转法；旋转在 7 次迭代后收敛。

表 3.19　　　　　　　　　　解释的总方差

成分	初始特征值			提取平方和载入			旋转平方和载入		
	合计	方差的 %	累积 %	合计	方差的 %	累积 %	合计	方差的 %	累积 %
1	7.142	39.676	39.676	7.142	39.676	39.676	3.490	19.388	19.388
2	2.879	15.995	55.670	2.879	15.995	55.670	3.323	18.460	37.849
3	1.632	9.068	64.738	1.632	9.068	64.738	3.119	17.327	55.176
4	0.958	5.323	70.061	0.958	5.323	70.061	2.679	14.885	70.061
5	0.723	4.017	74.078						
…	…	…	…						
18	0.176	0.979	100.000						

注：提取方法为主成分分析法。

　　虽然按照规则 2，在多次探索性因子分析后形成的成分矩阵仍存在在两个公共因子中因子载荷值大于 0.4 的项目，即 DJ3、ZXH2、ZXH3，这可能是由于概念描述模糊造成的，在正式问卷中，对这三个项目的描述方式予以修改。从表3.18 可以看出，职业高原剩下的 18 个项目已负荷在四个正确的因子上；从碎石图3.2 中可以看出，从第四个因子以后，坡度线变得较为平坦，提取四个公共因子（成分）比较合适。其中，成分 1 包含 JG4、JG3、JG7、JG1、JG5五个项目，该成分解释所有项目总变异的 19.388%；成分 2 包含 DJ5、DJ1、

DJ6、DJ4、DJ3 五个项目，该成分解释所有项目总变异的 18.460%；成分 3 包含 ZXH6、ZXH7、ZXH4、ZXH3、ZXH2 五个项目，该成分解释所有项目总变异的 17.327%；成分 4 包含 NR7、NR6、NR1 三个项目，该成分解释所有项目总变异的 14.885%，四个成分总共解释总变异的 70.061%。在进行因子分析时，因为是采用少数的因子构念来解释所有观测变量的总变异量，而且在社会科学领域的测量不如自然科学领域精确，因而如果萃取后保留的因子联合解释变异量能够达到 60% 以上，保留的萃取因子就相当理想。[①] 上述分析保留的四个因子总共解释总变异的 70.061%，已经达到相当理想的水平。

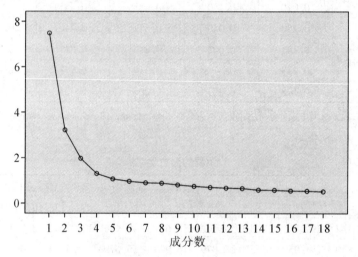

图 3.2　碎石图

3.3.2.3　项目确定和量表形成

在提取公共因子之后，需要对提取的公共因子进行命名。命名遵循的原则包括：第一，命名参照之前理论模型的构念；第二，按照题项因子的负荷值命名，一般根据负荷值较高的题项所隐含的意义命名。按照这些原则，本书对企业人力资源管理者职业高原量表抽取的四个因子进行如下命名，每个因子包含的项目如表 3.20 所示。

---

① 吴明隆. 问卷统计分析实务——SPSS 操作与应用 [M]. 重庆：重庆大学出版社，2010：232.

表 3.20　　　　　　　　　　　因子、项目及其方差贡献率表

因子	项目	方差贡献率
结构高原	JG4 在当前的组织内，我升迁的机会非常有限	19.388%
	JG3 在本公司，我将要升职的可能性很小	
	JG7 由于工作性质和职务设计等原因，我近 5 年内平级调动的可能性很小	
	JG1 在本公司，我不可能获得一个更高的职别或职称	
	JG5 在本公司，我已经升到了我难以再继续上升的工作职位	
动机高原	DJ5 我宁愿保持现状，也不愿冒险或尝试新事物	18.460%
	DJ1 我不愿意争取升职，因为升职要承担更多的责任	
	DJ6 我不喜欢和同事竞争以获取升职的机会	
	DJ4 我对自己的工作缺乏自信	
	DJ3 在工作中，我不愿主动接受具有挑战性的任务	
中心化高原	ZXH6 在本公司，我没机会承担更大责任的任务	17.327%
	ZXH7 上级不会让我负责一些重要的事务	
	ZXH4 在目前工作中，我没有机会参与公司的决策、计划制订	
	ZXH3 在目前工作中，我很少有机会参与公司重要问题的解决过程	
	ZXH 2 我提出的有关公司的工作意见或建议，很难受到领导的重视	
内容高原	NR7 目前这份工作不能进一步丰富我的工作技能	14.885%
	NR6 目前这份工作已经不能开阔我的视野	
	NR1 我当前的工作没有机会让我学习和成长	

对形成的企业人力资源管理者职业高原量表进行再次的信度分析，得到此量表的整体信度为 0.908，此量表信度良好，如表 3.21 所示。

表 3.21　　　　　企业人力资源管理者职业高原量表信度分析

构成因子	项目数	Cronbach α 系数
结构高原	5	0.874
动机高原	5	0.873
内容高原	5	0.828
中心化高原	3	0.876

经过上述分析，得出本研究企业人力资源管理者职业高原量表有效项目为18项，以此设计本研究正式的调查问卷。

3.4 职业高原正式量表检验——大样本数据的收集与处理

3.4.1 正式问卷的发放和回收

通过预调查，本研究对形成企业人力资源管理者的职业高原问卷中的项目进行删减和修改，形成了正式调查问卷，正式调查问卷中的职业高原问卷共由18个题项构成。实施大样本调查的步骤和方法与预调查基本相同，问卷仍采用Likert6点计分法对项目进行反应。在问卷调查的方法上扩大了调查的途径和范围，首先继续采用"问卷星"网络调查的样本服务，回收问卷265份，其中有效问卷245份；通过在人力资源管理领域工作的熟人推荐填写途径回收问卷50份，其中有效问卷43份；通过人力资源管理者网络论坛方式回收问卷25份，其中有效问卷12份；利用研究人参与人力资源管理者职业资格培训的机会现场发放并回收问卷90份，其中有效问卷65份。此次大样本调查合计发放问卷420份，回收有效问卷365份，回收率为87%。最终所得的365份有效问卷的基本信息如表3.22所示。

表 3.22　　　　　　　正式问卷的描述统计（n=365）

项目	类别	人数（人）	百分比（%）
性别	男	158	43.3
	女	207	56.7
年龄	18~25 岁	64	17.5
	26~30 岁	115	31.5
	31~40 岁	157	43.0
	41~50 岁	27	7.4
	51 岁以上	2	0.5
在当前企业工作年限	4 年以下	132	36.2
	5~10 年	132	36.2
	11~15 年	70	19.2
	16~20 年	19	5.2
	21 年以上	12	3.2

表3.22(续)

项目	类别	人数（人）	百分比（%）
在当前职位上的工作年限	1~3年	128	35.1
	3~5年	113	31.0
	5~8年	90	24.7
	大于8年	34	9.3
婚姻状况	未婚	115	31.5
	已婚	249	68.2
	离异	1	0.3
	分居	0	0
	丧偶	0	0
学位	大学专科以下	9	2.5
	大学专科	55	15.1
	大学本科	223	61.1
	硕士研究生及以上	38	10.4
职位	普通岗位	69	18.9
	基层经理	104	28.5
	中层经理	149	40.8
	高层经理	43	11.8
企业性质	国有企业	79	21.6
	民营企业	139	38.1
	外资企业	91	24.9
	合资企业	56	15.3

3.4.2 量表信度检验

3.4.2.1 Cronbach's α 信度检验

对于量表的信度检验采用内部一致性系数检验，本部分依旧运用学术界普遍采用的 Cronbach α 系数来做信度检验。研究者认为测量工具的 Cronbach's α 系数最好高于0.7。但如果测量工具的项目个数少于6个，Cronbach's α 系数大于0.6也表明数据质量可靠。职业高原正式问卷的检验结果显示问卷的整体 Cronbach's α 系数为0.947，四个分量表的 Cronbach's α 介于0.869~0.934，表明测量工具的内部一致性较高。企业人力资源管理者职业高原量表 Cronbach's α 信度系数如表3.23所示。

表 3.23　企业人力资源管理者职业高原量表 Cronbach's α 信度系数

量表及所属因子名称	项目数	Cronbach's α 系数
结构高原	5	0.932
内容高原	3	0.860
中心化高原	5	0.917
动机高原	5	0.934
职业高原	18	0.947

3.4.2.2　同质性信度

同质性信度检验也称作内部一致性检验，用来检验量表项目内部一致性的程度，能够测量所测项目的同质性。本研究采用 Pearson 相关系数作为衡量指标。如果项目得分与量表总分的相关性越高，表明项目的测量内容与量表的整体测量内容的同质性越好。同质性检验的判断标准为：如果项目得分与量表总分的 Pearson 相关系数 ≥ 0.3，表明该项目信度较好；若相关系数未达到显著性水平或低于 0.3，则该项目应予以删除或修改。企业人力资源管理者职业高原量表的各项目与量表总分的 Pearson 相关系数如表 3.24 所示。

表 3.24　　　　　　各项目与总量表的 Pearson 相关系数

项目	职业高原总量表	因子			
		结构高原	内容高原	中心化高原	动机高原
JG1	0.658**	0.750**			
JG3	0.633**	0.741**			
JG4	0.565**	0.700**			
JG5	0.534**	0.679**			
JG7	0.455**	0.624**			
NR1	0.587**		0.769**		
NR6	0.515**		0.746**		
NR7	0.519**		0.766**		
ZXH2	0.459**			0.694**	
ZXH3	0.456**			0.704**	
ZXH4	0.455**			0.712**	
ZXH6	0.425**			0.671**	
ZXH7	0.425**			0.707**	
DJ1	0.605**				0.847**

表3.24(续)

项目	职业高原总量表	因子			
		结构高原	内容高原	中心化高原	动机高原
DJ3	0.661 **				0.824 **
DJ4	0.636 **				0.847 **
DJ5	0.660 **				0.868 **
DJ6	0.538 **				0.806 **

从表 3.24 所示的结果可以看出，各项目与职业高原总分的相关系数介于 0.425~0.661，同时 P 值小于 0.01；结构高原分量表中各项目与分量表总分之间的相关系数介于 0.624~0.750，且同时 P 值小于 0.01；内容高原分量表中各项目与分量表总分之间的相关系数介于 0.746~0.769，且同时 P 值小于 0.01；中心化高原分量表中各项目与分量表总分之间的相关系数介于 0.671~0.712，且同时 P 值小于 0.01；动机高原分量表中各项目与分量表总分之间的相关系数介于 0.806~0.868，且同时 P 值小于 0.01；各项目与分量表的相关系数均大于跟总量表的相关系数，说明量表的同质性信度较好。

3.4.3 量表效度检验

3.4.3.1 内容效度

内容效度指测量包含预测量的内容范围的程度，用来测验所设计的题目的代表性或对所要测量的行为层面取样的适应性。本研究的主要内容——企业人力资源管理者职业高原结构是在理论分析的基础上建立起来的，同时量表条目的设立是从大量对职业高原的已有研究文献中摘录的，并通过咨询人力资源管理学者研究确定，通过预检验形成测量的正式量表。因此本书认为该量表具有较好的内容效度。

3.4.3.2 结构效度

结构效度是指一个测验实际测到所要测量的理论结构和特质的程度。在检验结构效度的方法中，因子分析法是一种常用的数量方法。本研究采用主成分因子分析法来考察企业人力资源管理者职业高原的结构效度。

1. 主成分因子分析法

主成分分析法以线性方程式将所有变量加以合并，计算所有变量共同解释的变异量，该线性组合则成为主要成分或因子。如果一个量表结构良好，则它在多次测验中均能通过主成分因子分析法提取相同数量和结构的主成分。在预调研的探索性因子分析中，已通过主成分分析法证明企业人力资源管理者职业高原量表具有较好的结构效度，在大样本研究中继续采用主成分分析法对该量表进行分析，如果分析结果与预调研相同，则表明企业人力资源管理者职业高原量表的结构效度良好。企业人力资源管理者职业高原量表旋转成分矩阵如表3.25所示。

表 3.25　　　　企业人力资源管理者职业高原量表旋转成分矩阵

	成分			
	1	2	3	4
DJ1	0.818	0.153	0.342	0.081
DJ5	0.808	0.184	0.328	0.213
DJ4	0.808	0.190	0.284	0.189
DJ6	0.801	0.152	0.306	0.067
DJ3	0.695	0.138	0.440	0.273
ZXH7	0.172	0.853	0.112	0.208
ZXH4	0.085	0.828	0.239	0.239
ZXH3	0.161	0.800	0.137	0.309
ZXH2	0.092	0.797	0.252	0.254
ZXH6	0.200	0.783	0.012	0.071
JG4	0.346	0.208	0.812	0.161
JG3	0.359	0.252	0.799	0.188
JG7	0.284	0.087	0.793	0.217
JG1	0.405	0.222	0.721	0.190
JG5	0.443	0.085	0.701	0.135
NR7	0.173	0.368	0.266	0.776
NR6	0.129	0.380	0.331	0.733
NR1	0.274	0.314	0.122	0.725

注：提取方法为主成分分析法；旋转法为具有 Kaiser 标准化的正交旋转法；旋转在 7 次迭代后收敛。

表 3.25 所示结果与预调研中企业人力资源管理者职业高原量表旋转成分矩阵所得到的因子数和因子结构相同，其中成分 1 代表动机高原，成分 2 代表中心化高原，成分 3 代表结构高原，成分 4 代表内容高原。

此外，根据因子分析理论，每个成分之间应该具有中等程度相关性，以表明测量内容的一致性。表 3.26 职业高原各因子之间以及因子与总分之间的相关矩阵显示，各成分之间的相关系数介于 0.216~0.631，属于中等相关，同时该相关系数低于各成分与总分之间的相关系数 0.655~0.824。这说明各成分具有一定独立性，同时也能较好地反映总量表测试的内容。因此，企业人力资源管理者职业高原量表具有较好的结构效度。

表 3.26　　职业高原各因子之间以及因子与总分之间的相关矩阵

		结构高原	内容高原	中心化高原	动机高原	职业高原
结构高原	Pearson 相关性	1	0.454**	0.258**	0.631**	0.824**
	显著性（双侧）		0.000	0.000	0.000	0.000
	N	365	365	365	365	365
内容高原	Pearson 相关性	0.454**	1	0.579**	0.360**	0.717**
	显著性（双侧）	0.000		0.000	0.000	0.000
	N	365	365	365	365	365
中心化高原	Pearson 相关性	0.258**	0.579**	1	0.216**	0.655**
	显著性（双侧）	0.000	0.000		0.000	0.000
	N	365	365	365	365	365
动机高原	Pearson 相关性	0.631**	0.360**	0.216**	1	0.748**
	显著性（双侧）	0.000	0.000	0.000		0.000
	N	365	365	365	365	365
职业高原	Pearson 相关性	0.824**	0.717**	0.655**	0.748**	1
	显著性（双侧）	0.000	0.000	0.000	0.000	
	N	365	365	365	365	365

注：** 表明在 0.01 水平（双侧）上显著相关。

2. 验证性因子分析

在预调研中，通过小样本数据采用探索性因子分析的方法获得了企业人力资源管理者职业高原的结构维度。但是这一模型的建构效度的适切性和真实性如何，需要通过验证性因子分析进行检验。探索性因子分析的主要目的在于确认量表结构或一组变量的模型，这种分析偏向于理论的产出，而非理论模型架构的检验。而验证性因子分析通常是依据理论，或在实证的基础之上，允许研究者按照事先确认的因子模型，进行模型效果的验证。

（1）验证性因子分析介绍

验证性因子分析可以通过结构方程模型实现。结构方程模型以研究者初始的模型为基础，通过数据的迭代计算验证模型对数据的支持程度。如果各个指标达到相应的数值，则表示模型拟合较好，结构效度理想。

结构方程模型分为测量方程和结构方程两部分。

测量方程：

$$\begin{cases} X = \lambda_x \varepsilon + \delta \\ Y = \lambda_y \eta + \xi \end{cases}$$

其中，X 是外生指标，Y 是内生指标，ε 是外生潜变量，η 是内生潜变量，λ_x 是 X 对 ε 的回归系数，λ_y 是 Y 对 η 的回归系数。δ、ξ 是 X、Y 的测量误差构成的向量。

结构方程：

$$\eta = B\eta + \Gamma\varepsilon + \zeta$$

$$B = \begin{cases} B_{11} & B_{12} & \cdots & B_{1m} \\ B_{21} & B_{22} & \cdots & B_{2m} \\ \cdots & \cdots & \cdots & \cdots \\ B_{m1} & B_{m2} & \cdots & B_{mm} \end{cases}; \qquad \Gamma = \begin{cases} \Gamma_{11} & \Gamma_{12} & \cdots & \Gamma_{1n} \\ \Gamma_{21} & \Gamma_{22} & \cdots & \Gamma_{2n} \\ \cdots & \cdots & \cdots & \cdots \\ \Gamma_{m1} & \Gamma_{m2} & \cdots & \Gamma_{mn} \end{cases}$$

其中，B 为内生潜变量之间关系的系数矩阵，Γ 为外生潜变量对内生潜变量影响的系数矩阵，ζ 表示结构方程的残差项。

验证性因子分析的原理是通过考察模型对实际数据的拟合程度来检验模型的正确性。衡量的指标包括以下几种：①绝对拟合指标，对结构方程的整体拟合程度进行评价。评价指标包括：卡方值（χ^2），通常 χ^2 值越小表示模型的拟合程度越佳，但由于 χ^2 值容易受样本大小影响，通常采用卡方值（χ^2）和自由度（df）的比值进行判断；拟合优度指标（GFI），越接近 1 表明拟合越好；调整拟合优度指标（AGFI），越接近 1 表明拟合越好；近似误差均方根（RM-SEA），RMSEA<0.05 表示模型拟合非常好，0.05< RMSEA<0.08 表示模型拟合较好。②相对拟合指标，主要用于不同理论模型比较。通常的评价指标包括：规范拟合指数（NFI），NFI>0.9 表示拟合较好；增值拟合指数（IFI），IFI>0.9 表示拟合较好；非标准拟合指数（TLI），TLI>0.9 表示拟合较好。③节俭拟合指标，用来反映模型的节俭程度，模型越节俭，越理想。通常的评价指标包括：节俭规范拟合指数（PNFI），PNFI>0.5，越接近 1 表示模型越节俭；节俭拟合优度指数（PGFI），PGFI>0.5，越接近 1 表示模型越节俭。

（2）模型检验和结果分析

通过预调研的探索性因子分析和大样本正式调研的初步分析，本书得到了企业人力资源管理者的四维度结构模型，包括结构高原、内容高原、中心化高原和动机高原。其中，结构高原由 JG1、JG3、JG4、JG5、JG7 五个项目组成；内容高原由 NR1、NR6、NR7 三个项目组成；中心化高原由 ZXH2、ZXH3、ZXH4、ZXH6、ZXH7 五个项目组成；动机高原由 DJ1、DJ3、DJ4、DJ5、DJ6 五个项目组成。因此，本研究想要验证的职业高原结构模型如图 3.3 所示，其中四个职业高原构成因子并列排列，因子之间自由相关。

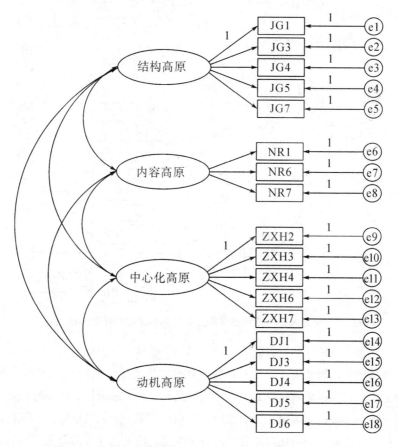

图 3.3　企业人力资源管理者职业高原初始四因子结构图

①职业高原的四因子模型验证

企业人力资源管理者职业高原的四因子模型验证结果如图 3.4 所示。从图中可知企业人力资源管理者职业高原的结构高原因子和动机高原因子具有较高的相关性。而在国内的部分职业高原研究成果中，也曾将职业高原分为层级高原、中心化高原和内容高原三个因子。因此，可以将结构高原和动机高原合并组成一个因子，验证职业高原的三因子结构模型的效果。

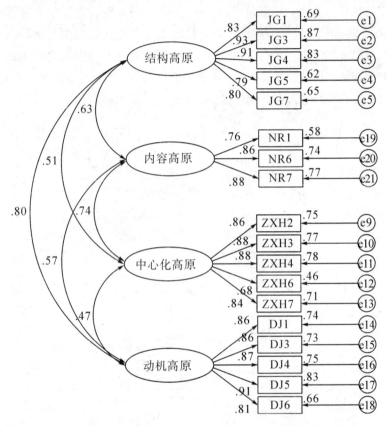

图3.4　企业人力资源管理者职业高原四维度结构模型路径系数图

②企业人力资源管理者职业高原的三因子结构模型验证

将结构高原和动机高原合并后的职业高原三因子结构模型如图3.5所示。如图中所示，内容高原和中心化高原之间具有较高的相关性。在国外的职业高原研究中，在较长时间内，职业高原一直被认为是一个二维结构。因此可以进一步将内容高原和中心化高原合并成一个维度，验证企业人力资源管理者职业高原的二因子结构模型。

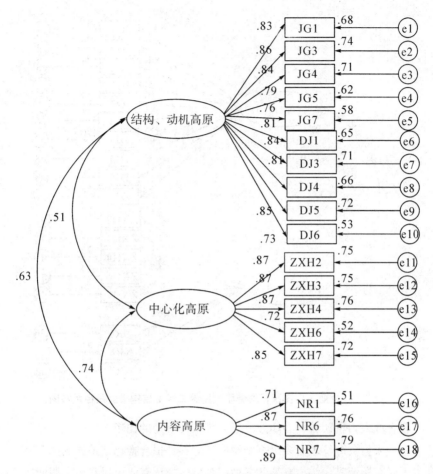

图 3.5　企业人力资源管理者职业高原三维度结构模型路径系数图

③企业人力资源管理者职业高原的二因子结构模型验证

企业人力资源管理者职业高原二因子结构模型验证结果如图 3.6 所示。进一步将两个因子合并成一个因子，验证职业高原的单因子结构模型效果。

④企业人力资源管理者职业高原单因子结构模型验证

企业人力资源管理者职业高原的单因子结构模型验证结果如图 3.7 所示。为了验证这四个职业高原结构模型的拟合效果，将职业高原四因子模型、三因子模型、二因子模型以及单因子模型的各种拟合指标纳入表 3.27 进行比较。

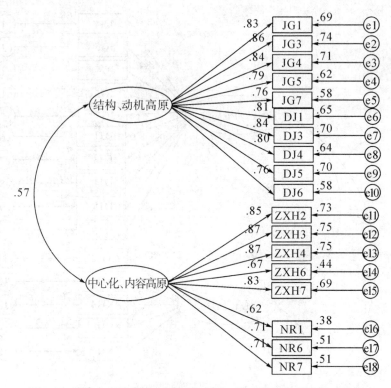

图 3.6　企业人力资源管理者职业高原二维度结构模型路径系数图

⑤企业人力资源管理者职业高原多维结构模型的比较

企业人力资源管理者多维度结构模型的各种拟合指标结果如表 3.27 所示。从表中四个职业高原结构模型的各种拟合指标的比较中可以看出，职业高原四因子模型的各种拟合指标都在可接受的范围内，拟合效果是四个模型当中最优的；而职业高原的其他三种结构模型的拟合指标都没有四因子模型的拟合指标优秀，特别是职业高原的单因子结构模型，各项指标均未达到可接受的程度，说明职业高原确实是一个多维度的结构。因此，从各项拟合指标的比较来看，企业人力资源管理者职业高原的四维结构是符合理论构思的，职业高原由结构高原、内容高原、中心化高原和动机高原四个维度构成。

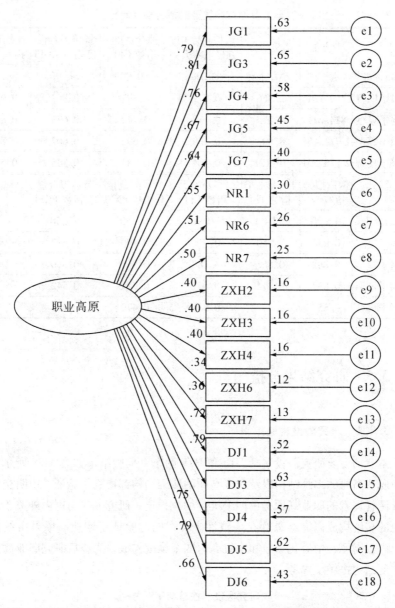

图 3.7 企业人力资源管理者职业高原一维度结构模型路径系数图

表 3.27 职业高原结构模型的拟合指标比较

	卡方值	调整卡方	近似误差均方根 RMSEA	拟合优度指数 GFI	调整拟合优度指数 AGFI	规范拟合指数 NFI
判断标准		$1<\chi^2/df<3$	<0.08	>0.90	>0.90	>0.90
四因子模型	369.701	2.866	0.072	0.897	0.863	0.937
三因子模型	814.611	6.034	0.118	0.742	0.673	0.862
二因子模型	1 072.468	8.003	0.139	0.692	0.607	0.819
单因子模型	2 176.531	16.122	0.204	0.483	0.345	0.543

	增值拟合指数 IFI	非标准拟合指数 TLI	比较拟合指数 CFI	借鉴规范拟合指数 PNFI	节俭拟合优度指数 PGFI	
判断标准	>0.90	>0.90	>0.90	>0.50	>0.50	
四因子模型	0.958	0.950	0.958	0.790	0.677	
三因子模型	0.882	0.866	0.882	0.761	0.586	
二因子模型	0.837	0.814	0.837	0.717	0.542	
单因子模型	0.559	0.498	0.577	0.479	0.381	

3.5 研究结果分析

3.5.1 研究假设检验结果

本章的主要研究假设包括 H1a 和 H1b 两个，检验结果如表 3.28 所示。其中，职业高原的多维结构以及职业高原的四维结构都得到了验证，说明企业人力资源管理者的职业高原是由四个维度构成，这一研究成果与国内外关于职业高原的多维构成研究结果存在一致性。本章同时验证了职业高原是由结构高原、内容高原、中心化高原和动机高原四个维度构成，为以后研究职业高原的多维度结构提供了参考。

表 3.28 研究假设的检验结果汇总

标号	研究假设	检验结果
H1a	职业高原存在多维结构	支持
H1b	职业高原由结构高原、内容高原、中心化高原和动机高原构成	支持

3.5.2 从职业高原构成维度分析人力资源管理者职业高原的特点

本章结合文献资料整理和理论分析提出了企业人力资源管理者职业高原的四维度结构模型。本研究认为，这种职业高原的四维度结构不仅可以应用于企业人力资源管理者，也可以应用于企业的其他管理人员和其他员工。因为，在企业当中，一个人无论所处的职位如何，都会在组织结构方向的职业发展、工作内容的发展、向组织中心方向发展以及自身职业发展的主动性（动机）方面，遇到各种障碍。国内外大多数学者在结构高原和内容高原的研究上，已经达成了一定的共识。本书对于中心化高原的研究与国内学者谢宝国和寇冬泉所研究的"趋中高原"概念相似，在他们的研究中被证实；而动机因素作为能够影响职业发展的一个重要原因，也得到了研究者们的认可。

从结构高原、内容高原、中心化高原和动机高原四个维度来分析企业人力资源管理者职业高原的特征如下：

（1）在四个维度中，结构高原是由组织层级结构或组织设计的原因造成的，导致员工在职业的纵向发展或横向变动上出现困难，不得不停留于目前岗位，从而产生了职业高原感。人力资源管理者对结构高原的强烈感受，部分是由于企业的组织结构设计和组织对人力资源管理者职业生涯发展通道设计的缺陷造成的。人力资源管理人员难以获得纵向职位晋升。客观上晋升渠道和职位变动的不畅，使人力资源管理者在目前岗位上止步不前。由人力资源管理岗位职位变动通道设计的不畅也能窥视出整个企业的职位通道设计的弊病。如果HR们自身都没有良好的职业晋升渠道，又何谈为企业其他员工设计畅通的职业生涯发展通道呢？同时，结构高原是职业高原四个构成维度中与职业高原整体相关性最高的维度，可见员工对职位的晋升以及变动的可能性的敏感度较强。

（2）内容高原产生的原因主要是员工认为从目前从事的工作中很难再学习到新的知识和技能，或工作内容变得单调、例行公事，致使员工感到自己的职业发展处于瓶颈期。尽管随着企业对人力资源管理要求的提高，人力资源管理者在企业中的地位逐渐提升，企业对人力资源管理者的技能和素质要求也逐渐提高，但是在现实的企业环境下，人力资源管理者仍然感受到想要提高知识和技能的障碍，说明企业并未在客观上为人力资源管理者提供提高其能力的足够的条件和机会，没有或很少为人力资源管理者提供学习专业知识和技能方面的培训机会。内容高原在职业高原整体中的重要性也在本研究中得到证实，与职业高原的相关性排到了四个维度中的第三位。

（3）中心化高原代表了员工能够向组织中心横向流动的职业发展方式，即员工是否能够参与到企业的重大决策当中，所做的工作能否受到组织的重视，从中获得职业满足感。随着人力资源管理者在企业中重要性的提高，他们越来越多地能够参与到企业的重要决策当中，企业在经营管理中的重大变革都需要人力资源管理者支持，人力资源管理者逐渐体会到企业对他们重视程度的提高。在本研究中，中心化高原与职业高原的相关性排在四个构成维度的第四位，但相关系数也达到了 0.6 以上，说明人力资源管理者对于自己的工作是否受到企业的重视是十分敏感的。中心化高原是职业高原的一个重要构成因素。尽管现代人力资源管理者的角色理论提出人力资源管理者要成为组织变革的推动者和企业的战略伙伴，但现实的管理环境没有为人力资源管理者提供发挥他们才能的机会。人力资源管理者自身也可能缺乏这方面的能力。

（4）在职业高原的四个构成因素中，动机高原直接由个人原因导致。动机高原代表员工个人主观不愿意在工作中承担更大的责任、不想通过竞争获得晋升的机会从而使职业发展陷入困境。企业人力资源管理者由于自身职业目标以及其他原因可能产生在工作中不愿发生职位变动的状况。在实证研究中，动机高原与职业高原的相关性排在仅次于结构高原的第二位，说明企业人力资源管理者的职业高原受个人动机因素的影响非常大。人力资源管理者或出于自身原因或出于环境限制缺乏职业生涯发展的主动性。

3.6 本章小结

本章根据理论分析形成了职业高原多维结构的假设，并根据这一假设，收集已有的职业高原研究文献和资料，形成初始的企业人力资源管理者职业高原的问卷调查量表。通过预调研收集小样本数据，对职业高原量表进行探索性因子分析和信度、效度分析，删除量表中不适合的项目，形成正式的调查问卷。将正式调查问卷投入大样本调研，收集数据并进行处理，进行信度、效度分析并通过验证性因子分析证实本章的两个研究假设：①企业人力资源管理者的职业高原是一个多维结构；②企业人力资源管理者的职业高原由结构高原、内容高原、中心化高原和动机高原四个维度构成。

4 人口学变量对企业人力资源管理者职业高原的影响

4.1 研究目的、研究假设和研究方法

4.1.1 研究目的

根据文献综述分析，企业人力资源管理者的职业高原可能会受到人力资源管理者个人和其所在组织两方面因素的影响。本章的研究目的在于揭示这些人口学变量是否会对企业人力资源管理者的职业高原和其构成维度造成影响，以及造成怎样的影响。

从理论上来看，能够影响企业人力资源管理者职业高原的一个首要的组织因素是组织结构。组织结构是表明组织各部分排列顺序、空间位置、聚散状态、联系方式以及各要素之间相互关系的一种模式，是整个管理系统的"框架"。组织结构是组织的全体成员为实现组织目标，在管理工作中进行分工协作，在职务范围、责任、权利方面所形成的结构体系。传统定义上的职业高原就是由于组织结构原因所造成的员工职位难以流动。因此，结构高原成为大多数管理者所经历的最主要的高原，也是能够造成管理者产生"高原知觉"的一个重要原因。根据 Bardwick 的研究，对于普通员工来说有 1% 的可能性遭遇职业天花板，但是对于管理人员，特别是人力资源管理者来说，由组织结构原因造成职业高原的现象却非常普遍。[①] 人力资源管理者在不同职位层次上所遭受到的职业高原差异也能够间接体现企业人力资源管理者职业发展通道建设的

---

① BARDWICK J. SMR Forum: Plateauing and Productivity [J]. Sloan Management Review, 1983: 67-73.

状况。另一个本研究所关注的影响职业高原的组织因素是企业性质。企业性质指企业的种类，包括国有企业、私营企业、外资企业和合资企业。《中国企业人力资源管理状况调查报告》中曾专门分析了不同企业性质企业的人力资源管理的状况。本研究认为，由于不同企业性质的人力资源管理状况存在的差异会造成人力资源管理者职业发展的差异，因此，企业性质可能会影响到人力资源管理者的职业高原。

事实上，宏观的社会原因也会影响人力资源管理者职业发展和职业高原现象。由于社会竞争越来越激烈，技术发展突飞猛进，市场迅速变化，企业对人力资源管理者也会产生越来越高的职业期望。如果人力资源管理者不迅速吸收各种信息知识，更新技能与思维方式，适应现代企业对人力资源管理的新要求，就不能跟组织发展相适应。同时，社会大众对于职业成功和幸福的偏差理解也会导致人力资源管理者产生职业高原。但是在本研究中，社会因素不作为探讨影响企业人力资源管理者职业高原的主要因素加以关注。

本研究将研究焦点集中在影响职业高原的个人因素上。企业人力资源管理者产生职业高原的个人因素是指由于人力资源管理者自身状况或自己对于在组织中的职位定位不准确，缺乏职业发展的方向、动力和激励，或缺乏提高知识的积极性和主动性而产生的职业高原。企业人力资源管理者产生职业高原的个人因素主要包括：①性别。在对企业员工的知觉研究中，性别被认为是一个重要的影响因素。而"职业天花板"这一概念的提出，最早就是用来形容女性在职业发展过程中所遭受到的职业瓶颈。因此，本研究认为性别会成为影响人力资源管理者职业高原的一个因素。②年龄。早期对职业高原的研究曾经把年龄作为判断职业高原的标准。尽管随着人们对职业高原知觉概念的深入研究，这种判断标准已经越来越少被研究者使用，但是本书认为年龄仍然可以成为影响职业高原的一个个人因素。③工作年限和任职年限。任期被认为是判断职业高原的一个标准，但国外的研究中一般不对工作年限和任期作明确的区分，国内的职业高原研究大多会将工作年限和任期都纳入职业高原的影响因素当中。本书认为，即便在职业高原知觉上的研究不再以严格意义上的任期判断作为标准，工作年限和任期仍然有可能成为职业高原的重要影响因素。④婚姻状态。婚姻状态作为判断个人-家庭平衡是否会影响职业高原的一个判断指标。已婚人士通常被认为更关注于家庭生活而使工作-家庭重心发生转移。⑤学历。认为学历会对职业高原造成影响的研究认为，高学历通常意味着较高的职业抱负和较好的职业发展。随着企业人力资源管理者整体学历水平的提高，本书认为学历的差异会影响人力资源管理者对职业高原的知觉。⑥职位。尽管之前的职业高原研究会关注被调查的职位状况，但其更多的是想要区分处于不同职位的员工的职业高原差异，如处于营销岗位的员工和处于生产岗位的员工的职业高原是否存在显著差异。本研究为了更好地了解职业高原的职位差异，对人力资源管理者的职业生涯发展状况有所了解，特将职位作为一个影响职业高原的因素。除了以上因素外，从理论上来说，影响人力资源管理者职业高原的个人因素可能还包括以下几方面：第一，人力资源管理者自身在人力资源管理专业方面的知识或技能，例如完成各项人力资源管理职能所需的各项技能、人际交往的能力、有效沟通的能力以及承担未来人力资源管理者所需求的战略管理方面的知识等，这些能力的缺乏可能会影响人力资源管理者的职业高原。第二，缺乏职业素质。随着人力资源管理职能的发展，缺乏人力资源管理的职业素质成为阻碍人力资源管理者向组织核心方向发展的因素。例如人力资源管理者难以适应组织变革的需要，不能制定出满足企业发展的人力资源发展策略，或不能做出适合企业员工的职业生涯发展规划，也使得自身的职业发展受到约束。第三，人力资源管理者自身的心理压力或者情绪波动也会催生职业高原的出现。由于这些因素衡量上的困难以及其不确定性，本书只选择前几个因素作为影响企业人力资源管理者职业高原的个人因素加以测量。

综上所述，本章主要探讨各种人口学变量与企业人力资源管理者职业高原及职业高原各构成维度之间的关系，揭示这些人口学变量是否会对企业人力资源管理者的职业高原和其构成维度造成影响，以及造成怎样的影响。这些人口学变量主要包括被调查者的性别、年龄、工作年限、任职年限、婚姻状况、学历、职位级别和所在企业性质。研究的主要目的在于根据企业人力资源管理者职业高原在这些统计变量上的差异，进一步揭示企业人力资源管理者职业高原的特点。

4.1.2 研究假设

在国内外大量针对职业高原进行的研究中都能发现人口学变量与职业高原之间存在一定关系，但是这些研究结果并不具备一致性。本研究将通过企业人力资源管理者职业高原在人口学变量上的差异研究，来进一步解释人口学变量和职业高原之间的关系。同时，本章不仅探讨人口学变量和职业高原之间的关系，也同样探讨人口学变量与职业高原的四个构成维度之间的关系。本研究的假设如下：

假设 1（H2）：人口学变量对企业人力资源管理者职业高原整体状态的影响存在显著差异。

假设 2（H3）：人口学变量对企业人力资源管理者职业高原各维度的影响存在显著差异。

其中，假设 2 可进一步细分为如下 4 个二级假设：

H3a：人口学变量对企业人力资源管理者结构高原维度的影响存在显著差异。

H3b：人口学变量对企业人力资源管理者内容高原维度的影响存在显著差异。

H3c：人口学变量对企业人力资源管理者中心化高原维度的影响存在显著差异。

H3d：人口学变量对企业人力资源管理者动机高原维度的影响存在显著差异。

4.1.3 数据来源与研究方法

本研究采用第 3 章中正式调查问卷的大样本数据（N = 365）进行分析。所采用的研究方法是统计学方法。主要采用的统计方法有独立样本 t 检验、单因数方差分析与多元方差分析，使用的统计工具为 SPSS17.0。

4.2 企业员工职业高原及各维度的描述性统计分析

首先，本部分对企业人力资源管理者职业高原以及构成因素进行描述性统计分析，以了解企业人力资源管理者职业高原的基本情况。职业高原得分最高分为 6 分，最低分为 1 分，采用平均数法得出职业高原以及各构成维度的得分，结果如表 4.1 所示。

表 4.1　企业人力资源管理者职业高原及其构成维度的描述性统计量

	N	均值	标准差
结构高原	365	3.977 0	1.403 34
内容高原	365	2.849 3	1.190 16
中心化高原	365	3.277 8	1.202 05
动机高原	365	3.145 2	1.573 08
职业高原	365	3.382 8	1.008 22
有效的 N（列表状态）	365		

从表 4.1 可以看出，企业员工的职业高原总体平均得分为 3.382 8，略低于临界状态值 3.500 0，说明对企业人力资源管理者来说，整体职业高原程度并不算太高，但已经需要受到足够的重视。从企业人力资源管理者在职业高原各构成维度上的平均得分来看，其中，结构高原的均值为 3.977 0，超过临界值，说明人力资源管理者对在职业发展过程中所遇到的职位升迁和变动是最为敏感的，人力资源管理者的结构高原程度较高。企业人力资源管理者在内容高原上的得分为 2.849 3，是四个构成维度上的最低分，说明人力资源管理者对工作技能、经验获取的停滞期的敏感性较差，内容高原程度较低。中心化高原和动机高原的得分分别为 3.277 8 和 3.145 2，说明企业人力资源管理者在向组织中心发展和自身动机角度出发的职业停滞期都存在一定的感受，但中心化高原和动机高原程度不是很高。

4.3　人口学变量与企业员工职业高原及各维度的关系

4.3.1　人口学变量与企业员工职业高原整体状态的关系

4.3.1.1　企业人力资源管理者职业高原整体状态上的性别差异

本研究采用独立样本 t 检验对企业人力资源管理者职业高原在性别上是否存在差异进行检验。独立样本 t 检验适用于两个群体平均数的差异检验，其自变量为二分变量，因变量为连续变量。独立样本 t 检验的原假设是两个独立样本来自均值相同的总体，对立假设是两个独立样本来自均值不同的两个总体。在两个样本方差相等和不等时所采用的计算 t 值的公式不同，因此，需要首先进行方差齐次性检验，以判断其所应选取的 t 值。

根据以上方法，首先对"男""女"两个独立样本进行方差齐次性检验，F 值为 0.622，显著性水平为 0.431（不显著），说明可以接受两个样本方差相等的假设。其相对应的 t 值为−1.514，其检验结果为不显著。从表 4.2 中可以看出，虽然女性人力资源管理者的职业高原得分略大于男性人力资源管理者的职业高原得分，但通过独立 t 检验发现，男女员工之间的差异不显著（P > 0.05），说明企业人力资源管理在职业高原整体状态上不存在显著的性别差异。

表 4.2　企业人力资源管理者职业高原整体状态上的性别差异比较

因子	性别	观测量 N	均值	标准差	t	Sig.（双尾）
职业高原	男	158	3.291 5	1.039 51	−1.514	0.131
	女	207	3.452 5	0.980 48		

4.3.1.2　企业人力资源管理者职业高原整体状态上的年龄差异

本研究在调查中将被调查者的年龄段分为 18~25 岁、25~30 岁、31~40 岁、41~50 岁和 50 岁以上，但是在回收问卷后发现 41~50 岁和 50 岁以上这两档的样本量都比较小，不适合进行统计分析，所以，对年龄数据进行重新分组进行分析，将这两档样本与 31~40 岁档数据合并为 31 岁以上年龄组。合并后的年龄组共有三组数据，采用单因子方差分析方法对数据进行分析比较。单因子方差分析检验由单一因子影响的一个或几个独立的因变量在因子各水平分组的均值间的差异。其基本原理是通过两两组间均值比较进行判断。其分析结果如表 4.3 所示。从表 4.3 中可以得知，在企业人力资源管理者职业高原整体状态上，单因子方差分析结果显示，F 值为 3.586，且 P<0.001，表明年龄对企业人力资源管理者的职业高原感存在显著差异。接着通过多重比较确定不同年龄段的人力资源管理者在职业高原上的具体差异。首先进行方差齐性检验，根据方差齐性或方差不齐分别选择 LSD 或 Tamhane's T2 法进行多重比较。比较结果见表 4.4。

表 4.3　人力资源管理者职业高原整体状态上的年龄差异单因子方差分析

	平方和	df	均方	F	显著性
组间	7.189	2	3.594	3.586	0.029
组内	362.821	362	1.002		
总数	370.010	364			

表 4.4　企业人力资源管理者职业高原整体状态上的年龄差异的多重比较

因子	方差齐性检验(Sig.)	多重比较方法	（I）年龄	（J）年龄	均值差（I-J）	显著性（Sig.）
职业高原	0.019<0.05	Tamhane's T2	18~25 岁	26~30 岁 31 岁以上	0.064 63 −0.235 83	0.958 0.246
			26~30 岁	18~25 岁 31 岁以上	−0.064 63 −0.300 46*	0.958 0.032
			31 岁以上	18~25 岁 26~30 岁	0.235 83 0.300 46*	0.246 0.032

注：* 表示均值差的显著性水平为 0.05。

如表 4.4 的统计检验结果显示，方差齐性检验显示 P>0.05，在进行多重比较时采用 Tamhane's T2 法的统计检验结果。从显示的结果看，在显著性水平 α=0.05 下，18~25 岁人力资源管理者与 26~30 岁人力资源管理者之间的均值差为 0.064 63，显著性概率为 0.958，其职业高原整体状态不存在显著差异。18~25 岁人力资源管理者与 31 岁以上人力资源管理者之间的均值差为 -0.235 83，显著性概率为 0.246，也未达显著性水平。25~30 岁人力资源管理者与 31 岁以上人力资源管理者的均值差为 -0.300 46，显著性概率为 0.032，达到显著性水平，说明二者之间的职业高原整体状态存在显著差异。31 岁以上的人力资源管理者的职业高原感要明显高于 25~30 岁的人力资源管理者。

4.3.1.3 企业人力资源管理者职业高原整体状态上的工作年限差异

在问卷调查中，将企业人力资源管理者的工作年限划分为 4 年以下（包括 4 年）、5~10 年、11~15 年、16~20 年和 21 年以上五个分组。在大样本调查后发现处于 16~20 年和 21 年以上年限组的样本数量较少，不利于进行统计分析，因此将这两组与 11~15 年工作年限组合并进行研究。合并后的年龄组共有三组数据，采用单因子方差分析方法对数据进行分析比较。表 4.5 单因子方差分析结果显示，F 值为 5.071，且 P<0.05，表明工作年限对企业人力资源管理者职业高原的影响存在显著差异。为了进一步比较不同工作年限段的人力资源管理者在职业高原上的具体差异，需要对其做多重比较。在进行多重比较前，先进行方差齐性检验，根据方差齐性或方差不齐分别选择 LSD 或 Tamhane's T2 法进行多重比较。具体检验结果见表 4.6。

表 4.5　　工作年限对员工职业高原影响差异的单因子方差分析

	平方和	df	均方	F	显著性
组间	10.084	2	5.042	5.071	0.007
组内	359.926	362	0.994		
总数	370.010	364			

表 4.6　　企业员工职业高原整体状态上工作年限差异的多重比较

因子	方差齐性检验(Sig.)	多重比较方法	(I)工作年限	(J)工作年限	均值差(I-J)	显著性(Sig.)
职业高原	0.010<0.05	Tamhane's T2	4 年以下	5~10 年 11 年以上	0.017 26 -0.362 54*	0.998 0.028
			5~10 年	4 年以下 11 年以上	-0.017 26 -0.379 80*	0.998 0.021
			11 年以上	4 年以下 5~10 年	0.362 54* 0.379 80*	0.028 0.021

注：＊表示均值差的显著性水平为 0.05。

表 4.6 的统计检验结果显示，方差齐性检验时得出具有方差齐性的结论（P<0.05），因此，在进行多重比较时采用 Tamhane's T2 方法的统计检验结果。从表 4.6 中的分析数据可以看出，工作年限为 4 年以下的人力资源管理者与工作年限为 5~10 年的人力资源管理者之间的职业高原并不存在显著差异；工作年限为 4 年以下的人力资源管理者与工作年限在 10 年以上的人力资源管理者在职业高原上的均值差为-0.362 54，显著性概率为 0.028，存在显著差异；工作年限为 5~10 年的人力资源管理者与工作年限为 11 年以上的人力资源管理者在职业高原上的均值差为-0.379 80，显著性概率为 0.021，存在显著差异。可见，人力资源管理者工作年限越长，对职业高原的感受越强烈。

4.3.1.4　企业人力资源管理者职业高原整体状态上的任职年限差异

在问卷调查中，将企业人力资源管理者的任现职年限划分为 3 年以下、3~5 年、5~8 年和 8 年以上四个分组。在大样本调查后发现处于 8 年以上年限组的样本数量较少，不利于进行统计分析，因此将 5~8 年与 8 年以上任职年限组合并进行研究。合并后的任职年限组共有三组数据，采用单因子方差分析方法对数据进行分析比较。表 4.7 单因子方差分析结果显示，F 值为 6.308，且 P<0.05，表明任职年限长短对企业人力资源管理者职业高原的影响存在非常显著的差异。进一步采用多重比较对在当前岗位上不同任职年限段的人力资源管理者在职业高原上的具体差异进行分析。在进行多重比较前，先进行方差齐性检验，根据方差齐性或方差不齐分别选择 LSD 或 Tamhane's T2 法进行多重比较。具体检验结果见表 4.8。

表 4.7　　任职年限对人力资源管理者职业高原影响差异的单因子方差分析

	平方和	df	均方	F	显著性
组间	12.461	2	6.231	6.308	0.002
组内	357.548	362	0.988		
总数	370.010	364			

表 4.8　　企业员工职业高原整体状态上任职年限差异的多重比较

因子	方差齐性检验(Sig.)	多重比较方法	(I)任职年限	(J)任职年限	均值差(I−J)	显著性(Sig.)
职业高原	0.001<0.05	Tamhane's T2	3 年以下	3~5 年 5 年以上	0.161 58 −0.289 02	0.432 0.083
			3~5 年	3 年以下 5 年以上	−0.161 58 −0.450 60 *	0.432 0.002
			5 年以上	3 年以下 3~5 年	0.289 02 0.450 60 *	0.083 0.002

注：＊表示均值差的显著性水平为 0.05。

表 4.8 的统计检验结果显示，方差齐性检验时得出具有方差齐性的结论（P<0.05），因此，在进行多重比较时采用 Tamhane's T2 方法分析统计检验结果。从分析结果来看，任职年限为 3 年以下的人力资源管理者与任职年限 3~5 年以及任职年限 5 年以上的人力资源管理者的职业高原差异并不显著；任职 3~5 年的人力资源管理者与任职 5 年以上的人力资源管理者的职业高原变量上的均值差为−0.450 60，显著性概率为 0.002，表明差异显著。任职 5 年以上的人力资源管理者的职业高原感受要大于任职 3~5 年的人力资源管理者。由此可见，职业高原的客观测量方法研究中将 5 年任职期作为判断员工是否处于职业高原的标准是具有一定的科学性的。

4.3.1.5　企业员工职业高原整体状态上的婚姻差异

采用独立样本 t 检验来分析企业人力资源管理者的婚姻状态是否对职业高原产生影响。首先，针对两个样本进行方差齐性检验，检验结果显示 F 值为 0.262，显著性概率为 0.609，说明可以接受两个样本方差相对的假设。因此，在对企业人力资源管理者职业高原整体状态的婚姻差异检验时，在 t 检验结果中选取方差相等一行的数据作为 t 检验的结果数据。检验结果见表 4.9。从表 4.9 可知，未婚人力资源管理者的职业高原的平均值为 3.484 5，略高于已婚员工的平均值 3.336 9。但独立样本 t 检验发现，未婚人力资源管理者与已婚人力资源管理者之间的差异不显著（t = 1.298，P>0.05），说明企业人力资源管理者在职业高原整体状态上不存在显著的婚姻差异。

表 4.9　企业人力资源管理者职业高原整体状态上的婚姻差异比较

因子	婚姻状况	观测量 N	均值	标准差	t	Sig.（双尾）
职业高原	未婚	115	3.484 5	0.964 03	1.298	0.195
	已婚	249	3.336 9	1.028 38		

4.3.1.6　企业人力资源管理者职业高原整体状态上的学历差异

在问卷调查中将被调查者的学历状况划分为大学专科以下、大学专科、大学本科和硕士及以上四种情况，但在大样本调查结果回收后发现学历为专科以下的样本数量较少，不利于进行统计学分析，因此将学历分组调整为大学专科及以下、大学本科、硕士及以上三组。采用单因子方差分析方法对数据进行分析比较。其分析结果如表 4.10 所示。表 4.10 单因子方差分析结果显示，F 值为 8.317，且 P<0.05，表明学历对企业人力资源管理者职业高原的影响存在非常显著的差异。进一步采用多重比较对不同学历的人力资源管理者在职业高原上的具体差异进行分析。在进行多重比较前，先进行方差齐性检验，根据方差齐性或方差不齐分别选择 LSD 或 Tamhane's T2 法进行多重比较。具体检验结果见表 4.11。

表 4.10　学历对人力资源管理者职业高原影响差异的单因子方差分析

	平方和	df	均方	F	显著性
组间	16.255	2	8.128	8.317	0.000
组内	353.754	362	0.977		
总数	370.010	364			

从表 4.11 中的比较结果可以看出，学历在专科及以下的人力资源管理者与学历在大学本科的人力资源管理者之间职业高原的均值差为 0.488 69，显著性概率为 0.002，差异显著，表明专科及以下学历的人力资源管理者的职业高原要高于本科学历的人力资源管理者的职业高原；学历在专科及以下的人力资源管理者与学历在硕士及以上的人力资源管理者的职业高原均值差为 0.573 36，显著性概率为 0.004，差异显著，表明专科及以下学历的人力资源管理者的职业高原要高于硕士及以上的人力资源管理者的职业高原；学历在大

学本科的人力资源管理者与学历在硕士及以上的人力资源管理者的职业高原均值差异并不显著。

表 4.11 企业人力资源管理者职业高原整体状态上学历差异的多重比较

因子	方差齐性检验(Sig.)	多重比较方法	(I) 学历	(J) 学历	均值差(I-J)	显著性(Sig.)
职业高原	0.027<0.05	Tamhane's T2	专科及以下	大学本科	0.488 69*	0.002
				硕士及以上	0.573 36*	0.004
			大学本科	专科及以下	−0.488 6*	0.002
				硕士及以上	0.084 67	0.904
			硕士及以上	专科及以下	−0.573 3*	0.004
				大学本科	−0.084 7	0.904

注：*表示均值差的显著性水平为 0.05。

4.3.1.7 企业人力资源管理者职业高原整体状态上的职位差异

分析企业人力资源管理者职业高原在职位上的差异，首先采用单因子方差分析方法对数据进行分析比较。其分析结果如表 4.12 所示。表 4.12 单因子方差分析结果显示，F 值为 28.860，且 P<0.05，表明职位对企业人力资源管理者职业高原的影响存在非常显著的差异。进一步采用多重比较对不同职位的人力资源管理者在职业高原上的具体差异进行分析。具体检验结果见表 4.13。

表 4.12 职位对人力资源管理者职业高原影响差异的单因子方差分析

	平方和	df	均方	F	显著性
组间	71.575	3	23.858	28.860	0.000
组内	298.434	361	0.827		
总数	370.010	364			

表 4.13 的分析结果显示，方差齐性检验时得出具有方差齐性的结论（P<0.05），因此，在进行多重比较时采用 Tamhane's T2 方法分析统计检验结果。其中，处于普通职位的人力资源管理者与人力资源基层经理的职业高原均值差为 0.411 92，且差异显著；处于普通职位的人力资源管理者与人力资源中层经理的职业高原均值差为 1.033 76，且差异显著；处于普通职位的人力资源管理者与人力资源高层经理的职业高原均值差为 1.241 56，且差异显著；人力资源基层经理与中层经理之间的职业高原均值差为 0.621 84，且差异显著；人力资源基层经理与高层经理之间的职业高原均值差为 0.829 64，且差异显著；人力

资源中层经理与高层经理之间的职业高原均值差异不显著。说明职位越低的人力资源管理者对职业高原的感受越强烈。

表 4.13　企业人力资源管理者职业高原整体状态上职位差异的多重比较

因子	方差齐性检验(Sig.)	多重比较方法	(I) 职位	(J) 职位	均值差(I–J)	显著性(Sig.)
职业高原	0.000<0.05	Tamhane's T2	普通职位	基层经理	0.411 92*	0.035
				中层经理	1.033 76*	0.000
				高层经理	1.241 56*	0.000
			基层经理	普通职位	−0.411 92*	0.035
				中层经理	0.621 84*	0.000
				高层经理	0.829 64*	0.000
			中层经理	普通职位	−1.033 76*	0.000
				基层经理	−0.621 84*	0.000
				高层经理	0.207 80	0.258
			高层经理	普通职位	−1.241 56*	0.000
				基层经理	−0.829 64*	0.000
				中层经理	−0.207 80	0.258

注：＊表示均值差的显著性水平为 0.05。

4.3.1.8　企业人力资源管理者职业高原整体状态上的企业性质差异

分析企业人力资源管理者职业高原在企业性质上的差异，首先采用单因子方差分析方法对数据进行分析比较。其分析结果如表 4.14 所示。表 4.14 单因子方差分析结果显示，F 值为 11.063，且 $P<0.05$，表明企业性质对企业人力资源管理者职业高原的影响存在非常显著的差异。进一步采用多重比较对不同企业性质中的人力资源管理者在职业高原上的具体差异进行分析。具体检验结果见表 4.15。

表 4.15 的分析结果显示，方差齐性检验时得出具有方差齐性的结论（$P<0.05$），因此，在进行多重比较时采用 Tamhane's T2 方法分析统计检验结果。根据统计分析结果，国有企业中的人力资源管理者和民营企业中人力资源管理者的职业高原均值差异不显著；国有企业人力资源管理者与外资企业人力资源管理者的职业高原均值差为 0.636 62，且差异显著；国有企业人力资源管理者与合资企业人力资源管理者职业高原均值差为 0.842 59，且差异显著；民营企业人力资源管理者与外资企业人力资源管理者职业高原均值差为 0.370 46，且差异显著；民营企业人力资源管理者与合资企业人力资源管理者职业高原均值

差为 0.576 43，且差异显著；外资企业与合资企业人力资源管理者职业高原均值差异不显著。这说明国有企业和民营企业人力资源管理者的职业高原感受无差异，而国有企业和民营企业人力资源管理者的职业高原要高于外资企业和合资企业人力资源管理者的职业高原。

表 4.14　企业性质对人力资源管理者职业高原影响差异的单因子方差分析

	平方和	df	均方	F	显著性
组间	31.153	3	10.384	11.063	0.000
组内	338.856	361	0.939		
总数	370.010	364			

表 4.15　企业人力资源管理者职业高原整体状态上企业性质差异的多重比较

因子	方差齐性检验(Sig.)	多重比较方法	(I)企业性质	(J)企业性质	均值差(I−J)	显著性(Sig.)
职业高原	0.001<0.05	Tamhane's T2	国有企业	民营企业	0.266 16	0.353
				外资企业	0.636 62*	0.000
				合资企业	0.842 59*	0.000
			民营企业	国有企业	−0.266 16	0.353
				外资企业	0.370 46*	0.012
				合资企业	0.576 43*	0.003
			外资企业	国有企业	−0.636 62*	0.000
				民营企业	−0.370 46*	0.012
				合资企业	0.205 97	0.726
			合资企业	国有企业	−0.842 59*	0.000
				民营企业	−0.576 43*	0.003
				外资企业	−0.205 97	0.726

注：＊表示均值差的显著性水平为 0.05。

4.3.2　人口学变量与企业员工职业高原不同维度的关系

由于企业人力资源管理者职业高原是一个四维的复杂结构，本节将进一步探讨职业高原的不同维度在人口学变量上是否存在显著差异，以及如果存在差异，这些差异是如何影响职业高原的各个构成维度的。

4.3.2.1 性别对企业人力资源管理者职业高原各维度的影响

本节采用独立样本 t 检验的方法检验性别是否对职业高原各维度产生显著影响。职业高原各维度对性别的平均数差异如表 4.16 所示。从表 4.16 的检验结果中可以看出，虽然男女性别不同职业高原各构成维度的得分均值存在差异，但通过显著性检验发现这种差异并不显著。

表 4.16　　　职业高原各维度对性别的平均数差异显著性检验

因子	性别	N	均值	标准差	t 值	Sig.（双侧）
结构高原	男	158	3.820 3	1.581 29	−1.812	0.071
	女	207	4.096 6	1.241 33		
内容高原	男	158	2.848 1	1.156 90	−0.017	0.986
	女	207	2.850 2	1.217 73		
中心化高原	男	158	3.159 5	1.328 14	−1.647	0.100
	女	207	3.368 1	1.090 80		
动机高原	男	158	3.087 3	1.685 07	−0.603	0.547
	女	207	3.189 4	1.484 58		

4.3.2.2 年龄对企业人力资源管理者职业高原各维度的影响

首先采用上一节中的分组方法对年龄进行重新分组，再采用单因子方差分析方法分析年龄对人力资源管理者职业高原各构成维度的影响，统计结果如表 4.17 所示。从表 4.17 的显著性检验结果来看，职业高原构成维度中的结构高原、中心化高原和动机高原在年龄上存在显著差异，而内容高原在年龄上不存在显著差异。进一步通过多重比较法比较年龄对这三个构成维度的具体差异。采用的比较方法仍然是首先进行方差齐次性检验，以判断采用 LSD 法或 Tamhane's T2 法进行多重比较，检验结果如表 4.18 所示。

表 4.17　　年龄对员工职业高原各维度因子影响差异的单因子方差分析

		平方和	df	均方	F	显著性
结构高原	组间	31.549	2	15.774	8.333	0.000
	组内	685.298	362	1.893		
	总数	716.847	364			
内容高原	组间	2.156	2	1.078	0.760	0.468
	组内	513.445	362	1.418		
	总数	515.601	364			

表4.17(续)

		平方和	df	均方	F	显著性
中心化 高原	组间	40.275	2	20.137	15.010	0.000
	组内	485.675	362	1.342		
	总数	525.950	364			
动机高原	组间	78.416	2	39.208	17.260	0.000
	组内	822.328	362	2.272		
	总数	900.744	364			

表4.18　年龄对人力资源管理者职业高原各维度因子影响差异的多重比较

	方差齐性 检验(Sig.)	多重比较 方法	(I)年龄 分组	(J)年龄 分组	均值差 (I-J)	显著性
结构高原	0.007<0.05	Tamhane's T2	18~25岁	26~30岁 31岁以上	-0.287 15 -0.740 09*	0.514 0.004
			26~30岁	18~25岁 31岁以上	0.287 15 -0.452 94*	0.514 0.011
			31岁以上	18~25岁 26~30岁	0.740 09* 0.452 94*	0.004 0.011
中心化 高原	0.000<0.05	Tamhane's T2	18~25岁	26~30岁 31岁以上	0.843 83* 0.889 35*	0.000 0.000
			26~30岁	18~25岁 31岁以上	-0.843 83* 0.045 52	0.000 0.980
			31岁以上	18~25岁 26~30岁	-0.889 35* -0.045 52	0.000 0.980
动机高原	0.049<0.05	Tamhane's T2	18~25岁	26~30岁 31岁以上	-0.619 35* -1.226 61*	0.020 0.000
			26~30岁	18~25岁 31岁以上	0.619 35* -0.607 27*	0.020 0.001
			31岁以上	18~25岁 26~30岁	1.226 61* 0.607 27*	0.000 0.001

注：* 表示均值差的显著性水平为 0.05。

表4.18 的统计检验结果显示：①在结构高原上，18~25 岁年龄组与 26~30 岁年龄组的人力资源管理者均值差异不显著；18~25 岁年龄组与 31 岁以上

年龄组均值差异显著，均值差为-0.740 09；26~30岁年龄组与31岁以上年龄组均值差异显著，均值差为-0.452 94。这说明年龄越大，人力资源管理者的结构高原程度越高。②在中心化高原上，18~25岁年龄组与26~30岁年龄组均值差异显著，均值差为0.843 83；18~25岁年龄组与31岁以上年龄组均值差异显著，均值差为0.889 35；26~30岁年龄组与31岁以上年龄组均值差异不显著。这说明年龄越低，人力资源管理者的中心化高原程度越高。③在动机高原上，18~25岁年龄组与26~30岁年龄组均值差异显著，均值差为-0.619 35，18~25岁年龄组与31岁以上年龄组均值差异显著，均值差为-1.226 61；26~30岁年龄组与31岁以上年龄组均值差异显著，均值差为-0.607 27。这说明年龄越大，人力资源管理者的动机高原程度越高。

4.3.2.3 工作年限对企业人力资源管理者职业高原各维度的影响

首先采用上一节中的分组方法对工作年限进行重新分组，再采用单因子方差分析方法分析工作年限对人力资源管理者职业高原各构成维度的影响，统计结果如表4.19所示。从表4.19的显著性检验结果来看，职业高原构成维度中的结构高原、中心化高原和动机高原在工作年限上存在显著差异，而内容高原在工作年限上不存在显著差异。进一步通过多重比较法比较工作年限对这三个构成维度的具体差异。采用的比较方法仍然是首先进行方差其次性检验，以判断采用 LSD 法或 Tamhane's T2 法进行多重比较，检验结果如表4.20所示。

表4.19   工作年限对员工职业高原各维度因子影响差异的单因子方差分析

		平方和	df	均方	F	显著性
结构高原	组间	21.445	2	10.723	5.582	0.004
	组内	695.401	362	1.921		
	总数	716.847	364			
内容高原	组间	4.677	2	2.339	1.657	0.192
	组内	510.924	362	1.411		
	总数	515.601	364			
中心化高原	组间	31.425	2	15.713	11.502	0.000
	组内	494.525	362	1.366		
	总数	525.950	364			
动机高原	组间	92.248	2	46.124	20.652	0.000
	组内	808.496	362	2.233		
	总数	900.744	364			

表 4.20　工作年限对人力资源管理者职业高原各维度因子影响差异的多重比较

	方差齐性检验(Sig.)	多重比较方法	(I) 工作年限分组	(J) 工作年限分组	均值差(I-J)	显著性
结构高原	0.002<0.05	Tamhane's T2	4 年以下	5～10 年 11 年以上	-0.303 03 -0.610 43*	0.187 0.006
			5～10 年	4 年以下 11 年以上	0.303 03 -0.307 40	0.187 0.270
			11 年以上	4 年以下 5～10 年	0.610 43* 0.307 40	0.006 0.270
中心化高原	0.000<0.05	Tamhane's T2	4 年以下	5～10 年 11 年以上	0.684 85* 0.422 62*	0.000 0.011
			5～10 年	4 年以下 11 年以上	-0.684 85* -0.262 23	0.000 0.168
			11 年以上	4 年以下 5～10 年	-0.422 62* 0.262 23	0.011 0.168
动机高原	0.002<0.05	Tamhane's T2	4 年以下	5～10 年 11 年以上	-0.519 70* -1.269 19*	0.008 0.000
			5～10 年	4 年以下 11 年以上	0.519 70* -0.749 49*	0.008 0.001
			11 年以上	4 年以下 5～10 年	1.269 19 0.749 49**	0.000 0.001

注：＊表示均值差的显著性水平为 0.05。

表 4.20 统计结果显示：①在结构高原上，工作年限在 4 年以下和 5～10 年组均值不存在显著差异；工作年限在 4 年以下与 11 年以上存在显著差异，均值差为-0.610 43；工作年限为 5～10 年组与 11 年以上组均值不存在显著差异。②在中心化高原上，工作年限在 4 年以下和 5～10 年组均值存在显著差异，均值差为 0.684 85；工作年限在 4 年以下与 11 年以上存在显著差异，均值差为 0.422 62；工作年限为 5～10 年组与 11 年以上组均值不存在显著差异。这说明工作年限越短，人力资源管理者的中心化高原程度越高。③在动机高原上，工作年限在 4 年以下和 5～10 年组均值存在显著差异，均值差为-0.519 70；工作年限在 4 年以下与 11 年以上存在显著差异，均值差为-1.269 19；工作年限为 5～10 年组与 11 年以上组均值差异显著，均值差为-0.749 49。这说明工作年限越长，人力资源管理者的动机高原程度越高。

4.3.2.4　任职年限对企业员工职业高原各维度的影响

首先采用上一节中的分组方法对企业人力资源管理者的任现职年限进行重新分组，再采用单因子方差分析方法分析工作年限对人力资源管理者职业高原各构成维度的影响，统计结果如表4.21所示。从单因子方差分析结果来看，职业高原各构成维度均在任职年限上有显著差异。进一步通过多重比较法比较工作年限对这三个构成维度的具体差异。采用的比较方法仍然是首先进行方差齐次性检验，以判断采用LSD法或Tamhane's T2法进行多重比较，检验结果如表4.22所示。

表4.21　任职年限对员工职业高原各维度因子影响差异的单因子方差分析

		平方和	df	均方	F	显著性
结构高原	组间	27.787	2	13.893	7.299	0.001
	组内	689.060	362	1.903		
	总数	716.847	364			
内容高原	组间	14.151	2	7.075	5.108	0.006
	组内	501.451	362	1.385		
	总数	515.601	364			
中心化高原	组间	35.316	2	17.658	13.028	0.000
	组内	490.634	362	1.355		
	总数	525.950	364			
动机高原	组间	73.348	2	36.674	16.046	0.000
	组内	827.396	362	2.286		
	总数	900.744	364			

表4.22统计结果显示：①在结构高原上，任职年限3年以下组与3~5年组的均值差异不显著；任职年限3年以下组与5年以上组的均值差异显著，均值差为-0.595 67；任职年限3~5年组与5年以上组均值差异显著，均值差为-0.566 60。这说明任职年限越长，人力资源管理者的结构高原程度越高。②在内容高原上，任职年限3年以下组与3~5年组均值差异显著，均值差为0.334 32；任职年限3年以下组与5年以上组均值差异不显著；任职年限3~5年组与5年以上组均值差异显著，均值差为-0.479 07。③在中心化高原上，任职年限3年以下组与3~5年组均值差异显著，均值差为0.741 22；3年以下组与5年以上组均值差异显著，均值差为0.516 68；任职年限3~5年组与5年以上组均值差异不显著。这说明任职年限越短，人力资源管理者的中心化高原

程度越高。④在动机高原上，任职年限 3 年以下组与 3～5 年组均值差异不显著；任职年限 3 年以下组与 5 年以上组均值差异显著，均值差为 -1.071 12；任职年限 3～5 年组与 5 年以上组均值差异显著，均值差为 -0.662 09。这说明任职年限越长，人力资源管理者的动机高原程度越高。

表 4.22　任职年限对人力资源管理者职业高原各维度因子影响差异的多重比较

	方差齐性检验(Sig.)	多重比较方法	(I) 任职年限分组	(J) 任职年限分组	均值差(I-J)	显著性
结构高原	0.058>0.05	LSD	3 年以下	3～5 年 5 年以上	-0.029 07 -0.595 67*	0.870 0.001
			3～5 年	3 年以下 5 年以上	0.029 07 -0.566 60*	0.870 0.002
			5 年以上	3 年以下 3～5 年	0.595 67* 0.566 60*	0.001 0.002
内容高原	0.390>0.05	LSD	3 年以下	3～5 年 5 年以上	0.334 32* -0.144 74	0.028 0.330
			3～5 年	3 年以下 5 年以上	-0.334 32* -0.479 07*	0.028 0.002
			5 年以上	3 年以下 3～5 年	0.144 74 0.479 07*	0.330 0.002
中心化高原	0.017<0.05	Tamhane's T2	3 年以下	3～5 年 5 年以上	0.741 22* 0.516 68*	0.000 0.002
			3～5 年	3 年以下 5 年以上	-0.741 22* -0.224 54	0.000 0.288
			5 年以上	3 年以下 3～5 年	-0.516 68* 0.224 54	0.002 0.288
动机高原	0.001<0.05	Tamhane's T2	3 年以下	3～5 年 5 年以上	-0.409 03 -1.071 12*	0.067 0.000
			3～5 年	3 年以下 5 年以上	0.409 03 -0.662 09*	0.067 0.002
			5 年以上	3 年以下 3～5 年	1.071 12* 0.662 09*	0.000 0.002

注：* 表示均值差的显著性水平为 0.05。

4.3.2.5 婚姻对企业人力资源管理者职业高原各维度的影响

采用独立样本 t 检验的方法检验婚姻状态是否对职业高原各维度产生显著影响。职业高原各维度对婚姻状况的平均数差异如表 4.23 所示。从表 4.23 的统计检验中可以看出，结构高原和内容高原在婚姻状态上的差异不显著；但中心化高原和动机高原在婚姻状态上的差异显著。其中，未婚人士的中心化高原程度大于已婚人士；未婚人士的动机高原程度低于已婚人士。

表 4.23　　职业高原各维度对婚姻状况的平均数差异显著性检验

	婚姻状况	N	均值	标准差	均值的标准误	t 值	Sig.
结构高原	未婚	115	3.900 9	1.534 03	0.143 05	-0.738	0.461
	已婚	249	4.017 7	1.340 44	0.084 95		
内容高原	未婚	115	3.000 0	1.171 46	0.109 24	1.601	0.110
	已婚	249	2.785 8	1.193 47	0.075 63		
中心化高原	未婚	115	3.807 0	1.272 91	0.118 70	6.021	0.000
	已婚	249	3.028 1	1.084 65	0.068 74		
动机高原	未婚	115	2.880 0	1.654 93	0.154 32	-2.193	0.029
	已婚	249	3.267 5	1.524 94	0.096 64		

4.3.2.6 学历对企业人力资源管理者职业高原各维度的影响

采用上一节的方式对学历进行重新分组后，首先采用单因子方差分析方法分析学历差异对人力资源管理者职业高原各构成维度的影响，统计结果如表 4.24 所示。根据单因子方差分析结果，职业高原各构成维度在学历上具有显著差异。进一步通过多重比较法比较工作年限对这三个构成维度的具体差异。采用的比较方法仍然是首先进行方差齐次性检验，以判断采用 LSD 法或 Tamhane's T2 法进行多重比较，检验结果如表 4.25 所示。

表 4.24　　学历对员工职业高原各维度因子影响差异的单因子方差分析

		平方和	df	均方	F	显著性
结构高原	组间	56.655	2	28.327	15.533	0.000
	组内	660.192	362	1.824		
	总数	716.847	364			
内容高原	组间	10.652	2	5.326	3.818	0.023
	组内	504.950	362	1.395		
	总数	515.601	364			

表4. 24(续)

		平方和	df	均方	F	显著性
中心化 高原	组间	20. 760	2	10. 380	7. 438	0. 001
	组内	505. 190	362	1. 396		
	总数	525. 950	364			
动机高原	组间	20. 688	2	10. 344	4. 255	0. 015
	组内	880. 056	362	2. 431		
	总数	900. 744	364			

表 4. 25 多重比较分析结果显示：①在结构高原上，学历为专科及以下组与大学本科组均值差异显著，均值差为 0. 791 28；学历为专科及以下组与硕士及以上组均值差异显著，均值差为 1. 285 99；大学本科学历与硕士及以上组均值差异显著，均值差为 0. 494 71。这说明学历越低，人力资源管理者的结构高原程度越高。②在内容高原上，专科及以下组与大学本科组均值差异显著，均值差为 0. 409 72；专科及以下组与硕士及以上组均值差异不显著；大学本科组与硕士及以上组均值差异不显著。③在中心化高原上，专科及以下组与大学本科组均值差异显著，均值差为 0. 416；专科及以下组与硕士及以上组均值差异不显著；大学本科组与硕士及以上组均值差异显著，均值差为 - 0. 624 05。④在动机高原上，专科及以下组与大学本科组均值差异不显著；专科及以下组与硕士及以上组均值差异显著，均值差为 0. 855 87；大学本科组与硕士及以上组均值差异不显著。

表 4. 25　学历对人力资源管理者职业高原各维度因子影响差异的多重比较

	方差齐性 检验(Sig.)	多重比较 方法	(I) 学历 分组	(J) 学历 分组	均值差 (I-J)	显著性
结构高原	0. 969>0. 05	LSD	专科及以下	大学本科 硕士及以上	0. 791 28 * 1. 285 99 *	0. 000 0. 000
			大学本科	专科及以下 硕士及以上	- 0. 791 28 * 0. 494 71 *	0. 000 0. 028
			硕士及以上	专科及以下 大学本科	- 1. 285 99 * - 0. 494 71 *	0. 000 0. 028

表4.25(续)

	方差齐性检验(Sig.)	多重比较方法	(I)学历分组	(J)学历分组	均值差(I-J)	显著性
内容高原	0.001<0.05	Tamhane's T2	专科及以下	大学本科	0.409 72*	0.048
				硕士及以上	0.406 98	0.224
			大学本科	专科及以下	-0.409 72*	0.048
				硕士及以上	-0.002 75	1.000
			硕士及以上	专科及以下	-0.406 98	0.224
				大学本科	0.002 75	1.000
中心化高原	0.378>0.05	LSD	专科及以下	大学本科	0.416 00*	0.006
				硕士及以上	-0.208 05	0.350
			大学本科	专科及以下	-0.416 00*	0.006
				硕士及以上	-0.624 05*	0.002
			硕士及以上	专科及以下	0.208 05	0.350
				大学本科	0.624 05*	0.002
动机高原	0.000<0.05	Tamhane's T2	专科及以下	大学本科	0.312 05	0.448
				硕士及以上	0.855 87*	0.016
			大学本科	专科及以下	-0.312 05	0.448
				硕士及以上	0.543 82	0.067
			硕士及以上	专科及以下	-0.855 87*	0.016
				大学本科	-0.543 82	0.067

注：*表示均值差的显著性水平为0.05。

4.3.2.7 职位等级对企业人力资源管理者职业高原各维度的影响

首先采用单因子方差分析方法分析职位等级差异对人力资源管理者职业高原各构成维度的影响，统计结果如表4.26所示。单因子方差分析结果显示，职业高原各构成维度在职位上的差异显著。进一步通过多重比较法比较职位对这三个构成维度的具体差异。采用的比较方法仍然是首先进行方差齐次性检验，以判断采用LSD法或Tamhane's T2法进行多重比较，检验结果如表4.27所示。

表4.27多重比较分析结果显示：①在结构高原上，普通职位人力资源管理者与基层经理均值差异不显著；普通职位人力资源管理者与中层经理均值差异显著，均值差为1.139 73；普通职位人力资源管理者与高层经理均值差异显著，均值差为1.529 96；基层经理与中层经理均值差异显著，均值差为0.893 13；基层经理与高层经理均值差异显著，均值差为1.283 36；中层经理与高层经理

均值差异不显著。这说明职位越低，人力资源管理者的结构高原程度越高。②在内容高原上，普通职位人力资源管理者与基层经理均值差异显著，均值差为 0.590 9；普通职位人力资源管理者与中层经理均值差异显著，均值差为 1.035 73；普通职位人力资源管理者与高层经理均值差异显著，均值差为 1.140 77；基层经理与中层经理均值差异显著，均值差为 0.444 82；基层经理与高层经理均值差异显著，均值差为 0.549 87；中层经理与高层经理均值差异不显著。这说明职位越低，人力资源管理者的内容高原程度越高。③在中心化高原上，普通职位人力资源管理者与基层经理均值差异显著，均值差为 0.733 25；普通职位人力资源管理者与中层经理均值差异显著，均值差为 1.090 44；普通职位人力资源管理者与高层经理均值差异显著，均值差为 1.562 45；基层经理与中层经理均值差异不显著；基层经理与高层经理均值差异显著，均值差为 0.829 20；中层经理与高层经理均值差异显著，均值差为 0.472 01。这说明职位越低，人力资源管理者中心化高原程度越高。④在动机高原上，普通职位人力资源管理者与基层经理均值差异不显著；普通职位人力资源管理者与中层经理均值差异显著，均值差为 0.843 83；普通职位人力资源管理者与高层经理均值差异不显著；基层经理与中层经理均值差异显著，均值差为 0.893 16；基层经理与高层经理均值差异显著，均值差为 0.588 46；中层经理与高层经理均值差异不显著。

表 4.26　职位对员工职业高原各维度因子影响差异的单因子方差分析

		平方和	df	均方	F	显著性
结构高原	组间	113.530	3	37.843	22.644	0.000
	组内	603.316	361	1.671		
	总数	716.847	364			
内容高原	组间	59.958	3	19.986	15.835	0.000
	组内	455.644	361	1.262		
	总数	515.601	364			
中心化高原	组间	81.659	3	27.220	22.117	0.000
	组内	444.291	361	1.231		
	总数	525.950	364			
动机高原	组间	62.207	3	20.736	8.927	0.000
	组内	838.537	361	2.323		
	总数	900.744	364			

表 4.27　职位对人力资源管理者职业高原各维度因子影响差异的多重比较

	方差齐性检验(Sig.)	多重比较方法	(I)职位分组	(J)职位分组	均值差(I-J)	显著性
结构高原	0.000<0.05	Tamhane's T2	普通职位	基层经理	0.246 60	0.646
				中层经理	1.139 73*	0.000
				高层经理	1.529 96*	0.000
			基层经理	普通职位	-0.246 60	0.646
				中层经理	0.893 13*	0.000
				高层经理	1.283 36*	0.000
			中层经理	普通职位	-1.139 73*	0.000
				基层经理	-0.893 13*	0.000
				高层经理	0.390 23	0.203
			高层经理	普通职位	-1.529 96*	0.000
				基层经理	-1.283 36*	0.000
				中层经理	-0.390 23	0.203
内容高原	0.000<0.05	Tamhane's T2	普通职位	基层经理	0.590 90*	0.030
				中层经理	1.035 73*	0.000
				高层经理	1.140 77*	0.000
			基层经理	普通职位	-0.590 90*	0.030
				中层经理	0.444 82*	0.011
				高层经理	0.549 87*	0.005
			中层经理	普通职位	-1.035 73*	0.000
				基层经理	-0.444 82*	0.011
				高层经理	0.105 04	0.974
			高层经理	普通职位	-1.140 77*	0.000
				基层经理	-0.549 87*	0.005
				中层经理	-0.105 04	0.974
中心化高原	0.001<0.05	Tamhane's T2	普通职位	基层经理	0.733 25*	0.000
				中层经理	1.090 44*	0.000
				高层经理	1.562 45*	0.000
			基层经理	普通职位	-0.733 25*	0.000
				中层经理	0.357 19	0.081
				高层经理	0.829 20*	0.000
			中层经理	普通职位	-1.090 44*	0.000
				基层经理	-0.357 19	0.081
				高层经理	0.472 01*	0.028
			高层经理	普通职位	-1.562 45*	0.000
				基层经理	-0.829 20*	0.000
				中层经理	-0.472 01*	0.028

表4.27(续)

	方差齐性 检验(Sig.)	多重比较 方法	(I)职位 分组	(J)职位 分组	均值差 (I-J)	显著性
动机高原	0.000<0.05	Tamhane's T2	普通职位	基层经理 中层经理 高层经理	−0.049 33 0.843 83* 0.539 13	1.000 0.005 0.162
			基层经理	普通职位 中层经理 高层经理	0.049 33 0.893 16* 0.588 46*	1.000 0.000 0.018
			中层经理	普通职位 基层经理 高层经理	−0.843 83* −0.893 16* −0.304 70	0.005 0.000 0.349
			高层经理	普通职位 基层经理 中层经理	−0.539 13 −0.588 46* 0.304 70	0.162 0.018 0.349

注：＊表示均值差的显著性水平为 0.05。

4.3.2.8　企业性质对企业人力资源管理者职业高原各维度的影响

首先采用单因子方差分析方法分析职位等级差异对人力资源管理者职业高原各构成维度的影响，统计结果如表 4.28 所示。根据单因子方差分析结果显示，结构高原、内容高原和动机高原在企业性质上差异显著，中心化高原差异不显著。进一步通过多重比较法比较职位对这三个构成维度的具体差异。采用的比较方法仍然是首先进行方差齐次性检验，以判断采用 LSD 法或 Tamhane's T2 法进行多重比较，检验结果如表 4.29 所示。

表 4.28　企业性质对员工职业高原各维度因子影响差异的单因子方差分析

		平方和	df	均方	F	显著性
结构高原	组间	82.078	3	27.359	15.560	0.000
	组内	634.768	361	1.758		
	总数	716.847	364			
内容高原	组间	16.690	3	5.563	4.025	0.008
	组内	498.911	361	1.382		
	总数	515.601	364			
中心化 高原	组间	6.574	3	2.191	1.523	0.208
	组内	519.376	361	1.439		
	总数	525.950	364			

表4.28(续)

		平方和	df	均方	F	显著性
动机高原平均	组间	54.158	3	18.053	7.698	0.000
	组内	846.586	361	2.345		
	总数	900.744	364			

表4.29多重比较结果显示：①在结构高原上，国有企业与民营企业均值差异不显著；国有企业与外资企业均值差异显著，均值差为1.009 49；国有企业与合资企业均值差异显著，均值差为1.188 61；民营企业与外资企业均值差异显著，均值差为0.805 77；民营企业与合资企业均值差异显著，均值差为0.984 89；外资企业与合资企业均值差异不显著。这说明国有企业和民营企业人力资源管理者的结构高原程度高于外资企业和合资企业。②在内容高原上，国有企业与民营企业、外资企业的均值差异均不显著；国有企业与合资企业均值差异显著，均值差为0.623 34；民营企业与外资企业、合资企业均值差异均不显著；外资企业与合资企业均值差异也不显著。③在动机高原上，国有企业与民营企业均值差异显著，均值差为0.691 39；国有企业与外资企业均值差异显著，均值差为0.853 41；国有企业与合资企业均值差异显著，均值差为1.197 92；民营企业与外资企业、合资企业的均值差异均不显著；外资企业与合资企业的均值差异也不显著。这说明国有企业人力资源管理者的动机高原程度高于其他三种类型企业中的人力资源管理者。

表4.29 企业性质对人力资源管理者职业高原各维度因子影响差异的多重比较

	方差齐性检验(Sig.)	多重比较方法	(I)职位分组	(J)职位分组	均值差(I-J)	显著性
结构高原	0.244>0.05	LSD	国有企业	民营企业	0.203 72	0.276
				外资企业	1.009 49*	0.000
				合资企业	1.188 61*	0.000
			民营企业	国有企业	-0.203 72	0.276
				外资企业	0.805 77*	0.000
				合资企业	0.984 89*	0.000
			外资企业	国有企业	-1.009 49*	0.000
				民营企业	-0.805 77*	0.000
				合资企业	0.179 12	0.427
			合资企业	国有企业	-1.188 61*	0.000
				民营企业	-0.984 89	0.000
				外资企业	-0.179 12	0.427

表4.29(续)

	方差齐性检验(Sig.)	多重比较方法	(I)职位分组	(J)职位分组	均值差(I-J)	显著性
内容高原	0.000<0.05	Tamhane's T2	国有企业	民营企业 外资企业 合资企业	0.148 65 0.416 84 0.623 34*	0.950 0.109 0.015
			民营企业	国有企业 外资企业 合资企业	−0.148 65 0.268 19 0.474 69	0.950 0.395 0.060
			外资企业	国有企业 民营企业 合资企业	−0.416 84 −0.268 19 0.206 50	0.109 0.395 0.841
			合资企业	国有企业 民营企业 外资企业	−0.623 34* −0.474 69 −0.206 50	0.015 0.060 0.841
动机高原	0.000<0.05	Tamhane's T2	国有企业	民营企业 外资企业 合资企业	0.691 39* 0.853 41* 1.197 92*	0.025 0.002 0.000
			民营企业	国有企业 外资企业 合资企业	−0.691 39* 0.162 02 0.506 53	0.025 0.949 0.191
			外资企业	国有企业 民营企业 合资企业	−0.853 41* −0.162 02 0.344 51	0.002 0.949 0.578
			合资企业	国有企业 民营企业 外资企业	−1.197 92* −0.506 53 −0.344 51	0.000 0.191 0.578

注：＊表示均值差的显著性水平为0.05。

4.4 研究结果分析和本章小结

4.4.1 研究假设检验结果

检验结果显示，人口学变量对企业人力资源管理者职业高原整体上的影响差异与对各构成维度上的影响差异不存在一致性，且各构成维度之间的影响差异也不存在一致性。研究假设的检验结果汇总如表4.30所示。

表 4.30 研究假设的检验结果汇总

标号		检验结果
H2		年龄、工作年限、任职年限、学历、职位、企业性质对企业人力资源管理者职业高原整体状态的影响存在显著差异；不支持性别、婚姻
H3	H3a	年龄、工作年限、任职年限、学历、职位、企业性质对结构高原的影响存在显著差异；不支持性别、婚姻
	H3b	任职年限、学历、职位、企业性质对内容高原的影响存在显著差异；不支持性别、年龄、工作年限、婚姻
	H3c	年龄、工作年限、任职年限、婚姻、学历、职位对中心化高原的影响存在显著差异；不支持性别、企业性质
	H3d	年龄、工作年限、任职年限、婚姻、学历、职位、企业性质对动机高原的影响存在显著差异；不支持性别

4.4.2 实证结果分析

这一节将就性别、年龄、工作年限、任职年限、婚姻、学历、职位和所在企业性质等人口学变量对企业人力资源管理者职业高原整体及其构成维度产生的影响差异的实证研究结果及其原因进行进一步的分析探讨。

4.4.2.1 职业高原及其构成维度的性别差异实证结果分析

实证结果发现，企业人力资源管理者职业高原整体不存在显著的性别差异。这一研究结果与我国学者白光林、谢宝国和林长华的研究结果一致。这说明尽管也有研究证明性别会对职业高原造成影响，但根据本研究的实证分析结果，企业人力资源管理者并未因为性别差异而在职业高原知觉上有所区别。这也说明对于人力资源管理岗位来说，性别的差异不会对职业的发展和晋升产生差别影响。同时，在职业高原的四个构成维度上也不存在显著的性别差异。尽管在现实中，人们通常认为男员工可能会比女员工更多地关注自己事业的发展和成功，从而对是否处于职业高原更为敏感，但是从实证研究的结果来看，无论是在职位变动上、工作内容上、中心化发展上，还是动机方面，男性和女性人力资源管理者都没有明显的职业高原体会差异。可能的原因是，随着社会的发展，社会共同职业价值观的建立，不同性别的员工在职业追求上不再具有显著区别，越来越激烈的职场竞争，使男女之间的性别差异越来越被忽略，而企业也不会对员工产生性别方面的歧视。

4.4.2.2 职业高原及其构成维度的年龄差异实证结果分析

在实证研究中，将人力资源管理者的年龄分组重新划分为 18~25 岁、26~

30 岁和 31 岁以上三组。实证研究结果显示，31 岁以上的人力资源管理者的职业高原要明显高于 25~30 岁的人力资源管理者的职业高原。这说明年龄对职业高原会产生显著影响。在过去的职业高原研究中，通常会将年龄作为判断人力资源管理者是否处于职业高原的一个标准，这一结论说明这一判断标准具有一定的科学性。从年龄对职业高原构成维度的影响来看，除了在内容高原上不同年龄段的人力资源管理者不存在显著差异外，结构高原、中心化高原和动机高原也会因人力资源管理者年龄的不同而异。其中，31 岁以上的人力资源管理者的结构高原明显高于 18~25 岁和 26~30 岁年龄的人力资源管理者的结构高原；18~25 岁年龄组的人力资源管理者的中心化高原要高于 26~30 岁和 31 岁以上的人力资源管理者的中心化高原；18~25 岁、26~30 岁、31 岁以上年龄的人力资源管理者的动机高原逐级递增。这一结果说明，随着年龄的提高，人力资源管理者越能体会到在职位升迁上的停滞。原因可能是在职业生涯发展的早期，企业的结构设计为年轻的人力资源管理者提供了职位发展的空间，但随着年龄的增长，向上的职位晋升及职位变动渠道是有限的，人力资源管理者对结构高原的感受就随之增强。对于中心化高原，企业管理者或高层在面临重要决策时，往往会征询资深员工的意见，因此相对低年龄组的人力资源管理者越可能体会到自己的工作离企业核心的差距，并感到向核心发展的阻力，因为年轻而难以被组织委以重任。对于动机高原，人力资源管理者则是由于年龄的增加，对职业发展的主观能动性有所下降。总体来看，年龄越大，人力资源管理者的职业高原知觉越强烈。

4.4.2.3　职业高原及其构成维度的工作年限差异实证结果分析

实证分析中将人力资源管理者工作年限重新划分为 4 年以下、5~10 年和 11 年以上三组。在这三组工作年限上人力资源管理者职业高原的整体知觉逐级上升。从工作年限对职业高原构成维度的影响看，除了对内容高原的影响不具备显著差异外，工作年限对结构高原、中心化高原和动机高原的影响均存在显著差异。其中，工作 4 年以下的人力资源管理者的结构高原要低于工作 11 年以上的人力资源管理者的结构高原；工作 4 年以下的人力资源管理者的中心化高原要高于工作 5~10 年和 10 年以上的人力资源管理者的中心化高原；工作 4 年以下的人力资源管理者的动机高原要低于工作 5~10 年和 10 年以上的人力资源管理者的动机高原；工作 5~10 年的人力资源管理者的动机高原也低于工作 11 年以上的人力资源管理者的动机高原。这一结果说明，随着工作年限的增加，人力资源管理者会越来越体会到职位提升的困难。这可能是因为如果人力资源管理者过长时间处于一个工作岗位，企业可能认为这样的员工不具备晋升的潜力，他发生职位晋升甚至变动的可能性越低。但工作年限低的人力资源管理者相对于工作年限高的人力资源管理者更加会体会到接近组织核心的困难，这也说明随着工作年限的增加（期间也可能会伴随职位的提升），人力资源管理者有可能向组织核心方向发展。这是因为企业在进行重要决策时，还是会以工作经验为评价标准来选择参与企业重要决策、制订计划的人员。同时，随着工作年限的增加，人力资源管理者的动机高原逐渐上升，职业发展的主动性有所下降，工作年限长的员工由于对目前岗位或职业的熟悉而产生倦怠感，他们的职业发展抱负、对职业发展的信心很可能比初入职场的员工低。

4.4.2.4 职业高原及其构成维度的任职年限差异实证结果分析

实证分析中将人力资源管理者的任现职年限重新划分为 3 年以下、3~5 年、5 以上三组。其中，5 以上任现职年限的人力资源管理者的整体职业高原知觉要高于 3~5 年任现职年限的人力资源管理者的职业高原知觉。从任职年限对人力资源管理者职业高原各构成维度的影响来看，任职 3 年以下和 3~5 年的人力资源管理者的结构高原要低于任职 5 年以上的人力资源管理者的结构高原；任职 3 年以下的人力资源管理者的内容高原要高于任职 3~5 年的人力资源管理者的内容高原；而任职 3~5 年的人力资源管理者的内容高原要低于任职 5 年以上的人力资源管理者的内容高原；任职 3 年以下的人力资源管理者的中心化高原要高于任职 3~5 年和 5 年以上的人力资源管理者的中心化高原；任职 3 年以下和 3~5 年的人力资源管理者的动机高原要低于任职 5 年以上的人力资源管理者的动机高原。这说明随着任职年限的增加，人力资源管理者会感受到职业晋升的困难。初涉人力资源管理岗位和在人力资源岗位工作年限较长者都能够体会到在工作中扩充知识和技能的困难。这可能是由于对在人力资源岗位工作年限较低的员工来说，经过短期学习到新的工作内容和知识后会体会到进一步提高能力的困难，而在超过了一定工作年限后发现如果想要进一步提升自己的技能和经验也会遭遇一定困难。任职 3 年以下的人力资源管理者会体会到向组织核心层移动的困难，说明对于企业的人力资源管理者来说，其工作的重要性还是会受到组织的忽视，初涉职场者因为经验、能力的匮乏受到组织忽视。随着任职年限的增加，人力资源管理者的职业发展主动性也会降低。

4.4.2.5 职业高原及其构成维度的婚姻差异实证结果分析

人力资源管理者的职业高原整体在婚姻上不存在显著差异。从婚姻对职业高原构成维度的影响来看，婚姻状态对结构高原和内容高原的影响不存在显著差异，但对中心化高原和动机高原的影响存在显著差异。未婚人士的中心化高原要高于已婚人士的中心化高原；未婚人士的动机高原要低于已婚人士的动机高原。这说明可能组织在挑选委以重任的人员时更倾向于看起来更具责任感的已婚人士；而已婚人士可能由于对家庭和自身生活的关注反而会在职业发展的主动性上有所下降。

4.4.2.6 职业高原及其构成维度的学历差异实证结果分析

按照实证分析结果，人力资源管理者的职业高原整体随着学历的增高而逐渐降低。从学历对职业高原构成维度的影响差异来看，专科及以下学历的人力资源管理者的结构高原要高于大学本科和硕士及以上学历的人力资源管理者的结构高原；而本科学历的人力资源管理者的职业高原要高于硕士及以上学历的人力资源管理者的职业高原；专科及以下学历的人力资源管理者的内容高原要高于大学本科学历的人力资源管理者的内容高原；专科及以下学历的人力资源管理者的中心化高原要高于大学本科学历的人力资源管理者的中心化高原，同时，大学本科学历人力资源管理者的中心化高原低于硕士及以上学历的人力资源管理者的中心化高原；专科及以下学历的人力资源管理者的动机高原高于硕士及以上学历的人力资源管理者的动机高原。这说明虽然学历并不一定代表能力，但在能力水平相当时，企业在职位晋升上就会将学历作为参考标准，将职位晋升的机会给予相对高学历的员工，致使相对低学历的员工体会到职位晋升的困难；同样，学历越低越难以被组织委以重任；而学历相对较低的人力资源管理者由于自身学历低的原因，可能会对职业发展产生悲观失望的情绪，所以主观进行职业发展的意愿也会降低。

4.4.2.7 职业高原及其构成维度的职位差异实证结果分析

按照实证分析结果，普通职位的人力资源管理者的职业高原要高于基层经理、中层经理和高层经理的职业高原；基层经理的职业高原要高于中层经理和高层经理的职业高原；中层经理和高层经理的职业高原无显著差异。从职位对职业高原各构成维度的影响差异看，随着职位的上升，人力资源管理者的结构高原逐渐降低；普通职位、基层经理和中层经理的内容高原也逐渐降低；随着职位的上升，中心化高原也逐渐降低；普通职位人力资源管理者的动机高原高于中层经理的动机高原；基层经理的动机高原高于中层经理和高层经理的动机高原。这说明职位越低的人力资源管理者反而越感受到职位晋升的困难，这可能是由于企业对人力资源管理者职位晋升渠道设计狭隘造成的。而职位越低的人力资源管理者，越觉得人力资源管理的工作内容范围的局限，越难以向组织核心方向发展，可能的原因是基础的人力资源管理工作内容本身是相对枯燥而乏味的，从事务性的行政人事工作中学习如何成为企业的战略合作伙伴是具有一定困难的，职位越高越被组织委以重任——这跟企业管理的实际情况相吻合。难以受到重视的普通人力资源管理者的主观职业发展动机也会随之下降。

4.4.2.8　职业高原及其构成维度的企业性质差异实证结果分析

按照实证分析结果，国有企业人力资源管理者职业高原与民营企业人力资源管理者的职业高原整体无显著差异，但国有企业和民营企业人力资源管理者的职业高原要高于外资企业和合资企业人力资源管理者的职业高原；合资企业和外资企业人力资源管理者的职业高原整体知觉无显著差异。从企业性质对职业高原各构成维度的影响差异来看，国有企业和民营企业中人力资源管理者的结构高原要高于外资企业和合资企业中人力资源管理者的结构高原；国有企业人力资源管理者的内容高原要高于合资企业中的人力资源管理者的内容高原；国有企业人力资源管理者的动机高原要高于民营企业、外资企业和合资企业中的人力资源管理者的动机高原；不同企业性质人力资源管理者的中心化高原无显著差异。因此，从整体来看，国有企业和民营企业中的人力资源管理者较多地体会到职位晋升的困难和工作内容的乏味，因此也相对缺乏职业发展的主观能动性。原因可能是国有企业在人力资源管理方面仍然具有行政单位的某些特征，在人员的晋升方面不像外企和合资企业那样更具有灵活性和为员工提供更多的机会，因此员工更容易感受到工作的乏味，以及在职业发展方面缺乏积极主动性。而民营企业的员工管理水平也有待于进一步的提高。外企和合资企业由于在管理上相对先进，更能够为员工提供合理的晋升渠道。

4.5　本章小结

本章根据大样本实证研究的数据，分析了人口学变量与职业高原各维度之间的关系。首先根据文献分析和理论研究，提出了人口学变量与职业高原各维度之间存在的假设关系，然后根据问卷调查资料对数据进行统计分析，对提出的研究假设进行检验。本章得出了以下结论：

（1）企业人力资源管理者职业高原总体上处于中等程度水平。在职业高原的四个构成维度上，结构高原的得分均值最高，说明企业人力资源管理者对结构高原的感知最强烈；其次是中心化高原、动机高原；内容高原的得分均值最低，即人力资源管理者对内容高原的感知最轻。

（2）企业人力资源管理者的整体职业高原和职业高原各构成维度在性别上均不存在显著差异，说明性别对人力资源管理者的职业高原不构成显著影响。

（3）企业人力资源管理者职业高原总体上存在显著的年龄差异，除了对内容高原的影响不具备显著差异外，工作年限对结构高原、中心化高原和动机高原的影响均存在显著差异。

（4）企业人力资源管理者职业高原总体上存在显著的工作年限差异，除了对内容高原的影响不具备显著差异外，工作年限对结构高原、中心化高原和动机高原的影响均存在显著差异。

（5）企业人力资源管理者职业高原总体在任职年限上存在显著差异，同时在结构高原、内容高原、中心化高原和动机高原四个构成维度上也存在显著的任职年限差异。

（6）人力资源管理者的职业高原整体在婚姻上不存在显著差异，同时婚姻状态对结构高原和内容高原的影响不存在显著差异，但对中心化高原和动机高原的影响存在显著差异。

（7）人力资源管理者的职业高原整体在学历上存在显著差异，同时学历对结构高原、内容高原、中心化高原和动机高原的影响也存在显著差异。

（8）企业人力资源管理者职业高原总体在职位上存在显著差异，同时在结构高原、内容高原、中心化高原和动机高原四个构成维度上也存在显著的职位差异。

（9）企业人力资源管理者职业高原总体在企业性质上存在显著差异，同时除了中心化高原，不同企业性质的人力资源管理者在结构高原、内容高原和动机高原上存在显著差异。

5 组织支持感对职业高原和工作满意度、离职倾向之间关系的影响

5.1 研究目的、研究假设与研究方法

5.1.1 研究目的

从大量职业高原和其他变量之间的关系的研究成果来看，员工是否经历职业高原会对其情绪产生影响，进而会影响到员工的工作满意度、工作表现（如出勤率、工作倦怠、工作投入）、工作绩效、职业压力、离职倾向和组织承诺等。但对于职业高原究竟会对员工带来正面的影响还是负面的影响，研究结果并不具有一致性。企业人力资源管理者肩负一般行政员工和管理者的双重职责，他们是否面临职业高原对人力资源管理者个人的工作以及整个组织人力资源管理工作的进行、企业的员工管理都具有重要的影响。

5.1.1.1 企业人力资源管理者职业高原与工作满意度的关系分析

对工作满意度一般性的解释是：工作满意度是一个单一的概念，是员工对工作本身及有关环境所持的一种态度或看法，是员工对其工作角色的整体情感反应，不涉及工作满意度的面向、形成的原因与过程。在众多结果变量的研究中，工作满意度是组织行为学研究当中所关注的最重要的组织效果变量之一，因为管理者普遍认为满意的员工比不满意的员工的生产率高。因此，在职业高原的研究领域当中，研究者一直在试图探究职业高原与工作满意度之间的关系。相比较其他结果变量而言，职业高原与工作满意度之间的关系研究受到了更多关注。但遗憾的是，这方面的研究并没有得到一个一致的结论。

通过搜索中国知网数据库发现，鲜有研究关注企业人力资源管理者的工作满意度。我国研究者谢宣正在其博士论文《企业人力资源管理人员薪酬满意度研究》中探讨了企业人力资源管理者薪酬满意度的构成、状况，并对薪酬满意度与组织公平、积极-消极情感和工作绩效的关系进行了理论和实证研究。[①] 研究发现企业人力资源管理者的薪酬满意度不高，企业人力资源管理者对非经济报酬和管理满意度相对较低，组织公平感不强，但是企业人力资源管理者具有较高的积极情感（这点与人力资源管理者具有较高的个人素质和较强的成就动机相适应）。虽然薪酬满意度只是工作满意度的一个组成部分，但是从该研究中也能看出目前企业人力资源管理者的工作满意度的大致状况。

在第 2 章文献回顾中已经发现关于职业高原和工作满意度之间的关系研究一直存在争议。本书分析认为这些研究存在的差异主要是由两方面原因造成的：一是测量方法的差异；二是在职业高原和工作满意度的关系之间可能存在其他因素作用于两者的关系。鉴于研究已证明职业高原对员工的工作满意度具有影响，本研究假设企业人力资源管理者的职业高原程度会影响人力资源管理者的工作满意度，并假设企业人力资源管理者的职业高原会对其工作满意度带来负面影响，及职业高原会对人力资源管理者的内部工作满意度和外部工作满意度均产生负面影响。

5.1.1.2　企业人力资源管理者职业高原与离职倾向的关系分析

离职倾向是指个体在一定时期内变换其工作的可能性。一般而言，员工的被动离职有利于企业的发展，而主动离职往往不利于企业的经营发展。雇员主动离职会导致员工士气低落，造成人力资本投资的损失，所以主动离职经常成为治理实践者和理论研究者关注的焦点。鉴于离职对于雇员的生活、家庭和职业生涯等都有非常重大的影响，雇员一般都会仔细考虑之后才会选择主动离职，所以雇员在正式离职之前都会或多或少地显露出离职倾向。职业高原除了会对工作满意度产生影响外，也会对员工的离职倾向产生影响。通常状况下，如果员工对自身发展感到迷茫，对工作环境的满意度也会发生变化。英才网的《2008 中国 HR 职场状态调查报告》显示，HR 普遍对自己的状态评价中庸。51% 的被访者对自身发展的满意程度感觉一般，49% 的被访者对薪金状况感觉仅仅是过得去，再考虑到部分不满意的人群，近三分之二的 HR 管理人员对现状不是很满意，可能会采取行动，进行改变。而最可能产生的行为后果就是跳

---

① 谢宣正.企业人力资源管理人员薪酬满意度研究 [D].广州：暨南大学博士学位论文，2009.

槽。同一调查结果显示，有离职倾向的 HR 中，有一半跳槽的原因是因为公司前景不好；另一半 HR 跳槽的原因是对工作没激情。根据对职业高原的解释，他们对工作没有激情的一个解释就是工作内容的一成不变以及难以学习到新的技能知识，看不到发展的前途。因此，职业高原现象产生的另一个结果就是会影响企业人力资源管理者的离职倾向。本书认为职业高原会加重人力资源管理者的离职倾向，即职业高原会对企业人力资源管理者的离职倾向产生负面影响。

5.1.1.3 职业高原对人力资源管理者工作满意度、离职倾向影响的中介机制分析

1. 企业人力资源管理者的组织支持感分析

社会心理学家 Eisenberger 认为，组织支持感是指员工对组织如何看待他们的贡献并关心他们的利益的一种总体知觉和信念，简言之，就是员工所感受到的来自组织方面的支持。这一概念有两个核心要素：一是员工对组织是否重视其贡献的感受；二是员工对组织是否关注其福利的感受。当员工对组织方面的支持产生积极的认知体验时，他们对组织本身也会产生比较正向的看法和信念。这种正向的信念会使员工在自己的贡献与组织的支持之间比较容易找到平衡点，进而提高对组织的各种制度和政策的满意程度。并且作为对组织的回报，员工也会提升自己对组织的承诺和忠诚度，并且会提高自己工作的努力程度。相反，如果员工感到组织轻视自己的贡献和福利，员工对组织责任的认知会相应减少。因此，员工会减少对组织的情感性承诺和降低工作表现，甚至产生离职的意愿和行为。人力资源管理工作本身的性质决定了其工作需要与企业当中的其他部门有更多的沟通和协调关系，同时，作为人力资源管理的内部工作团队，其相互之间的沟通和影响也对企业人力资源管理能力的发挥起到重要作用。所以，人力资源管理者的工作甚至职业发展会受到部门领导支持以及组织支持的影响。组织、主管支持对人力资源管理者的职业高原和结果变量之间的关系起到了重要作用。

Ettington 的研究证明主管支持对高原期员工的工作表现具有影响作用。[①]主管支持是员工的直接上司对其工作和生活的关心的支持程度。对企业人力资源管理者来说，组织支持不仅表现在组织对人力资源管理者作为一个普通员工的工作和生活各方面的关心，也间接体现出组织对企业人力资源管理工作本身

---

① ETTINGTON D R. Successful career plateauing [J]. Journal of Vocational Behavior, 1998 (52)：72-88.

的重视程度。组织支持可以体现在企业对员工福利的关心，对个人目标、价值实现的关心，对所做贡献的重视，对提出的意见观点的重视，以及当员工需要帮助时，企业是否愿意提供帮助等方面。[①] 而主管支持则体现在上司对员工在以上几点的关注程度上面。戴利娟在硕士论文中将组织支持感分为工作支持、利益关心和价值认同三个维度，发现组织支持感知在职业高原与工作满意度之间的中介作用明显，组织支持感是弱化职业高原的重要因素。[②] 本研究采用较为广义的组织支持感概念，因为广义的组织支持感已包括上级支持（主管支持），所以不再对主管支持进行专门的研究。

本研究认为企业人力资源管理者组织支持感包括四个维度：情感性组织支持、工具性组织支持、主管支持和同事支持。其中情感性组织支持指企业对人力资源管理者的福利、个人目标和价值观、个人发展、个人情感的帮助和关心程度。工具性组织支持是指企业对人力资源管理者的正常工作开展提供环境设备支持以及人员、信息、技能支持的程度。主管支持指人力资源管理者的直接领导对其工作的关心和帮助程度。同事支持指人力资源管理者的工作同事对其工作的关心和帮助程度。

2. 企业人力资源管理者职业高原与组织支持感的关系分析

在职业高原研究领域缺乏对组织支持感和职业高原的关系进行直接探讨的研究。有学者认为组织支持感是影响职业高原的前因变量，但通过第 2 章的文献分析可以看出，影响职业高原的因素包括个人因素（个人年龄、工作年限和个人特征等因素）、组织因素和社会因素。但是，处于职业高原的员工会因为感受到的组织支持感的多少而影响到工作满意度和离职倾向。对于企业人力资源管理者来说，组织支持感的存在不仅会对人力资源管理者自身的工作满意有所影响，也会帮助人力资源管理者更好地处理在企业中的工作以及与同事的关系。

根据 Ference 等人的研究，处于职业高原的员工无论其工作绩效高低都会在某种程度上受到组织的忽视，组织似乎更加关注那些新进者和明星员工。因此，处于职业高原的人力资源管理者所得到的组织支持可能会变少。本书关于职业高原与组织支持的一个假设是职业高原与组织支持感呈显著负相关关系。

---

① 周明建. 组织、主管支持，员工情感承诺与工作产出——基于员工"利益交换观"与"利益共同体观"的比较研究 [D]. 杭州：浙江大学博士学位论文，2005.

② 戴利娟. 职业高原与工作满意度的关系研究 [D]. 南京：南京师范大学硕士学位论文，2011.

3. 企业人力资源管理者组织支持感与工作满意度的关系分析

根据共同利益理论，组织支持感能够使员工产生关心组织利益的义务感，从而增强员工对组织的归属性以及组织承诺。Eisenberger 年研究发现组织支持感与工作满意度之间的相关系数为 0.6。[①] Wayne 等人的研究也证实组织支持感会对工作满意度产生影响。[②] 因此，有理由相信对企业人力资源管理者来说，组织支持感对他们的工作满意度也会产生影响，并且这种影响极有可能是正向的。

4. 企业人力资源管理者组织支持感与离职倾向的关系分析

一般来说，员工离职行为可以根据员工个人的心理意愿分为自愿离职和非自愿离职两类。员工自愿离职指的是员工个人决定终止雇佣关系，非自愿离职指的是雇主决定终止雇佣关系。离职倾向是指员工自愿离开现工作单位的内在心理倾向。离职倾向可能是一种迫切需要满足的强烈愿望，也可能是一种正在酝酿的相对较弱的意念。从员工个体的角度来看，决定员工的自愿离职有两个主要因素：当前工作的吸引力与替代工作的可获得性。

根据社会交换理论，组织支持感会使员工产生支持组织目标的责任感，因此，较高的组织支持感会降低离职倾向。而根据互惠原则，人们往往倾向于认为自己有义务去帮助那些曾经帮助过自己的人。将这种原则运用于组织管理，意味着对于组织而言，如果组织能够给予员工情感、工具上的支持，以及主管和同事能够给予关心和帮助，员工也同样有义务回报组织给予自己的利益和机会。而员工报答组织最直接的方式就是持续参与，这也就意味着员工将会有较低的离职倾向。即组织支持感可能会对离职倾向产生负面影响，较高的组织支持感意味着较低的离职倾向。

根据以上分析可以看出，人力资源管理者的职业高原、组织支持感、工作满意度和离职倾向四者之间可能存在一定的影响关系。同时，组织支持感在职业高原和工作满意度之间可能会发挥中间作用，而组织支持感在职业高原和离职倾向之间也可能发挥某种中间作用。

因此这一章的研究目的主要是根据前人研究结论，以及企业人力资源管理者真实的职业、工作状态，对企业人力资源管理者的组织支持感、工作满意度

---

① EISENBERGER R, CUMMINGS J, ARMELI S, et al. Perceived organizational support, discretionary treatment and job satisfaction [J]. Journal of Applied Psychology, 1997 (82): 812-820.

② WAYNE A, CHARLES K, PAMELA L, et al. Perceived organizational support as a mediator of the relationship between politics perceptions and work outcomes [J]. Journal of Vocational Behavior, 2003 (63): 438-456.

和离职倾向，以及这三个变量与职业高原之间、三个变量之间的关系进行理论分析，并进一步通过实证检验来探讨企业人力资源管理者的职业高原、组织支持感、工作满意度和离职倾向之间的关系，构建职业高原对工作满意度和离职倾向的回归模型，并探讨组织支持感在职业高原和工作满意度、职业高原与离职倾向的关系之中起到的中介作用。

5.1.2　研究假设

根据本章的研究目的，本章的研究假设包括：

1. 职业高原与工作满意度之间的关系分析

假设 1（H_4）：不同职业高原维度水平企业人力资源管理者的工作满意度存在显著差异。本假设包括五个子假设：

H_{4a}：不同结构高原水平人力资源管理者的工作满意度存在显著差异。

H_{4b}：不同内容高原水平人力资源管理者的工作满意度存在显著差异。

H_{4c}：不同中心化高原水平人力资源管理者的工作满意度存在显著差异。

H_{4d}：不同动机高原水平人力资源管理者的工作满意度存在显著差异。

H_{4e}：不同职业高原水平人力资源管理者的工作满意度存在显著差异。

假设 2（H_5）：职业高原与工作满意度之间负相关。本假设包括三个子假设：

H_{5a}：职业高原与工作满意度整体负相关。

H_{5b}：职业高原与内部工作满意度负相关。

H_{5c}：职业高原与外部工作满意度负相关。

2. 职业高原与离职倾向之间的关系分析

假设 3（H_6）：不同职业高原维度水平企业人力资源管理者的离职倾向存在显著差异。本假设包括五个子假设：

H_{6a}：不同结构高原水平人力资源管理者的离职倾向存在显著差异。

H_{6b}：不同内容高原水平人力资源管理者的离职倾向存在显著差异。

H_{6c}：不同中心化高原水平人力资源管理者的离职倾向存在显著差异。

H_{6d}：不同动机高原水平人力资源管理者的离职倾向存在显著差异。

H_{6e}：不同职业高原水平人力资源管理者的离职倾向存在显著差异。

假设 4（H_7）：职业高原与离职倾向之间正相关。

3. 组织支持感与工作满意度之间的关系分析

假设 5（H_8）：组织支持感与工作满意度之间正相关。

4. 组织支持感与离职倾向之间的关系

假设 6（H_9）：组织支持感与离职倾向之间负相关。

5. 组织支持感在职业高原、工作满意度和离职倾向之间的中介作用分析

假设 7 （H_{10}）：组织支持感在职业高原和工作满意度之间起到中介作用。本假设包括三个子假设：

H_{10a}：组织支持感在职业高原和工作满意度的关系之间起到中介作用。

H_{10b}：组织支持感在职业高原和内部工作满意度的关系之间起到中介作用。

H_{10b}：组织支持感在职业高原和外部工作满意度的关系之间起到中介作用。

假设 8 （H_{11}）：组织支持感在职业高原和离职倾向的关系之间起到中介作用。

5.1.3　研究工具与研究方法

本研究所采用的职业高原问卷是第 3 章大样本调查中的职业高原问卷。工作满意度、组织支持感和离职倾向问卷采用文献分析方法选取已有的信度和效度较好的问卷，并经过预调研进行重新的因子分析，整理修改好后用于大样本调查。本章采用的统计方法包括因子分析法、皮尔逊相关性分析法、分层多元回归分析法，使用的统计工具是 Spss17.0。

5.2　工作满意度、组织支持感和离职倾向量表的预调研检验

5.2.1　工作满意度量表的预调研检验

本书将工作满意度分为内在满意度、外在满意度和整体满意度（工作满意度），测量表的选择参照明尼苏达满意度问卷（MSQ）短式量表，并根据研究的需要和实际情况进行了修改。量表包括内在满意度、外在满意度 2 个维度，共 20 个操作变量（题项），其中内在满意度 12 个题项，外在满意度 8 个题项，如表 5.1 所示。采用 Likert6 点计分法对项目进行反应。其中，"非常不满意"得分为 1，"比较不满意"得分为 2，"有点不满意"得分为 3，"有点满意"得分为 4，"比较满意"得分为 5，"非常满意"得分为 6。得分越高代表被试者的工作满意度越高。通过总量表衡量企业人力资源管理者的工作满意度。预调研选用第 3 章中对企业人力资源管理者职业高原量表进行预调研检验的样本，样本数量为 200。

表 5.1　　　　　　　　　　　　工作满意度量表包含项目

测试项目	具体条目
内在满意度	NMY 1　有独立工作的机会 NMY 2　在工作中有自己做出判断的自由 NMY 3　可以按自己的方式、方法完成工作 NMY 4　时常有做不同事情的机会 NMY 5　在工作中，有充分发挥我能力的机会 NMY 6　在工作中，有为他人做事的机会 NMY 7　能从工作中获得成就感 NMY 8　有成为团队中重要人物的机会 NMY 9　总能保持一种忙碌的状态 NMY 10　在工作中，有告诉其他人做些什么事情的机会 NMY 11　这个工作能让我做不违背良心的事情 NMY 12　目前的工作可以给我带来一种稳定的雇佣关系
外在满意度	WMY 1　目前的公司能提供职位晋升机会 WMY 2　工作表现出色时，所获得的奖励 WMY 3　在工作中，老板对待他下属的方式 WMY 4　上级有很好的决策胜任能力 WMY 5　公司政策实施方式 WMY 6　公司提供的报酬和分配的工作量 WMY7　在工作中，同事之间的相处方式 WMY8　公司提供的工作条件

5.2.1.1　量表项目分析

首先选用决断值——临界比对工作满意度量表进行检验，检验标准是根据测验总分或分量表总分区分高分组和低分组被测者，采用独立样本 t 检验方法求出 CR 值并进行判断。如果项目的 CR 值达到显著性水平，即 $P<0.05$，表明这个项目能够鉴别不同被试的反应程度。对未达到显著性程度的项目可以优先考虑进行剔除。企业人力资源管理者工作满意度决断值如表 5.2 所示。

表 5.2　　　　　企业人力资源管理者工作满意度决断值表

项目编号	决断值（CR）	项目编号	决断值（CR）	项目编号	决断值（CR）
NMY1	7.341(***)	NMY8	10.448(***)	WMY3	11.511(***)
NMY2	9.301(***)	NMY9	8.910(***)	WMY4	10.786(***)
NMY3	7.615(***)	NMY10	8.789(***)	WMY5	12.344(***)
NMY4	9.807(***)	NMY11	7.025(***)	WMY6	11.297(***)

表5.2(续)

项目编号	决断值（CR）	项目编号	决断值（CR）	项目编号	决断值（CR）
NMY5	12.386（＊＊＊）	NMY12	7.446（＊＊＊）	MY1	6.393（＊＊＊）
NMY6	8.453（＊＊＊）	WMY1	12.230（＊＊＊）	MY2	9.901（＊＊＊）
NMY7	10.028（＊＊＊）	WMY2	11.001（＊＊＊）		

注：＊表示 P<0.05，＊＊表示 P<0.01，＊＊＊表示 P<0.001。

通过决断值检验结果判断工作满意度量表区分效度良好，同时通过 Pearson 相关系数检验发现，企业人力资源管理者工作满意度量表中的项目与工作满意度项目总分有较高的相关性，相关的显著性水平达到 0.01，相关系数为 0.493~0.792，也说明本问卷的项目具有较高的鉴别力。

5.2.1.2 因子分析和效度分析

在因子分析前进行了 KMO 检验和 Bartlett 球体检验。检验结果显示 KMO 值为 0.920，表明适合进行因子分析，Bartlett 球形检验的 $\chi^2 = 2284.891$，Sig. ＝0.000<0.001，代表母群体的相关矩阵间有共同因子存在，也说明适合做因子分析。工作满意度 KMO 和 Bartlett 的检验结果如表 5.3 所示。

表 5.3　　　　　　　工作满意度 KMO 和 Bartlett 的检验结果

取样足够度的 Kaiser-Meyer-Olkin 度量		0.920
Bartlett 的球形度检验	近似卡方	2 284.891
	df	190
	Sig.	0.000

对工作满意度进行因子分析，结果如表 5.4 所示。通过表 5.4 中第一次因子分析中的旋转成分矩阵发现，应归属内部满意度的项目 NMY8、NMY12、NMY11 与外部满意度项目归属到成分 1，而项目 WMY7 在两个成分上的得分均超过 0.4，进行逐步的探索性因子分析，逐步去掉 NMY8、NMY12、NMY11 和 WMY7。

表 5.4　　　　　　　工作满意度量表旋转成分矩阵

	第一次因子分析		多次探索性因子分析的最终结果		
	1	2		1	2	共同度
WMY2	0.858	0.154	WMY2	0.852	0.165	0.752
WMY6	0.813	0.127	WMY6	0.827	0.146	0.705

表5.4(续)

	第一次因子分析			多次探索性因子分析的最终结果		
	1	2		1	2	共同度
WMY3	0.777	0.221	WMY3	0.800	0.236	0.695
WMY5	0.767	0.285	WMY5	0.782	0.302	0.702
WMY1	0.745	0.292	WMY8	0.740	0.246	0.608
WMY8	0.735	0.242	WMY1	0.731	0.310	0.631
WMY4	0.707	0.289	WMY4	0.704	0.308	0.590
NMY8	0.578	0.472	NMY6	0.115	0.729	0.545
NMY12	0.501	0.228	NMY1	0.052	0.710	0.506
NMY11	0.456	0.259	NMY2	0.297	0.705	0.585
NMY6	0.131	0.721	NMY10	0.210	0.688	0.517
NMY1	0.039	0.710	NMY5	0.481	0.672	0.682
NMY2	0.297	0.699	NMY3	0.199	0.661	0.476
NMY10	0.231	0.684	NMY4	0.347	0.659	0.555
NMY5	0.492	0.661	NMY7	0.448	0.612	0.575
NMY4	0.346	0.655	NMY9	0.351	0.485	0.358
NMY3	0.214	0.653				
NMY7	0.475	0.606				
NMY9	0.369	0.476				
WMY7	0.404	0.409				

注：提取方法为主成分分析法；旋转法为具有 Kaiser 标准化的正交旋转法；旋转在 3 次迭代后收敛。

在提取两个共同成分后，累积解释方差的 59.274%，工作满意度量表效度良好，如表 5.5 所示。

表 5.5　　　　　　　　工作满意度量表解释的总方差

成分	初始特征值			提取平方和载入			旋转平方和载入		
	合计	方差的 %	累积 %	合计	方差的 %	累积 %	合计	方差的 %	累积 %
1	7.677	47.980	47.980	7.677	47.980	47.980	5.100	31.874	31.874
2	1.807	11.293	59.274	1.807	11.293	59.274	4.384	27.400	59.274
…	…	…	…						
16	0.169	1.055	100.000						

注：提取方法为主成分分析法。

5.2.1.3 量表信度分析

通过对工作满意度量表进行信度分析发现该量表的 Cronbachα 系数达到 0.926，分量表 Cronbach α 系数如表 5.6 所示，量表信度良好。工作满意度量表由 9 个内部满意度条目和 7 个外部满意度条目构成。

表 5.6　　　　　企业人力资源管理者工作满意度量表信度分析

构成因子	项目数	Cronbach α 系数
内部工作满意度	9	0.879
外部工作满意度	7	0.917
工作满意度整体	16	0.926

5.2.2 组织支持感量表的预调研检验

本研究检验企业人力资源管理者组织支持感的量表选用陈志霞在博士论文《知识员工组织支持感对工作绩效和离职倾向的影响》中所设计的四维度组织支持感量表[①]。该量表将组织支持感分为四个维度，包括情感性组织支持、工具性组织支持、主管支持和同事支持，共 16 个项目，具体题项如表 5.7 所示。采用 Likert6 点计分法对项目进行反应。其中，"非常不同意"得分为 1，"比较不同意"得分为 2，"有点不同意"得分为 3，"有点同意"得分为 4，"比较同意"得分为 5，"非常同意"得分为 6。得分越高代表被试者的组织支持感反应越强烈。

表 5.7　　　　　　　组织支持感项目和描述

测试项目	具体条目
情感性支持	QGZC1 组织关心我的福利 QGZC2 组织尊重我的意见 QGZC3 当我在工作中遇到困难时，组织会帮助我 QGZC4 当我在生活上遇到困难时，组织会尽力帮助我 QGZC5 组织尊重我的目标和价值 QGZC6 组织关心我的个人发展 QGZC7 组织关心我的个人感受

---

① 陈志霞. 知识员工组织支持感对工作绩效和离职倾向的影响 [D]. 武汉：华中科技大学博士学位论文，2006.

表5.7(续)

测试项目	具体条目
工具性支持	GJZC1 组织会尽力为我提供良好的工作环境和条件设施 GJZC2 组织会尽力为我提供工作所需的人员和信息支持 GJZC3 组织会尽力为我提供工作所需的培训或相关支持
主管支持	ZGZC1 我的主管愿意倾听我工作中遇到的问题 ZGZC2 我的主管关心我的福利 ZGZC3 当我遇到困难时,会从我的主管那里得到帮助
同事支持	TSZC1 我的同事愿意倾听我工作中遇到的问题 TSZC2 我的同事对我的工作帮助很大 TSZC3 当我遇到困难时,同事愿意提供帮助

5.2.2.1 组织支持感量表项目分析

首先选用决断值——临界比对组织支持感量表进行检验,检验标准是根据测验总分或分量表总分区分高分组和低分组被测者,采用独立样本 t 检验方法求出 CR 值并进行判断。如果项目的 CR 值达到显著性水平,即 $P<0.05$,表明这个项目能够鉴别不同被试的反应程度。对未达到显著性程度的项目可以优先考虑进行剔除。企业人力资源管理者组织支持感决断值如表 5.8 所示。

表 5.8　　　　企业人力资源管理者组织支持感决断值表

项目编号	决断值（CR）	项目编号	决断值（CR）	项目编号	决断值（CR）
QGZC1	10.454(***)	QGZC7	12.652(***)	ZGZC3	11.076(***)
QGZC2	14.710(***)	GJZC1	11.201(***)	TSZC1	9.950(***)
QGZC3	13.867(***)	GJZC2	12.456(***)	TSZC2	8.960(***)
QGZC4	12.526(***)	GJZC3	13.315(***)	TSZC3	9.687(***)
QGZC5	13.691(***)	ZGZC1	9.172(***)		
QGZC6	14.437(***)	ZGZC2	11.936(***)		

注: * 表示 $P<0.05$, ** 表示 $P<0.01$, *** 表示 $P<0.001$。

根据决断值判断组织支持感量表区分效度良好,通过 Pearson 相关系数检验发现,企业人力资源管理者组织支持感量表中的项目与组织支持感项目总分有较高的相关性,相关的显著性水平达到 0.01,相关系数在 0.596-0.868 之间,说明本问卷的项目具有较高的鉴别力。

5.2.2.2 因子分析和效度分析

因子分析前进行 KMO 检验和 Bartlett 球体检验显示 KMO 值为 0.948,表明适合进行因子分析，Bartlett 球形检验的 $\chi^2 = 3\,587.651$，Sig. $= 0.000 < 0.001$，说明适合做因子分析，如表 5.9 所示。因子分析后的旋转成分矩阵如表 5.10 所示。提取四个主要成分，分别为情感支持、同事支持、工具支持和主管支持。该量表能解释总方差的 80.461%，量表效度良好，如表 5.11 所示。

表 5.9　　　　　组织支持感量表 KMO 和 Bartlett 的检验结果

取样足够度的 Kaiser-Meyer-Olkin 度量		0.948
Bartlett 的球形度检验	近似卡方	3 587.651
	df	120
	Sig.	0.000

表 5.10　　　　　　　　组织支持感量表旋转成分矩阵

	成分				共同度
	1	2	3	4	
QGZC4	0.830	0.204	0.121	0.296	0.834
QGZC6	0.728	0.179	0.477	0.253	0.854
QGZC2	0.724	0.214	0.343	0.283	0.768
QGZC5	0.715	0.326	0.401	0.198	0.818
QGZC1	0.700	0.102	0.265	0.306	0.664
QGZC7	0.692	0.150	0.544	0.169	0.827
QGZC3	0.647	0.299	0.142	0.498	0.776
TSZC2	0.146	0.878	0.201	0.155	0.857
TSZC3	0.178	0.877	0.151	0.100	0.834
TSZC1	0.231	0.810	0.128	0.296	0.813
GJZC1	0.358	0.240	0.809	0.188	0.875
GJZC2	0.354	0.219	0.667	0.462	0.831
GJZC3	0.445	0.297	0.530	0.426	0.748
ZGZC1	0.378	0.147	0.255	0.768	0.820
ZGZC3	0.316	0.375	0.229	0.735	0.833
ZGZC2	0.399	0.227	0.468	0.540	0.721

注：提取方法为主成分分析法；旋转法为具有 Kaiser 标准化的正交旋转法；旋转在 6 次迭代后收敛。

表 5.11　　　　　　　　　组织支持感量表成分解释的总方差

成分	初始特征值			提取平方和载入			旋转平方和载入		
	合计	方差的 %	累积 %	合计	方差的 %	累积 %	合计	方差的 %	累积 %
1	9.926	62.040	62.040	9.926	62.040	62.040	4.604	28.774	28.774
2	1.592	9.948	71.988	1.592	9.948	71.988	2.952	18.448	47.222
3	0.703	4.395	76.382	0.703	4.395	76.382	2.703	16.896	64.118
4	0.653	4.079	80.461	0.653	4.079	80.461	2.615	16.342	80.461
…	…	…	…						
16	0.130	0.813	100.000						

注：提取方法为主成分分析法。

5.2.2.3　信度分析

采用 Cronbach α 系数对组织支持感量表进行信度分析，量表整体信度为 0.958，信度良好，如表 5.12 所示。

表 5.12　　　　企业人力资源管理者组织支持感量表信度分析

构成因子	项目数	Cronbach α 系数
情感性组织支持	7	0.944
工具性支持	3	0.894
主管支持	3	0.864
同事支持	3	0.897
组织支持感（总体）	16	0.958

5.2.3　离职倾向量表的预调研检验

人力资源管理者的离职倾向问卷主要参考了黄春生的离职倾向量表[1]等文献，归结为三个问题：①我常常想到辞去目前的工作；②我考虑有一天我可能会离开本公司；③我会寻找其他工作机会。采用 Likert6 点计分法对项目进行反应。其中，"非常不同意"得分为 1，"比较不同意"得分为 2，"有点不同意"得分为 3，"有点同意"得分为 4，"比较同意"得分为 5，"非常同意"得分为 6。得分越高代表被试者的离职倾向越高。

---

① 黄春生. 工作满意度、组织承诺与离职倾向相关研究［D］.厦门：厦门大学博士学位论文，2004.

5.2.3.1 量表项目分析

首先采用决断值方法对离职倾向量表进行项目分析,发现量表的区分度良好,再采用相关性分析,发现三个题目与离职倾向总分的相关系数较高,说明三个项目具有较高的鉴别力。企业人力资源管理者离职倾向决断值如表5.13所示。离职倾向量表项目的相关性如表5.14所示。

表5.13　　　　　企业人力资源管理者离职倾向决断值表

项目编号	决断值（CR）
LZQX1	16.237（***）
LZQX2	18.526（***）
LZQX3	17.038（***）

表5.14　　　　　　　离职倾向量表项目的相关性

		LZQX1	LZQX2	LZQX3	离职倾向总分
LZQX1	Pearson 相关性	1	0.705**	0.537**	0.862**
	显著性（双侧）		0.000	0.000	0.000
	N	200	200	200	200
LZQX2	Pearson 相关性	0.705**	1	0.731**	0.920**
	显著性（双侧）	0.000		0.000	0.000
	N	200	200	200	200
LZQX3	Pearson 相关性	0.537**	0.731**	1	0.853**
	显著性（双侧）	0.000	0.000		0.000
	N	200	200	200	200
离职倾向总分	Pearson 相关性	0.862**	0.920**	0.853**	1
	显著性（双侧）	0.000	0.000	0.000	
	N	200	200	200	200

注：** 表示在0.01水平（双侧）上显著相关。

5.2.3.2 效度分析

因子分析前进行 KMO 检验和 Bartlett 球体检验显示 KMO 值为0.672,适合进行因子分析,Bartlett 球形检验的 $X^2 = 286.691$,Sig. $= 0.000 < 0.001$,代表母群体的相关矩阵间有共同因子存在,适合做因子分析。因子分析后可提取一个共同因子,该共同因子能解释总方差的77.307%,量表效度良好。离职倾向量表的 KMO 和 Bartlett 的检验结果如表5.15所示。离职倾向量表的成分矩阵如表5.16所示。

表 5.15　　　　　离职倾向量表的 KMO 和 Bartlett 的检验结果

取样足够度的 Kaiser-Meyer-Olkin 度量		0.672
Bartlett 的球形度检验	近似卡方	286.691
	df	3
	Sig.	0.000

表 5.16　　　　　　　　离职倾向量表的成分矩阵

	成分 1	共同度	解释总方差
LZQX1	0.847	0.717	77.307%
LZQX2	0.929	0.863	
LZQX3	0.860	0.739	

注：提取方法为主成分分析法。

5.2.3.3　信度分析

根据 Cronbach's Alpha 系数分析结果，发现量表信度为 0.849，信度良好。离职倾向项总计统计量如表 5.17 所示。

表 5.17　　　　　　　　离职倾向项总计统计量

	项已删除的刻度均值	项已删除的刻度方差	校正的项总计相关性	项已删除的 Cronbach's Alpha 值
LZQX1	7.12	5.369	0.667	0.845
LZQX2	6.55	5.415	0.818	0.697
LZQX3	6.43	5.884	0.680	0.823

5.3　人力资源管理者工作满意度、组织支持感和离职倾向的正式调查分析

5.3.1　工作满意度、组织支持感和离职倾向测量工具的信度、效度分析

利用预调研形成的工作满意度、组织支持感和离职倾向的正式问卷进行大样本调查。调查对象采用第 3 章职业高原研究的大样本，样本量为 365。在收回数据后，对工作满意度、组织支持感和离职倾向量表进行信度效度分析。

5.3.1.1　工作满意度量表的信度、效度分析

正式调查问卷中的工作满意度量表包括 16 个条目，其中内部满意度 9 个条目、外部满意度 7 个条目。量表 Cronbach α 系数为 0.924，分量表信度如表 5.18 所示。量表信度良好。

表 5.18　　　　　　　工作满意度量表信度分析

构成因子	项目数	Cronbach α 系数
内部满意度	9	0.870
外部满意度	7	0.926

效度检验结果显示，KMO 值为 0.914，表明适合进行因子分析，Bartlett 球形检验的 $\chi^2 = 3\,162.199$，Sig. $= 0.000 < 0.001$，代表母群体的相关矩阵间有共同因子存在，也说明适合做因子分析。并且进行因子分析之后，所得的因子与预调查时一致。

5.3.1.2　组织支持感量表的信度、效度分析

正式调查问卷中的组织支持感量表包括 16 个条目，其中情感性组织支持 7 个条目、工具性支持 3 个条目、主管支持 3 个条目、同事支持 3 个条目。量表 Cronbach α 系数为 0.960，分量表信度如表 5.19 所示。量表信度良好。

表 5.19　　　　企业人力资源管理者组织支持感量表信度分析

构成因子	项目数	Cronbach α 系数
情感性组织支持	7	0.948
工具性支持	3	0.908
主管支持	3	0.870
同事支持	3	0.903

效度检验结果显示，KMO 值为 0.945，表明适合进行因子分析，Bartlett 球形检验的 $\chi^2 = 5\,085.987$，Sig. $= 0.000 < 0.001$，代表母群体的相关矩阵间有共同因子存在，也说明适合做因子分析。并且进行因子分析之后，所得的因子与预调查时一致。

5.3.1.3　离职倾向量表的信度、效度分析

正式调查问卷中的组织支持感量表包括 3 个条目，量表 Cronbach α 系数为 0.850，信度良好。效度检验结果显示，KMO 值为 0.680，表明适合进行因子分析，Bartlett 球形检验的 $\chi^2 = 462.135$，Sig. $= 0.000 < 0.001$，提取一个公共因

子，检验结果与预调查时一致。

5.3.2 企业人力资源管理者工作满意度、组织支持感和离职倾向的总体状况

5.3.2.1 工作满意度的总体状况

企业人力资源管理者工作满意度得分均值为 3.842 2 分，内部满意度均值为 4.189 0 分，外部满意度均值为 3.921 7 分，说明人力资源管理者工作满意度处于中等偏上水平，即企业人力资源管理者工作满意度水平相对较高。从描述性统计来看，企业人力资源管理者的内部工作满意度水平要高于外部工作满意度。企业人力资源管理者工作满意度描述性统计量如表 5.20 所示。

表 5.20   企业人力资源管理者工作满意度描述性统计量

	N	均值	标准差
内部满意度	365	4.189 0	1.169 30
外部满意度	365	3.921 7	1.289 69
工作满意度	365	3.842 2	1.082 17
有效的 N（列表状态）	365		

5.3.2.2 组织支持感的整体状况

企业人力资源管理者组织支持感平均得分为 3.954 3 分，说明人力资源管理者的组织支持感处于中等偏上水平。从描述性统计量来看，企业人力资源管理者的情感性组织支持最低，其次为主管支持，工具性支持和同事支持相对较高。企业人力资源管理者组织支持感描述性统计量如表 5.21 所示。

表 5.21   企业人力资源管理者组织支持感描述性统计量

	N	均值	标准差
情感性组织支持	365	3.883 4	1.304 95
工具性组织支持	365	4.001 8	1.354 46
主管支持	365	3.919 6	1.299 57
同事支持	365	4.106 8	1.281 44
组织支持感	365	3.954 3	1.241 97
有效的 N（列表状态）	365		

5.3.2.3 离职倾向的整体状况

通过对企业人力资源管理者的离职倾向进行描述性统计分析，发现企业人力资源管理者的离职倾向的均值得分为 3.370 8 分，标准差为 1.163 97，说明企业人力资源管理者的离职倾向不是很严重，处于中等偏下水平。

5.4 企业人力资源管理者职业高原维度与工作满意度关系的统计分析

5.4.1 不同职业高原维度水平企业人力资源管理者工作满意度差异分析

本书采用单因子方差分析的方法对处于不同程度职业高原的企业人力资源管理者的工作满意度、内部工作满意度和外部工作满意度进行分析。

5.4.1.1 不同结构高原水平人力资源管理者工作满意度差异分析

按照结构高原的平均得分高低进行排序，平均得分居前 27% 的为高分组，居后 27% 的为低分组，介于其间的为中等组，其中组别设高分组为 1，中等组为 2，低分组为 3。检验结果如表 5.22 所示。从表 5.22 可以看出，不同结构高原水平人力资源管理者工作满意度差异显著，通过方差齐性或方差不齐分别选择 LSD 或 Tamhane's T2 法进行多重比较。比较结果见表 5.23。

表 5.22　不同结构高原水平人力资源管理者工作满意度单因子分析结果

		平方和	df	均方	F	显著性
内部满意度	组间	94.870	2	47.435	42.629	0.000
	组内	402.815	362	1.113		
	总数	497.685	364			
外部满意度	组间	174.647	2	87.323	73.379	0.000
	组内	430.790	362	1.190		
	总数	605.437	364			
工作满意度	组间	110.830	2	55.415	63.593	0.000
	组内	315.444	362	0.871		
	总数	426.274	364			

表 5.23　结构高原对人力资源管理者工作满意度各维度因子影响差异的多重比较

	方差齐性检验(Sig.)	多重比较方法	(I) 结构高原分组	(J) 结构高原分组	均值差(I-J)	显著性
内部满意度	0.000<0.05	Tamhane's T2	1	2	-1.058 09*	0.000
				3	-1.206*	0.000
			2	1	1.058 09*	0.000
				3	-0.148 12	0.327
			3	1	1.206 20*	0.000
				2	0.148 12	0.327
外部满意度	0.000<0.05	Tamhane's T2	1	2	-1.333 86*	0.000
				3	-1.746 54*	0.000
			2	1	1.333 86*	0.000
				3	-0.412 67*	0.327
			3	1	1.746 54*	0.000
				2	0.412 67*	0.327
工作满意度	0.000<0.05	Tamhane's T2	1	2	-1.093 21*	0.000
				3	-1.362 56*	0.000
			2	1	1.093 21*	0.000
				3	-0.269 35*	0.006
			3	1	1.362 56*	0.000
				2	0.269 35*	0.006

通过表 5.23 结构高原对人力资源管理者工作满意度各维度因子影响差异的多重比较结果可以看出，在内部满意度上高结构高原得分的人力资源管理者的内部工作满意得分要低于中结构高原得分和低结构高原得分的人力资源管理者的内部工作满意得分；在外部满意度上，高结构高原得分的人力资源管理者的外部工作满意得分也要低于中结构高原得分和低结构高原得分的人力资源管理者的外部工作满意得分，同时中等结构高原得分的人力资源管理者的外部工作满意度要低于低结构高原得分的人力资源管理者的外部工作满意度；在整体工作满意度上，高结构高原得分的人力资源管理者的整体工作满意得分要低于中结构高原得分和低结构高原得分的人力资源管理者的整体工作满意得分，同时中等结构高原得分的人力资源管理者的整体工作满意度要低于低结构高原得分的人力资源管理者的整体工作满意度。总体来看，人力资源管理者结构高原程度越高，相对的工作满意度越低。

5.4.1.2　不同内容高原水平人力资源管理者工作满意度差异分析

按内容高原的平均得分高低进行排序，平均得分居前27%的为高分组，居后27%的为低分组，介于其间的为中等组，其中组别设高分组为1，中等组为2，低分组为3。检验结果如表5.24所示。从表5.24可以看出，不同内容高原水平人力资源管理者工作满意度差异显著，通过方差齐性或方差不齐分别选择LSD或Tamhane's T2法进行多重比较。比较结果见表5.25。

表5.24　不同内容高原水平人力资源管理者工作满意度单因子分析结果

		平方和	df	均方	F	显著性
内部满意度	组间	174.082	2	87.041	91.950	0.000
	组内	306.703	324	0.947		
	总数	480.784	326			
外部满意度	组间	245.807	2	122.903	119.318	0.000
	组内	333.737	324	1.030		
	总数	579.544	326			
工作满意度	组间	177.149	2	88.574	122.510	0.000
	组内	234.251	324	0.723		
	总数	411.400	326			

表5.25　内容高原对人力资源管理者工作满意度各维度因子影响差异的多重比较

	方差齐性检验(Sig.)	多重比较方法	(I)内容高原分组	(J)内容高原分组	均值差(I-J)	显著性
内部满意度	0.000<0.05	Tamhane's T2	1	2	-1.113 11*	0.000
				3	-1.657 18*	0.000
			2	1	1.113 11*	0.000
				3	-0.544 07*	0.000
			3	1	1.657 18*	0.000
				2	0.544 07*	0.000
外部满意度	0.000<0.05	Tamhane's T2	1	2	-1.550 89*	0.000
				3	-1.936 95*	0.000
			2	1	1.550 89*	0.000
				3	-0.386 07*	0.012
			3	1	1.936 95*	0.000
				2	0.386 07*	0.012

	方差齐性检验(Sig.)	多重比较方法	(I)内容高原分组	(J)内容高原分组	均值差(I-J)	显著性
工作满意度	0.000<0.05	Tamhane's T2	1	2	-1.237 50*	0.000
				3	-1.658 56*	0.000
			2	1	1.237 50*	0.000
				3	-0.421 06*	0.000
			3	1	1.658 56*	0.000
				2	0.421 06*	0.000

注：＊表示均值差的显著性水平为 0.05。

通过表 5.25 内容高原对人力资源管理者工作满意度各维度因子影响差异的多重比较结果可以看出，在内部满意度上，高内容高原得分的人力资源管理者的内部工作满意得分要低于中等内容高原得分和低内容高原得分的人力资源管理者的内部工作满意得分，中内容高原得分的人力资源管理者的内部满意度要低于低内容高原得分的人力资源管理者的内部满意度；在外部满意度上，高内容高原得分的人力资源管理者的外部工作满意得分也要低于中内容高原得分和低内容高原得分的人力资源管理者的外部工作满意得分，同时中内容高原得分的人力资源管理者的外部工作满意度要低于低内容高原得分的人力资源管理者的外部工作满意度；在整体工作满意度上，高内容高原得分的人力资源管理者的整体工作满意得分要低于中内容高原得分和低内容高原得分的人力资源管理者的整体工作满意得分，同时，中内容高原得分的人力资源管理者的整体工作满意度要低于低内容高原得分的人力资源管理者的整体工作满意度。这说明，人力资源管理者的内容高原程度越高，相对的工作满意度越低。

5.4.1.3　不同中心化高原水平人力资源管理者工作满意度差异分析

按中心化高原的平均得分高低进行排序，平均得分居前 27%的为高分组，居后 27%的为低分组，介于其间的为中等组，其中组别设高分组为 1，中等组为 2，低分组为 3。检验结果如表 5.26 所示。从表 5.26 可以看出，不同中心化高原水平人力资源管理者内部工作满意度、外部工作满意度和整体工作满意度差异显著，通过方差齐性或方差不齐分别选择 LSD 或 Tamhane's T2 法进行多重比较。比较结果见表 5.27。

表 5.26　不同中心化高原水平人力资源管理者工作满意度单因子分析结果

		平方和	df	均方	F	显著性
内部满意度	组间	207.810	2	103.905	129.758	0.000
	组内	289.874	362	0.801		
	总数	497.685	364			
外部满意度	组间	279.847	2	139.924	155.571	0.000
	组内	325.590	362	0.899		
	总数	605.437	364			
工作满意度	组间	203.918	2	101.959	165.991	0.000
	组内	222.356	362	0.614		
	总数	426.274	364			

表 5.27　中心化高原对人力资源管理者工作满意度各维度因子影响差异的多重比较

	方差齐性检验(Sig).	多重比较方法	(I) 中心化高原分组	(J) 中心化高原分组	均值差(I-J)	显著性
内部满意度	0.000<0.05	Tamhane's T2	1	2	-1.333 07*	0.000
				3	-1.721 71*	0.000
			2	1	1.333 07*	0.000
				3	-0.388 64*	0.000
			3	1	1.721 71*	0.000
				2	0.388 64*	0.000
外部满意度	0.000<0.05	Tamhane's T2	1	2	-1.444 06*	0.000
				3	-2.043 17*	0.000
			2	1	1.444 06*	0.000
				3	-0.599 11*	0.000
			3	1	2.043 17*	0.000
				2	0.599 11*	0.000
工作满意度	0.000<0.05	Tamhane's T2	1	2	-1.274 59*	0.000
				3	-1.727 04*	0.000
			2	1	1.274 59*	0.000
				3	-0.452 44*	0.000
			3	1	1.727 04*	0.000
				2	0.452 44*	0.000

注：＊表示均值差的显著性水平为 0.05。

通过表 5.27 中心化高原对人力资源管理者工作满意度各维度因子影响差异的多重比较结果可以看出，在内部工作满意度上，高中心化高原得分组的人力资源管理者的内部工作满意度要低于中等中心化得分和低中心化得分组的人力资源管理者的内部工作满意度，同时中等中心化高原得分组的人力资源管理者的内部工作满意度要低于低中心化高原得分组人力资源管理者的内部工作满意度；从外部满意度来看，情况同上；从整体工作满意度来看，高中心化高原得分组的人力资源管理者的工作满意度要低于中等中心化得分和低中心化得分组的人力资源管理者的工作满意度，同时中等中心化高原得分组的人力资源管理者的工作满意度要低于低中心化高原得分组人力资源管理者的工作满意度。这说明人力资源管理者中心化高原程度越高，相对的工作满意度越低。

5.4.1.4 不同动机高原水平人力资源管理者工作满意度差异分析

按动机高原的平均得分高低进行排序，平均得分居前 27% 的为高分组，居后 27% 的为低分组，介于其间的为中等组，其中组别设高分组为 1，中等组为 2，低分组为 3。检验结果如表 5.28 所示。从表 5.28 可以看出，不同动机高原水平人力资源管理者内部工作满意度、外部工作满意度和整体工作满意度差异显著，通过方差齐性或方差不齐分别选择 LSD 或 Tamhane's T2 法进行多重比较。比较结果见表 5.29。

表 5.28 不同动机高原水平人力资源管理者工作满意度单因素分析结果

		平方和	df	均方	F	显著性
内部满意度	组间	96.769	2	48.384	43.688	0.000
	组内	400.916	362	1.108		
	总数	497.685	364			
外部满意度	组间	98.695	2	49.348	35.252	0.000
	组内	506.741	362	1.400		
	总数	605.437	364			
工作满意度	组间	85.160	2	42.580	45.187	0.000
	组内	341.114	362	0.942		
	总数	426.274	364			

表 5.29　动机高原对人力资源管理者工作满意度各维度因子影响差异的多重比较

	方差齐性检验(Sig.)	多重比较方法	(I) 动机高原分组	(J) 动机高原分组	均值差(I-J)	显著性
内部满意度	0.000<0.05	Tamhane's T2	1	2	−1.041 23*	0.000
				3	−1.136 00*	0.000
			2	1	1.041 23*	0.000
				3	−0.094 77	0.687
			3	1	1.136 00*	0.000
				2	0.094 77	0.687
外部满意度	0.000<0.05	Tamhane's T2	1	2	−0.939 39*	0.000
				3	−1.220 84*	0.000
			2	1	0.939 39*	0.000
				3	−0.281 45	0.097
			3	1	1.220 84*	0.000
				2	0.281 45	0.097
工作满意度	0.000<0.05	Tamhane's T2	1	2	−0.923 70*	0.000
				3	−1.105 10*	0.000
			2	1	0.923 70*	0.000
				3	−0.181 41	0.149
			3	1	1.105 10*	0.000
				2	0.181 41	0.149

注：＊表示均值差的显著性水平为 0.05。

从表 5.29 动机高原对人力资源管理者工作满意度各维度因子影响差异的多重比较分析可以看出，在内部工作满意度上，高动机高原得分组的人力资源管理者的内部工作满意度要低于中等动机高原和低动机高原得分的人力资源管理者的内部工作满意度；在外部工作满意度上，高动机高原得分组的人力资源管理者的内部工作满意度要低于中等动机高原和低动机高原得分的人力资源管理者的内部工作满意度；在整体工作满意度上，高动机高原得分组的人力资源管理者的内部工作满意度也要低于中等动机高原和低动机高原得分的人力资源管理者的内部工作满意度。这说明，动机高原程度高的人力资源管理者的工作满意度相对低。

5.4.1.5　不同职业高原水平人力资源管理者工作满意度差异分析

按职业高原的平均得分高低进行排序，平均得分居前27%的为高分组，居后 27% 的为低分组，介于其间的为中等组，其中组别设高分组为 1，中等组为 2，低分组为 3。检验结果如表 5.30 所示。从表 5.30 可以看出，不同职业高原水平人力资源管理者的内部工作满意度、外部工作满意度和整体工作满意度差异显著，通过方差齐性或方差不齐分别选择 LSD 或 Tamhane's T2 法进行多重比较。比较结果见表 5.31。

表 5.30　不同职业高原水平人力资源管理者工作满意度单因子分析结果

		平方和	df	均方	F	显著性
内部满意度	组间	122.574	2	61.287	59.145	0.000
	组内	375.110	362	1.036		
	总数	497.685	364			
外部满意度	组间	109.691	2	54.846	40.049	0.000
	组内	495.745	362	1.369		
	总数	605.437	364			
工作满意度	组间	101.196	2	50.598	56.345	0.000
	组内	325.078	362	0.898		
	总数	426.274	364			

表 5.31　职业高原对人力资源管理者工作满意度各维度因子影响差异的多重比较

	方差齐性检验(Sig.)	多重比较方法	(I)职业高原分组	(J)职业高原分组	均值差(I-J)	显著性
内部满意度	0.000<0.05	Tamhane's T2	1	2	-1.219 44*	0.000
				3	-1.388 54*	0.000
			2	1	1.219 44*	0.000
				3	-0.169 10	0.106
			3	1	1.388 54*	0.000
				2	0.169 10	0.106
外部满意度	0.000<0.05	Tamhane's T2	1	2	-0.997 76*	0.000
				3	-1.360 48*	0.000
			2	1	0.997 76*	0.000
				3	-0.362 72*	0.009
			3	1	1.360 48*	0.000
				2	0.362 72*	0.009

表5.31(续)

	方差齐性检验(Sig.)	多重比较方法	(I) 职业高原分组	(J) 职业高原分组	均值差(I-J)	显著性
工作满意度	0.000<0.05	Tamhane's T2	1	2	-1.037 65*	0.000
				3	-1.288 07*	0.000
			2	1	1.037 65*	0.000
				3	-0.250 42*	0.007
			3	1	1.288 07*	0.000
				2	0.250 42*	0.007

注: *表示均值差的显著性水平为0.05。

从表5.31职业高原对人力资源管理者工作满意度各维度因子影响差异的多重比较结果可以看出，在内部工作满意度上，职业高原高分组的内部工作满意度要低于职业高原中分组和低分组的人力资源管理者的内部工作满意度，但职业高原中分组的人力资源管理者的内部工作满意度和低分组的人力资源管理者没有显著差异；在外部工作满意度上，职业高原高分组的人力资源管理者的内部工作满意度要低于职业高原中分组和低分组的人力资源管理者的内部工作满意度，同时，职业高原中分组的人力资源管理者的外部满意度也低于职业高原低分组的人力资源管理者的外部满意度；在整体工作满意度上，职业高原高分组的工作满意度要低于职业高原中分组和低分组的人力资源管理者的工作满意度，同时，职业高原中分组的人力资源管理者的外部满意度也低于职业高原低分组的人力资源管理者的外部满意度。这说明，人力资源管理者职业高原程度越高，工作满意度越低。

5.4.2 职业高原维度与工作满意度的相关性分析

我们采用偏相关分析的方法对职业高原各维度和工作满意度各维度之间的相关性进行分析。相关分析用来测量变量间是否存在关系以及关系的紧密程度，相关分析采用相关系数 r 作为判断标准。相关系数的判断标准为：$r<0.4$ 为弱相关；r 为 0.4~0.6 为中度相关；r 为 0.6~0.7 为较强相关；$r>0.7$ 为强相关。分析结果如表5.32所示。从表5.32中可以看出，在控制了性别、婚姻、年龄、工作年限、任职年限、学历、职位和企业性质等人口学变量后，职业高原整体与内部工作满意度、外部工作满意度和工作满意度整体的相关系数分别为-0.577、-0.661 和-0.658，显著性概率均为0.000，可见职业高原与内部工作满意度、外部工作满意度和整体工作满意度之间显著负相关。同时，职业高原四个构成维度与内部满意度、外部满意度和工作满意度之间也呈负相关关系。

表 5.32　　　职业高原各维度与工作满意度各维度的偏相关分析

控制变量			内部满意度	外部满意度	工作满意度
性别、婚姻、职位、企业的性质、年龄、工作年限、任职年限、学历	结构高原	相关性	-0.295	-0.441	-0.393
		显著性（双侧）	0.000	0.000	0.000
		df	355	355	355
	内容高原	相关性	-0.480	-0.547	-0.545
		显著性（双侧）	0.000	0.000	0.000
		df	355	355	355
	中心化高原	相关性	-0.578	-0.629	-0.634
		显著性（双侧）	0.000	0.000	0.000
		df	355	355	355
	动机高原	相关性	-0.441	-0.401	-0.452
		显著性（双侧）	0.000	0.000	0.000
		df	355	355	355
	职业高原	相关性	-0.577	-0.661	-0.658
		显著性（双侧）	0.000	0.000	0.000
		df	355	355	355

5.4.3　职业高原维度与工作满意度的回归分析

本节将通过多元回归分析来研究职业高原与工作满意之间的因果关系。在回归分析中以工作满意度和其构成维度为因变量，以职业高原的四个构成维度为自变量，以人口学变量为控制变量，通过分层和逐步回归法进行多元回归分析，探讨职业高原各维度对工作满意度各维度的预测程度。首先采用分层回归将人口学变量全部纳入回归方程作为控制变量，再针对职业高原构成维度，采用逐步回归进行分析，考察进入回归模型的职业高原维度因子。

在多元回归分析中可能会涉及"共线性"（Collinarity）问题。共线性指自变量间的相关性太高，造成回归分析的情境困扰，因此在进行回归分析的过程中需要进行自变量的共线性检验来判断自变量间是否存在多元共线性问题。具体的判断方法主要采用：①容忍度（Tolerance）等于 $1-R^2$，其中 R^2 是此自变量与其他自变量间的多元相关系数的平方。容忍度的值为 0~1，如果自变量的容忍度太小，则说明此变量与其他变量间有共线性问题，即容忍度以接近 1 为佳。②方差膨胀因素（Variance Inflation Factor：VIF）是容忍度的倒数，VIF 值越大，表示自变量的容忍度越小，越有共线性。在本书的多元回归模型中，在回归分析的同时通过了对各个变量之间的共线性检验，显示各变量间不存在共线性问题，具体的检验结果省略。

5.4.3.1 职业高原各维度与工作满意度的整体回归分析

从表 5.33 职业高原维度多元回归模型汇总可以看出，判断系数 $R^2 = 0.643$，表明回归方程可以解释总体变异的 64.3%，其中人口学变量的解释量为 27.6%，中心化高原的解释量为 29.1%，动机高原的解释量为 6.1%，内容高原的解释量为 2.3%，结构高原的解释量为 0.4%。模型回归显著。职业高原和工作满意度的回归矩阵见表 5.34。

表 5.33　　　　　　职业高原维度多元回归模型汇总

模型	R	R^2	调整 R^2	标准估计的误差	更改统计量				
					ΔR^2	F	df1	df2	Sig.（显著性）
1	0.526[a]	0.276	0.260	0.930 81	0.276	17.001	8	356	0.000
2	0.753[b]	0.568	0.557	0.720 65	0.291	238.915	1	355	0.000
3	0.793[c]	0.628	0.618	0.669 22	0.061	57.662	1	354	0.000
4	0.807[d]	0.651	0.640	0.649 57	0.023	22.732	1	353	0.000
5	0.809[e]	0.655	0.643	0.646 74	0.004	4.103	1	352	0.044

注：

a. 预测变量（常量）：人口学变量。

b. 预测变量（常量）：人口学变量，中心化高原。

c. 预测变量（常量）：人口学变量，中心化高原，动机高原。

d. 预测变量（常量）：人口学变量，中心化高原，动机高原，内容高原。

e. 预测变量（常量）：人口学变量，中心化高原，动机高原，内容高原，结构高原。

表 5.34　　　　职业高原各维度预测工作满意度的分层多元回归结果

第一步				第二步				第三步			
变量	Bata	t	Sig.		Bata	t	Sig.		Bata	t	Sig.
（常量）		5.198	0.000	（常量）		14.380	0.000	（常量）		16.078	0.000
性别	0.085	1.791	0.074	性别	0.090	2.446	0.015	性别	0.111	3.243	0.001
婚姻状况	0.292	5.121	0.000	婚姻状况	0.167	3.712	0.000	婚姻	0.151	3.623	0.000
职位	0.298	4.948	0.000	职位	0.017	0.335	0.738	职位	0.029	0.615	0.539
企业性质	0.287	6.194	0.000	企业性质	0.217	6.012	0.000	企业性质	0.168	4.928	0.000
年龄	-0.118	-1.539	0.125	年龄	-0.099	-1.674	0.095	年龄	-0.043	-0.771	0.441
工作年限	-0.351	-4.444	0.000	工作年限	-0.210	-3.395	0.001	工作年限	-0.158	-2.740	0.006
任职年限	-0.052	-0.725	0.469	任职年限	-0.084	-1.515	0.131	任职年限	-0.065	-1.251	0.212
学历	0.139	3.005	0.003	学历	0.154	4.303	0.000	学历	0.123	3.690	0.000
				中心化高原	-0.615	-15.457	0.000	中心化高原	-0.535	-13.933	0.000
								动机高原	-0.285	-7.594	0.000

表5.34(续)

	第四步				第五步		
（常量）		17.089	0.000	（常量）		16.792	0.000
性别	0.099	2.981	0.003	性别	0.104	3.130	0.002
婚姻	0.151	3.716	0.000	婚姻	0.144	3.556	0.000
职位	0.013	0.285	0.776	职位	-0.002	-0.048	0.962
企业性质	0.157	4.734	0.000	企业性质	0.145	4.301	0.000
年龄	-0.022	-0.406	0.685	年龄	-0.003	-0.061	0.951
工作年限	-0.170	-3.029	0.003	工作年限	-0.172	-3.067	0.002
任职年限	-0.047	-0.932	0.352	任职年限	-0.045	-0.903	0.367
学历	0.106	3.246	0.001	学历	0.091	2.720	0.007
中心化高原	-0.430	-9.939	0.000	中心化高原	-0.433	-10.042	0.000
动机高原	-0.247	-6.613	0.000	动机高原	-0.203	-4.715	0.000
内容高原	-0.197	-4.768	0.000	内容高原	-0.177	-4.182	0.000
				结构高原	-0.093	-2.026	0.044

注：因变量为工作满意度平均。

从表 5.34 可以看出，职业高原的四个构成因子——中心化高原、动机高原、内容高原和结构高原分别都在 0.05 的显著性水平上，可以被归入对工作满意度的回归方程，其四个因子对工作满意度都是负向预测指标，回归系数分别为 -10.042、-4.715、-4.182 和 -2.026。

5.4.3.2 职业高原各维度与内部工作满意度的回归分析

从表 5.35 职业高原维度对内部工作满意度的多元回归模型汇总可以看出，除了结构高原，职业高原的其他三个维度都被纳入回归模型中，且判断系数 $R^2 = 0.576$，表明回归方程可以解释总体变异的 57.6%，其中人口学变量的解释量为 24.5%，中心化高原的解释量为 25.3%，动机高原的解释量为 6.5%，内容高原的解释量为 1.3%。且模型回归显著。职业高原和内部工作满意度的回归矩阵见表 5.36。

表 5.35　　　　职业高原维度多元回归模型汇总

模型	R	R^2	调整 R^2	标准估计的误差	更改统计量				
					ΔR^2	F	df1	df2	Sig.（显著性）
1	0.495[a]	0.245	0.228	1.027 66	0.245	14.407	8	356	0.000
2	0.705[b]	0.497	0.485	0.839 45	0.253	178.533	1	355	0.000
3	0.750[c]	0.563	0.550	0.784 08	0.065	52.907	1	354	0.000

表5.35(续)

模型	R	R^2	调整 R^2	标准估计的误差	更改统计量				
					ΔR^2	F	df1	df2	Sig.(显著性)
4	0.759[d]	0.576	0.563	0.773 19	0.013	11.043	1	353	0.001

注：

a. 预测变量（常量）：人口学变量。

b. 预测变量（常量）：人口学变量，中心化高原。

c. 预测变量（常量）：人口学变量，中心化高原，动机高原。

d. 预测变量（常量）：人口学变量，中心化高原，动机高原，内容高原。

表 5.36　职业高原各维度预测内部工作满意度的分层多元回归结果

第一步				第二步			
变量	Bata	t	Sig.	变量	Bata	t	Sig.
（常量）		6.295	0.000	（常量）		13.987	0.000
性别	0.095	1.970	0.050	性别	0.100	2.526	0.012
婚姻	0.267	4.572	0.000	婚姻	0.150	3.090	0.002
职位	0.238	3.866	0.000	职位	−0.024	−0.449	0.654
企业性质	0.265	5.612	0.000	企业性质	0.201	5.151	0.000
年龄	−0.080	−1.022	0.307	年龄	−0.063	−0.980	0.328
工作年限	−0.387	−4.799	0.000	工作年限	−0.256	−3.838	0.000
任职年限	−0.046	−0.630	0.529	任职年限	−0.076	−1.272	0.204
学历	0.098	2.089	0.037	学历	0.112	2.921	0.004
				中心化高原	−0.573	−13.362	0.000
第三步				第四步			
（常量）		15.542	0.000	（常量）		16.080	0.000
性别	0.122	3.288	0.001	性别	0.113	3.081	0.002
婚姻	0.134	2.950	0.003	婚姻	0.133	2.980	0.003
职位	−0.012	−0.236	0.813	职位	−0.024	−0.481	0.631
企业性质	0.150	4.047	0.000	企业性质	0.141	3.863	0.000
年龄	−0.004	−0.067	0.947	年龄	0.012	0.202	0.840
工作年限	−0.202	−3.227	0.001	工作年限	−0.211	−3.415	0.001
任职年限	−0.056	−0.998	0.319	任职年限	−0.042	−0.762	0.446
学历	0.081	2.234	0.026	学历	0.068	1.880	0.061
中心化高原	−0.490	−11.770	0.000	中心化高原	−0.410	−8.590	0.000
动机高原	−0.296	−7.274	0.000	动机高原	−0.267	−6.487	0.000
				内容高原	−0.151	−3.323	0.001

注：因变量为内部满意度。

从表 5.36 可以看出，职业高原的三个构成因子——中心化高原、动机高原和内容高原分别都在 0.05 的显著性水平上，可以被归入对内部工作满意度的回归方程，其三个因子对工作满意度都是负向预测指标，回归系数分别为 -8.590、-6.487 和 -3.323。

5.4.3.3 职业高原各维度与外部工作满意度的回归分析

从表 5.37 职业高原维度对外部工作满意度的多元回归模型汇总可以看出，职业高原的其他四个维度都被纳入回归模型中，且判断系数 $R^2 = 0.650$，表明回归方程可以解释总体变异的 65.0%，其中人口学变量的解释量为 27.4%，中心化高原的解释量为 28.8%，结构高原的解释量为 6.6%，内容高原的解释量为 1.7%，动机高原的解释量为 0.5%。模型回归显著。职业高原和外部工作满意度的回归矩阵见表 5.38。

表 5.37　　　　　　　　　　职业高原维度多元回归模型汇总

模型	R	R^2	调整 R^2	标准估计的误差	更改统计量				
					ΔR^2	F	df1	df2	Sig.(显著性)
1	0.523[a]	0.274	0.257	1.111 35	0.274	16.774	8	356	0.000
2	0.749[b]	0.561	0.550	0.864 85	0.288	232.859	1	355	0.000
3	0.792[c]	0.628	0.617	0.798 10	0.066	62.862	1	354	0.000
4	0.803[d]	0.645	0.634	0.780 39	0.017	17.253	1	353	0.000
5	0.806[e]	0.650	0.638	0.776 26	0.005	4.760	1	352	0.030

注：

a. 预测变量（常量）：人口学变量。

b. 预测变量（常量）：人口学变量，中心化高原。

c. 预测变量（常量）：人口学变量，中心化高原，结构高原。

d. 预测变量（常量）：人口学变量，中心化高原，结构高原，内容高原。

e. 预测变量（常量）：人口学变量，中心化高原，结构高原，内容高原，动机高原。

表 5.38　职业高原各维度预测外部工作满意度的分层多元回归结果

	第一步			第二步			第三步		
变量	Bata	t	Sig.		Bata	t	Sig.		Bata	t	Sig.
（常量）		2.721	0.007	（常量）		11.634	0.000	（常量）		14.617	0.000
性别	0.077	1.615	0.107	性别	0.082	2.207	0.028	性别	0.105	3.074	0.002
婚姻	0.296	5.185	0.000	婚姻	0.172	3.796	0.000	婚姻	0.141	3.358	0.001
职位	0.340	5.640	0.000	职位	0.061	1.205	0.229	职位	0.012	0.253	0.800
企业性质	0.276	5.947	0.000	企业性质	0.207	5.681	0.000	企业性质	0.134	3.845	0.000
年龄	-0.138	-1.801	0.073	年龄	-0.120	-2.004	0.046	年龄	-0.019	-0.338	0.736

表5.38(续)

第一步			第二步			第三步		
变量	Bata	t	Sig.	变量	Bata	t	Sig.	变量	Bata	t	Sig.
工作年限	-0.280	-3.534	0.000	工作年限	-0.139	-2.238	0.026	工作年限	-0.119	-2.075	0.039
任职年限	-0.053	-0.740	0.460	任职年限	-0.085	-1.523	0.129	任职年限	-0.063	-1.215	0.225
学历	0.165	3.582	0.000	学历	0.180	5.018	0.000	学历	0.107	3.104	0.002
				中心化高原	-0.611	-15.260	0.000	中心化高原	-0.541	-14.211	0.000
								结构高原	-0.308	-7.929	0.000

第四步				第五步			
变量	Bata	t	Sig.	变量	Bata	t	Sig.
（常量）		15.124	0.000	（常量）		14.770	0.000
性别	0.093	2.778	0.006	性别	0.097	2.891	0.004
婚姻	0.143	3.498	0.001	婚姻	0.143	3.518	0.000
职位	0.007	0.158	0.875	职位	0.020	0.427	0.670
企业性质	0.130	3.821	0.000	企业性质	0.126	3.727	0.000
年龄	-0.010	-0.183	0.855	年龄	-0.009	-0.159	0.874
工作年限	-0.127	-2.256	0.025	工作年限	-0.113	-2.006	0.046
任职年限	-0.048	-0.949	0.343	任职年限	-0.046	-0.910	0.363
学历	0.100	2.958	0.003	学历	0.102	3.051	0.002
中心化高原	-0.448	-10.336	0.000	中心化高原	-0.437	-10.054	0.000
结构高原	-0.257	-6.434	0.000	结构高原	-0.207	-4.486	0.000
内容高原	-0.177	-4.154	0.000	内容高原	-0.172	-4.030	0.000
				动机高原	-0.094	-2.182	0.030

注：因变量为外部满意度平均。

从表5.38可以看出，职业高原的四个维度——中心化高原、结构高原、内容高原和动机高原都在0.05的显著性水平上，可以被纳入对外部工作满意度的回归方程，且对工作满意度都是负向预测指标，回归系数分别为-10.054、-4.486、-4.030和-2.182。

5.5 企业人力资源管理者职业高原维度和离职倾向的统计关系分析

5.5.1 不同职业高原维度水平企业人力资源管理者离职倾向的差异分析

本书采用单因子方差分析的方法对处于不同程度的企业人力资源管理者的

离职倾向进行分析。按照职业高原整体以及各维度的平均得分高低进行排序，平均得分居前 27% 的为高分组，居后 27% 的为低分组，介于其间的为中等组，其中组别设高分组为 1，中等组为 2，低分组为 3。检验结果如表 5.39 所示。从表 5.39 可以看出，不同结构高原、内容高原、中心化高原、动机高原以及职业高原整体水平的人力资源管理者离职倾向差异显著，通过方差齐性或方差不齐分别选择 LSD 或 Tamhane's T2 法进行多重比较。比较结果见表 5.40。

表 5.39　不同职业高原水平人力资源管理者离职倾向单因子分析结果

		平方和	df	均方	F	显著性
结构高原	组间	113.065	2	56.533	53.842	0.000
	组内	380.090	362	1.050		
	总数	493.155	364			
内容高原	组间	69.120	2	34.560	28.207	0.000
	组内	396.970	324	1.225		
	总数	466.090	326			
中心化高原	组间	33.412	2	16.706	13.154	0.000
	组内	459.743	362	1.270		
	总数	493.155	364			
动机高原	组间	67.813	2	33.906	28.857	0.000
	组内	425.342	362	1.175		
	总数	493.155	364			
职业高原整体	组间	63.347	2	31.674	26.677	0.000
	组内	429.808	362	1.187		
	总数	493.155	364			

表 5.40　职业高原各维度对人力资源管理者离职倾向因子影响差异的多重比较

	方差齐性检验(Sig.)	多重比较方法	(I) ** 高原分组	(J) ** 高原分组	均值差 (I-J)	显著性
结构高原分组比较情况	0.187>0.05	LSD	1	2	0.765 86*	0.000
				3	1.538 01*	0.000
			2	1	−0.765 86*	0.000
				3	0.772 15*	0.000
			3	1	−1.538 01*	0.000
				2	−0.772 15*	0.000

表5.40(续)

	方差齐性 检验(Sig.)	多重比较 方法	(I) ** 高原分组	(J) ** 高原分组	均值差 （I-J）	显著性
内容高原 分组比较 情况	0.504>0.05	LSD	1	2	1.171 57*	0.000
				3	0.834 44*	0.000
			2	1	-1.171 57*	0.000
				3	-0.337 13*	0.038
			3	1	-0.834 44*	0.000
				2	0.337 13*	0.038
中心化高原 分组比较 情况	0.029<0.05	Tamhane's T2	1	2	0.373 30*	0.029
				3	0.733 03*	0.000
			2	1	-0.373 30*	0.029
				3	0.359 73*	0.031
			3	1	-0.733 03*	0.000
				2	-0.359 73*	0.031
动机高原 分组比较 情况	0.229>0.05	LSD	1	2	0.669 87*	0.000
				3	1.050 90*	0.000
			2	1	-0.669 87*	0.000
				3	0.381 03*	0.007
			3	1	-1.050 90*	0.000
				2	-0.381 03*	0.007
职业高原 整体分组 比较情况	0.140>0.05	LSD	1	2	0.556 44*	0.000
				3	1.038 10*	0.000
			2	1	-0.556 44*	0.000
				3	0.481 67*	0.000
			3	1	-1.038 10*	0.000
				2	-0.481 67*	0.000

注：*表示均值差的显著性水平为0.05。

通过表5.40结构高原对人力资源管理者离职倾向影响差异的多重比较结果可以看出，结构高原高得分组的人力资源管理者的离职倾向要显著高于中等得分组和低得分组人力资源管理者的离职倾向，而结构高原中等得分组的人力资源管理者的离职倾向要显著高于低得分组的人力资源管理者的离职倾向，说明人力资源管理者结构高原程度越高，相对的离职倾向越高；内容高原高得分组的人力资源管理者的离职倾向要显著高于中等得分组和低得分组的人力资源管理者的离职倾向，内容高原中等得分组的人力资源管理者的离职倾向要显著低于低得分组的人力资源管理者的离职倾向；中心化高原高得分组的人力资源管理者的离职倾向要显著高于中等得分组和低得分组人力资源管理者的离职倾向，中心化高原中等得分组的人力资源管理者的离职倾向要显著高于低得分组的人力资源管理者的离职倾向，说明人力资源管理者的中心化高原程度越高，相对的离职倾向越高；动机高原高得分组的人力资源管理者的离职倾向要显著高于中等得分组和低得分组的人力资源管理者的离职倾向，动机高原中等得分组的人力资源管理者的离职倾向要显著高于低得分组的人力资源管理者的离职倾向，说明动机高原程度越高的人力资源管理者的离职倾向越高；职业高原整体高得分组的人力资源管理者的离职倾向要显著高于中等得分组和低得分组的人力资源管理者的离职倾向，同时职业高原整体中等得分组的人力资源管理者的离职倾向要显著高于低得分组的人力资源管理者的离职倾向，说明人力资源管理者职业高原程度越高，相对的离职倾向越高。

5.5.2 职业高原各维度与离职倾向的相关性分析

我们采用偏相关分析的方法对职业高原各维度和工作满意度各维度之间的相关性进行分析。从表 5.41 可以看出，在控制了性别、婚姻、年龄、工作年限、任职年限、学历、职位和企业性质等人口学变量后，结构高原、内容高原、中心化高原、动机高原、职业高原整体与离职倾向的相关系数分别为 0.518、0.293、0.166、0.344 和 0.467，显著性概率均为 0.000，可见职业高原整体和各维度与离职倾向之间呈负相关关系。

表 5.41　　职业高原各维度与离职倾向的偏相关分析

控制变量			离职倾向
性别、婚姻、职位、企业性质、年龄、工作年限、任职、学历	结构高原	相关性	0.518
		显著性（双侧）	0.000
		df	355
	内容高原	相关性	0.293
		显著性（双侧）	0.000
		df	355
	中心化高原	相关性	0.166
		显著性（双侧）	0.002
		df	355
	动机高原	相关性	0.344
		显著性（双侧）	0.000
		df	355
	职业高原	相关性	0.467
		显著性（双侧）	0.000
		df	355

5.5.3 职业高原各维度与离职倾向的回归分析

相关分析仅能看出变量之间存在的简单相关关系，需要进一步通过多元回归分析来研究职业高原与离职倾向之间的因果关系。在回归分析中以离职倾向为因变量，以职业高原的四个构成维度为自变量，以人口学变量为控制变量，通过分层和逐步回归法进行多元回归分析，探讨职业高原各维度对工作满意度各维度的预测程度。

从表 5.42 看出，职业高原四个维度中的结构高原和内容高原被纳入回归模型中，且判断系数 $R^2 = 0.398$，表明回归方程可以解释总体变异的 39.8%，其中人口学变量的解释量为 16.5%，结构高原的解释量为 22.4%，内容高原的解释量为 0.9%。模型回归显著。职业高原和离职倾向的回归矩阵见表 5.43。

表 5.42　　　　　　　　职业高原维度多元回归模型汇总

模型	R	R^2	调整 R^2	标准估计的误差	更改统计量				
					ΔR^2	F	df1	df2	Sig.（显著性）
1	0.406[a]	0.165	0.146	1.075 58	0.165	8.785	8	356	0.000
2	0.623[b]	0.389	0.373	0.921 63	0.224	129.873	1	355	0.000
3	0.631[c]	0.398	0.381	0.915 99	0.009	5.385	1	354	0.021

注：

a. 预测变量（常量）：人口学变量。

b. 预测变量（常量）：人口学变量，结构高原。

c. 预测变量（常量）：人口学变量，结构高原，内容高原。

表 5.43　　　职业高原各维度预测离职倾向的分层多元回归结果

第一步				第二步				第三步			
变量	Bata	t	Sig.	变量	Bata	t	Sig.	变量	Bata	t	Sig.
（常量）		12.349	0.000	（常量）		6.194	0.000	（常量）		5.328	0.000
性别	0.047	0.919	0.359	性别	0.003	0.079	0.937	性别	0.012	0.264	0.792
婚姻	0.064	1.046	0.296	婚姻	0.145	2.739	0.006	婚姻	0.153	2.903	0.004
职位	−0.223	−3.453	0.001	职位	−0.078	−1.373	0.171	职位	−0.053	−0.912	0.363
企业性质	−0.256	−5.151	0.000	企业性质	−0.112	−2.512	0.012	企业性质	−0.106	−2.406	0.017
年龄	0.040	0.482	0.630	年龄	−0.144	−1.991	0.047	年龄	−0.147	−2.041	0.042
工作年限	−0.130	−1.538	0.125	工作年限	−0.195	−2.678	0.008	工作年限	−0.202	−2.787	0.006
任职年限	0.076	0.979	0.328	任职年限	0.042	0.636	0.525	任职年限	0.037	0.559	0.577
学历	−0.138	−2.795	0.005	学历	−0.010	−0.230	0.818	学历	−0.010	−0.236	0.813
				结构高原	0.551	11.396	0.000	结构高原	0.506	9.729	0.000
								内容高原	0.111	2.321	0.021

注：因变量为离职倾向。

从表 5.43 可以看出，职业高原构成因子中的结构高原和内容高原都在 0.05 的显著性水平上，可以被归入对离职倾向的回归方程，且对离职倾向都是正向预测指标，回归系数分别为 9.729 和 2.321。

5.6 职业高原、工作满意度、离职倾向关系分析
——以组织支持感为中介变量

5.6.1 中介变量的研究方法

本节将检验在人力资源管理者职业高原和工作满意度、职业高原与离职倾向之间的关系中，组织支持感是否起到以及起到怎样的中介作用。在检验过程中，以职业高原整体为自变量，以工作满意度、内部工作满意度、外部工作满意度和离职倾向为因变量，以组织支持感为中介变量进行检验。具体的检验假设包括：

（1）组织支持感在职业高原和工作满意度的关系之间起到中介作用；

（2）组织支持感在职业高原和内部工作满意度的关系之间起到中介作用；

（3）组织支持感在职业高原和外部工作满意度的关系之间起到中介作用；

（4）组织支持感在职业高原和离职倾向的关系之间起到中介作用。

在 5.4.2 和 5.5.2 中已经进行了职业高原与工作满意度、职业高原和离职倾向之间的相关分析，要进一步了解组织支持感在其中起到的中介作用，需要进一步进行职业高原与组织支持感、组织支持感与工作满意度以及组织支持感与离职倾向之间的相关分析和回归分析。中介作用的概念是：考虑自变量 X 对因变量 Y 的影响，如果 X 通过影响变量 M 来影响 Y，则称 M 为中介变量。假设所有变量已经进行中心化处理，可以用下列方程来描述变量之间的关系：

$$Y = cX + e_1 \tag{5.1}$$

$$M = aX + e_2 \tag{5.2}$$

$$Y = c'X + bM + e_3 \tag{5.3}$$

中介变量示意图如图 5.1 所示。

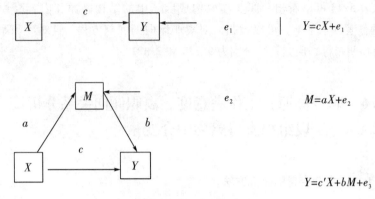

$$Y=cX+e_1$$

$$M=aX+e_2$$

$$Y=c'X+bM+e_3$$

图 5.1　中介变量示意图

假设 Y 与 X 显著相关，意味着回归系数 c 显著，在这个前提下考虑中介变量 M。判断中介效应的标准是如果下面两个条件成立，则中介效应显著：①自变量显著影响因变量；②在因果链中任一个变量，当控制了它前面的变量后，显著影响它后面的变量；③如果在控制了中介变量后，自变量对因变量的影响不显著，则属于完全中介过程。但只有一个中介变量时，上述条件的含义是：系数 c 显著；系数 a 显著，且系数 b 显著；如果是完全中介过程则系数 c' 不显著，如果 c' 不显著则起到不完全中介作用。①

5.6.2　相关分析

5.6.2.1　职业高原与组织支持感之间的相关性分析

在控制了性别、婚姻、职位、企业性质、年龄、工作年限、任职年限和学历等人口学变量后，职业高原各维度与组织支持感各维度之间的偏相关分析结果如表 5.44 所示。从表中数据可以看到，职业高原各维度与组织支持感各维度呈负相关关系，且相关性显著。

---

①　温忠麟，张雷，侯杰泰，等. 中介效应检验程序及其应用 [J]. 心理学报，2004，36（5）：614-620.

表 5.44　　　　　　　　　职业高原与组织支持感之间的相关性分析

控制变量			情感性组织支持	工具性组织支持	主管支持	同事支持	组织支持感
性别、婚姻、职位、企业性质、年龄、工作年限、任职年限、学历	结构高原	相关性	−0.369	−0.323	−0.298	−0.194	−0.334
		显著性（双侧）	0.000	0.000	0.000	0.000	0.000
		df	355	355	355	355	355
	内容高原	相关性	−0.543	−0.527	−0.503	−0.430	−0.544
		显著性（双侧）	0.000	0.000	0.000	0.000	0.000
		df	355	355	355	355	355
	中心化高原	相关性	−0.676	−0.628	−0.617	−0.565	−0.675
		显著性（双侧）	0.000	0.000	0.000	0.000	0.000
		df	355	355	355	355	355
	动机高原	相关性	−0.389	−0.320	−0.298	−0.346	−0.373
		显著性（双侧）	0.000	0.000	0.000	0.000	0.000
		df	355	355	355	355	355
	职业高原	相关性	−0.648	−0.575	−0.532	−0.481	−0.618
		显著性（双侧）	0.000	0.000	0.000	0.000	0.000
		df	355	355	355	355	355

5.6.2.2　组织支持感与工作满意度之间的相关性分析

在控制了性别、婚姻、职位、企业性质、年龄、工作年限、任职年限和学历等人口学变量后，组织支持感各维度与工作满意度各维度之间的偏相关分析结果如表 5.45 所示。从表中数据可以看到，组织支持感各维度与工作满意度各维度呈正相关关系，且相关性显著。

5.6.2.3　组织支持感与离职倾向之间的相关性分析

在控制了性别、婚姻、职位、企业性质、年龄、工作年限、任职年限和学历等人口学变量后，组织支持感各维度与离职倾向之间的偏相关分析结果如表 5.46 所示。由表中数据可知，组织支持感维度中的情感性组织支持、工具性组织支持和主管支持与离职倾向负相关，且相关性显著，而同事支持与离职倾向的相关性不显著。

表 5.45　　　　　组织支持感和工作满意度之间的相关性分析

控制变量			内部满意度	外部满意度	工作满意度
性别、婚姻、职位、企业性质、年龄、工作年限、任职年限、学历	情感性组织支持	相关性	0.806	0.891	0.891
		显著性（双侧）	0.000	0.000	0.000
		df	355	355	355
	工具性组织支持	相关性	0.747	0.848	0.835
		显著性（双侧）	0.000	0.000	0.000
		df	355	355	355
	主管支持	相关性	0.773	0.871	0.861
		显著性（双侧）	0.000	0.000	0.000
		df	355	355	355
	同事支持	相关性	0.807	0.738	0.814
		显著性（双侧）	0.000	0.000	0.000
		df	355	355	355
	组织支持感	相关性	0.838	0.904	0.915
		显著性（双侧）	0.000	0.000	0.000
		df	355	355	355

表 5.46　　　　　组织支持感和离职倾向之间的相关性分析

控制变量			离职倾向平均
性别、婚姻、职位、企业性质、年龄、工作年限、任职年限、学历	情感性组织支持	相关性	−0.270
		显著性（双侧）	0.000
		df	355
	工具性组织支持	相关性	−0.229
		显著性（双侧）	0.000
		df	355
	主管支持	相关性	−0.251
		显著性（双侧）	0.000
		df	355
	同事支持	相关性	−0.093
		显著性（双侧）	0.079
		df	355
	组织支持感	相关性	−0.241
		显著性（双侧）	0.000
		df	355

5.6.3 中介作用分析

5.6.3.1 组织支持感对职业高原与工作满意度之间的中介作用分析

前文进行了职业高原各维度和工作满意度各维度之间的回归分析。为了明确分析组织支持感在职业高原和工作满意度之间的中介作用，下面进一步采用职业高原整体对工作满意度整体和各维度之间的回归分析检验中介作用。

1. 组织支持感在职业高原和工作满意度之间的中介作用分析

（1）职业高原对工作满意度的回归分析

首先检验回归模型 $Y=c+X+e_1$ 中系数 c 的显著性，其中 Y 是工作满意度，X 是职业高原。从表 5.47 职业高原对工作满意度的多元回归模型汇总可以看出，职业高原判断系数 $R^2=0.589$，表明回归方程可以解释总体变异的 58.9%，其中人口学变量的解释量为 27.6%，职业高原的解释量为 31.3%。模型回归显著。职业高原和工作满意度的回归矩阵见表 5.48。职业高原对工作满意度的回归系数为 −0.642，系数显著。

表 5.47　　　　　　　　职业高原多元回归模型汇总

模型	R	R^2	调整 R^2	标准估计的误差	更改统计量			
					ΔR^2	F	df1	df2	Sig.（显著性）
1	0.526^a	0.276	0.260	0.930 81	0.276	17.001	8	356	0.000
2	0.768^b	0.589	0.579	0.702 11	0.313	270.685	1	355	0.000

注：

a. 预测变量（常量）：人口学变量。

b. 预测变量（常量）：人口学变量，职业高原。

表 5.48　　　　　　　职业高原对工作满意度整体的回归模型系数

第一步				第二步			
	标准系数	t	Sig.		标准系数	t	Sig.
（常量）		−6.058	0.000	（常量）		−4.886	0.000
性别	0.085	1.791	0.074	性别	0.118	3.289	0.001
婚姻	0.292	5.121	0.000	婚姻	0.161	3.689	0.000
职位	0.298	4.948	0.000	职位	0.061	1.286	0.199
企业性质	0.287	6.194	0.000	企业性质	0.125	3.448	0.001
年龄	−0.118	−1.539	0.125	年龄	0.051	0.874	0.383
工作年限	−0.351	−4.444	0.000	工作年限	−0.200	−3.310	0.001
任职年限	−0.052	−0.725	0.469	任职年限	−0.029	−0.534	0.594
学历	0.139	3.005	0.003	学历	0.049	1.402	0.162
				职业高原	−0.642	−16.453	0.000

注：因变量为工作满意度。

（2）职业高原对组织支持感的回归分析

其次检验回归模型 $M=aX+e_2$ 中系数 a 的显著性，其中 M 是组织支持感，X 是职业高原。从表 5.49 职业高原对组织支持感的回归模型可以看出，职业高原判断系数 $R^2=0.539$，表明回归方程可以解释总体变异的 53.9%，其中人口学变量的解释量为 25.3%，职业高原的解释量为 28.5%。模型回归显著。职业高原和组织支持感的回归矩阵见表 5.50。职业高原对组织支持感的回归系数为 -0.612，系数显著。

表 5.49　　　　　　　　职业高原对组织支持感的回归模型

模型	R	R^2	调整 R^2	标准估计的误差	更改统计量				
					ΔR^2	F	df1	df2	Sig.(显著性)
1	0.503[a]	0.253	0.237	1.085 10	0.253	15.107	8	356	0.000
2	0.734[b]	0.539	0.527	0.854 14	0.285	219.553	1	355	0.000

注：

a. 预测变量（常量）：人口学变量。

b. 预测变量（常量）：人口学变量，职业高原。

表 5.50　　　　　　　　职业高原对组织支持感的回归模型系数

	第一步				第二步		
	标准系数	t	Sig.		标准系数	t	Sig.
（常量）		-6.441	0.000	（常量）		-5.334	0.000
性别	0.092	1.901	0.058	性别	0.123	3.238	0.001
婚姻	0.314	5.415	0.000	婚姻	0.189	4.075	0.000
职位	0.300	4.897	0.000	职位	0.074	1.456	0.146
企业性质	0.263	5.603	0.000	企业性质	0.109	2.839	0.005
年龄	-0.120	-1.539	0.125	年龄	0.042	0.672	0.502
工作年限	-0.309	-3.857	0.000	工作年限	-0.165	-2.579	0.010
任职年限	-0.039	-0.533	0.595	任职年限	-0.017	-0.292	0.771
学历	0.132	2.822	0.005	学历	0.047	1.260	0.208
				职业高原	-0.612	-14.817	0.000

注：因变量为组织支持感。

（3）职业高原、组织支持感对工作满意度的回归分析

最后检验回归模型 $Y=c'X+bM+e_3$ 中系数 c' 和 b 的显著性，其中 M 是组织支持感，X 是职业高原，Y 是工作满意度。从表 5.47 可知，在没有加入中介变量组织支持感时，职业高原判断系数 $R^2=0.589$，从表 5.51 看到，在加入了组

织支持感后，判断系数 $R^2 = 0.892$，表明回归方程可以解释总体变异的 89.2%，判断系数发生显著变化。从职业高原、组织支持感对工作满意度的回归矩阵表 5.52 可知，在加入了组织支持感后，职业高原对工作满意度的回归系数由表 5.48 中的 -0.642 变为 -0.146，且系数显著。这说明组织支持感在职业高原和工作满意度之间起到显著的中介作用，且起到部分中介作用。这也说明职业高原不完全通过组织支持感作用于工作满意度，职业高原对工作满意度有直接效应。

表 5.51　　职业高原、组织支持感对工作满意度的回归模型

模型	R	R^2	调整 R^2	标准估计的误差	更改统计量				
					ΔR^2	F	df1	df2	Sig.（显著性）
1	0.526[a]	0.276	0.260	0.930 81	0.276	17.001	8	356	0.000
2	0.944[b]	0.892	0.889	0.361 32	0.615	1 004.262	2	354	0.000

注：

a. 预测变量（常量）：人口学变量。

b. 预测变量（常量）：人口学变量，职业高原，组织支持感。

表 5.52　　职业高原、组织支持感对工作满意度的回归模型系数

第一步				第二步			
	标准系数	t	Sig.		标准系数	t	Sig.
（常量）		-6.058	0.000	（常量）		-0.581	0.562
性别	0.085	1.791	0.074	性别	0.018	0.978	0.329
婚姻	0.292	5.121	0.000	婚姻	0.008	0.366	0.714
职位	0.298	4.948	0.000	职位	0.002	0.071	0.944
企业性质	0.287	6.194	0.000	企业性质	0.037	1.946	0.052
年龄	-0.118	-1.539	0.125	年龄	0.018	0.579	0.563
工作年限	-0.351	-4.444	0.000	工作年限	-0.066	-2.113	0.035
任职年限	-0.052	-0.725	0.469	任职年限	-0.015	-0.550	0.582
学历	0.139	3.005	0.003	学历	0.011	0.623	0.534
				职业高原	-0.146	-5.715	0.000
				组织支持感	0.809	31.408	0.000

注：因变量为工作满意度。

2. 组织支持感在职业高原和内部工作满意度之间的中介作用分析

（1）职业高原对内部工作满意度的回归分析

首先检验回归模型 $Y = cX + e_1$ 中系数 c 的显著性，其中 Y 是工作满意度，X 是职业高原。表 5.53 是职业高原对内部工作满意度的多元回归模型，从表中可见，职业高原判断系数 $R^2 = 0.496$，表明回归方程可以解释总体变异的 49.6%，其中人口学变量的解释量为 24.5%，职业高原的解释量为 25.1%。模型回归显著。职业高原和工作满意度的回归矩阵见表 5.54. 职业高原对内部工作满意度的回归系数为 -0.575。

表 5.53　　　　　　职业高原对内部工作满意度的回归模型

模型	R	R^2	调整 R^2	标准估计的误差	更改统计量				
					ΔR^2	F	df1	df2	Sig.（显著性）
1	0.495[a]	0.245	0.228	1.027 66	0.245	14.407	8	356	0.000
2	0.704[b]	0.496	0.483	0.840 77	0.251	176.863	1	355	0.000

注：

a. 预测变量（常量）：人口学变量。

b. 预测变量（常量）：人口学变量，职业高原。

表 5.54　　　　　职业高原对内部工作满意度整体的回归模型系数

第一步				第二步			
	标准系数	t	Sig.		标准系数	t	Sig.
（常量）		−4.821	0.000	（常量）		−3.360	0.001
性别	0.095	1.970	0.050	性别	0.125	3.146	0.002
婚姻	0.267	4.572	0.000	婚姻	0.149	3.080	0.002
职位	0.238	3.866	0.000	职位	0.026	0.489	0.625
企业性质	0.265	5.612	0.000	企业性质	0.121	3.000	0.003
年龄	−0.080	−1.022	0.307	年龄	0.072	1.101	0.272
工作年限	−0.387	−4.799	0.000	工作年限	−0.252	−3.766	0.000
任职年限	−0.046	−0.630	0.529	任职年限	−0.026	−0.425	0.671
学历	0.098	2.089	0.037	学历	0.018	0.474	0.636
				职业高原	−0.575	−13.299	0.000

注：因变量为内部工作满意度。

（2）职业高原、组织支持感对内部工作满意度的回归分析

前文已经进行了职业高原对组织支持感的回归分析，即检验回归模型 $M = aX + e_2$ 中系数 a 的显著性，因此，直接进行职业高原、组织支持感对内部工作满意度的回归分析，以判断组织支持感在职业高原和内部工作满意度之间的中介作用。由表 5.53 职业高原对内部工作满意度的多元回归模型中可见，职业高原判断系数 $R^2 = 0.496$，当加入了组织支持感后，整体判断系数变为 0.773。且从表 5.55 职业高原、组织支持感对内部工作满意度整体的回归模型系数看，

职业高原对内部工作满意度的回归系数由 -0.575 变为 -0.095。因此，组织支持感在职业高原和内部工作满意度之间的中介作用显著，且起到不完全中介作用。职业高原、组织支持感对内部工作满意度整体的回归模型系数如表 5.56 所示。

表 5.55　职业高原、组织支持感对内部工作满意度的回归模型

模型	R	R^2	调整 R^2	标准估计的误差	更改统计量				
					ΔR^2	F	df1	df2	Sig.(显著性)
1	0.495[a]	0.245	0.228	1.027 66	0.245	14.407	8	356	0.000
2	0.883[b]	0.779	0.773	0.557 62	0.534	427.559	2	354	0.000

注：

a. 预测变量（常量）：人口学变量。

b. 预测变量（常量）：人口学变量，职业高原，组织支持感。

表 5.56　职业高原、组织支持感对内部工作满意度整体的回归模型系数

第一步				第二步			
	标准系数	t	Sig.		标准系数	t	Sig.
（常量）		-4.821	0.000	（常量）		0.923	0.357
性别	0.095	1.970	0.050	性别	0.029	1.070	0.285
婚姻	0.267	4.572	0.000	婚姻	0.001	0.040	0.968
职位	0.238	3.866	0.000	职位	-0.032	-0.906	0.366
企业性质	0.265	5.612	0.000	企业性质	0.035	1.302	0.194
年龄	-0.080	-1.022	0.307	年龄	0.039	0.900	0.369
工作年限	-0.387	-4.799	0.000	工作年限	-0.123	-2.739	0.006
任职年限	-0.046	-0.630	0.529	任职年限	-0.012	-0.311	0.756
学历	0.098	2.089	0.037	学历	-0.018	-0.707	0.480
				职业高原	-0.095	-2.604	0.010
				组织支持感	0.783	21.285	0.000

注：因变量为内部工作满意度。

3. 组织支持感在职业高原和外部工作满意度之间的中介作用分析

（1）职业高原对外部工作满意度的回归分析

表 5.57 是职业高原对外部工作满意度的多元回归模型，从表中可见，职业高原判断系数 $R^2 = 0.591$，表明回归方程可以解释总体变异的 59.1%，其中人口学变量的解释量为 27.4%，职业高原的解释量为 31.7%。模型回归显著。职业高原和工作满意度的回归矩阵见表 5.58。职业高原对外部工作满意度的

回归系数为-0.646。

表 5.57   职业高原对外部工作满意度的回归模型

模型	R	R²	调整 R²	标准估计的误差	更改统计量				
					ΔR²	F	df1	df2	Sig.（显著性）
1	0.523ᵃ	0.274	0.257	1.111 35	0.274	16.774	8	356	0.000
2	0.769ᵇ	0.591	0.581	0.834 95	0.317	275.715	1	355	0.000

注：

a. 预测变量（常量）：人口学变量。

b. 预测变量（常量）：人口学变量，职业高原。

表 5.58   职业高原对外部工作满意度整体的回归模型系数

第一步				第二步			
	标准系数	t	Sig.		标准系数	t	Sig.
（常量）		-6.902	0.000	（常量）		-5.994	0.000
性别	0.077	1.615	0.107	性别	0.110	3.073	0.002
婚姻	0.296	5.185	0.000	婚姻	0.165	3.772	0.000
职位	0.340	5.640	0.000	职位	0.102	2.143	0.033
企业性质	0.276	5.947	0.000	企业性质	0.113	3.122	0.002
年龄	-0.138	-1.801	0.073	年龄	0.032	0.550	0.582
工作年限	-0.280	-3.534	0.000	工作年限	-0.127	-2.112	0.035
任职年限	-0.053	-0.740	0.460	任职年限	-0.030	-0.554	0.580
学历	0.165	3.582	0.000	学历	0.076	2.153	0.032
				职业高原	-0.646	-16.605	0.000

注：因变量为外部工作满意度。

（2）职业高原、组织支持感对外部工作满意度的回归分析

前文进行了职业高原对组织支持感的回归分析，即检验回归模型 $M = aX + e_2$ 中系数 a 的显著性，因此，直接进行职业高原、组织支持感对外部工作满意度的回归分析，以判断组织支持感在职业高原和外部工作满意度之间的中介作用。从表 5.59 职业高原对外部工作满意度的多元回归模型中可见，职业高原判断系数 $R^2 = 0.591$，当加入了组织支持感后，整体判断系数变为 0.880。且从表 5.60 职业高原、组织支持感对外部工作满意度整体的回归模型系数看到，职业高原对外部工作满意度的回归系数由-0.646 变为-0.162。因此，组织支持感在职业高原和外部工作满意度之间的中介作用显著，且起到不完全中介作用。

表 5.59　　职业高原、组织支持感对外部工作满意度的回归模型

模型	R	R²	调整 R²	标准估计 的误差	更改统计量				
					ΔR²	F	df1	df2	Sig.（显著性）
1	0.523ᵃ	0.274	0.257	1.111 35	0.274	16.774	8	356	0.000
2	0.938ᵇ	0.880	0.876	0.453 49	0.606	892.034	2	354	0.000

注：

a. 预测变量（常量）：人口学变量。

b. 预测变量（常量）：人口学变量，职业高原，组织支持感。

表 5.60　　职业高原、组织支持感对外部工作满意度整体的回归模型系数

第一步				第二步			
	标准系数	t	Sig.		标准系数	t	Sig.
（常量）		−6.902	0.000	（常量）		−2.680	0.008
性别	0.077	1.615	0.107	性别	0.013	0.640	0.522
婚姻	0.296	5.185	0.000	婚姻	0.015	0.626	0.532
职位	0.340	5.640	0.000	职位	0.044	1.689	0.092
企业性质	0.276	5.947	0.000	企业性质	0.027	1.341	0.181
年龄	−0.138	−1.801	0.073	年龄	0.000	−0.026	0.979
工作年限	−0.280	−3.534	0.000	工作年限	0.003	0.100	0.921
任职年限	−0.053	−0.740	0.460	任职年限	−0.017	−0.568	0.570
学历	0.165	3.582	0.000	学历	0.038	2.011	0.045
				职业高原	−0.162	−6.015	0.000
					0.791	29.145	0.000

注：因变量为外部工作满意度。

5.6.3.2　组织支持感对职业高原与离职倾向之间的中介作用分析

1. 职业高原与离职倾向之间的回归分析

通过回归分析建立职业高原对离职倾向的回归模型，见表 5.61。从表中可知，职业高原判断系数 $R^2 = 0.347$，表明回归方程可以解释总体变异的 34.7%，其中人口学变量的解释量为 16.5%，职业高原的解释量为 18.2%。模型回归显著。职业高原对离职倾向的回归模型系数如表 5.62 所示。

表 5.61   职业高原对离职倾向的回归模型

模型	R	R²	调整 R²	标准估计的误差	更改统计量				
					ΔR²	F	df1	df2	Sig.（显著性）
1	0.406ᵃ	0.165	0.146	1.075 58	0.165	8.785	8	356	0.000
2	0.589ᵇ	0.347	0.331	0.952 35	0.182	99.090	1	355	0.000

注:

a. 预测变量（常量）：人口学变量。

b. 预测变量（常量）：人口学变量，职业高原。

表 5.62   职业高原对离职倾向的回归模型系数

第一步				第二步		
	标准系数	t	Sig.		标准系数	t	Sig.
（常量）		3.803	0.000	（常量）		2.401	0.017
性别	0.047	0.919	0.359	性别	0.022	0.480	0.631
婚姻	0.064	1.046	0.296	婚姻	0.164	2.969	0.003
职位	−0.223	−3.453	0.001	职位	−0.043	−0.712	0.477
企业性质	−0.256	−5.151	0.000	企业性质	−0.133	−2.904	0.004
年龄	0.040	0.482	0.630	年龄	−0.090	−1.209	0.228
工作年限	−0.130	−1.538	0.125	工作年限	−0.246	−3.237	0.001
任职年限	0.076	0.979	0.328	任职年限	0.058	0.847	0.398
学历	−0.138	−2.795	0.005	学历	−0.070	−1.586	0.114
				职业高原	0.489	9.954	0.000

注：因变量为离职倾向。

2. 职业高原、组织支持感对离职倾向的回归分析

从表 5.61 和表 5.63 中的数据可知，在加入了组织支持感后，职业高原对离职倾向的回归方程的解释量并没有显著变化，且在职业高原和组织支持感对离职倾向的回归方程中组织支持感的回归系数 b 为 0.083，P 值为 0.192，不显著，因此需要进行 Sobel 检验，来进一步判断组织支持感是否起到中介作用。Sobel 检验[①]的检验统计量是：

$$Z = \hat{a}\hat{b}\sqrt{\hat{a}^2 s_b^2 + \hat{b}^2 s_a^2}$$

其中 $\hat{a}$、$\hat{b}$ 是非标准化系数值，此处 $\hat{a} = -0.754$，$s_b^2 = 0.051$，$\hat{b} = 0.077$，$s_a^2 =$

---

① BARON M REUBEN, DAVID A KENNY. The Moderator-Mediator Variable Distinction in Social Psychological Research： Conceptual, Strategic, and Statistical Considerations ［J］. Journal of Personality and Social Psychology, 1986, 51（6）：1173-1182.

0.059，计算得 $|z| = 1.3 < 1.96$，P 值不显著，说明组织支持感在职业高原和工作满意度之间的中介作用不显著。职业高原不通过组织支持感作用于离职倾向。职业高原对离职倾向具有直接的影响作用。

表 5.63   职业高原、组织支持感对离职倾向的回归模型

模型	R	R^2	调整 R^2	标准估计的误差	更改统计量				
					ΔR^2	F	df1	df2	Sig.（显著性）
1	0.406[a]	0.165	0.146	1.075 58	0.165	8.785	8	356	0.000
2	0.592[b]	0.350	0.332	0.951 40	0.185	50.500	2	354	0.000

注：

a. 预测变量（常量）：人口学变量。

b. 预测变量（常量）：人口学变量，职业高原，组织支持感。

5.7 研究结果分析

5.7.1 研究假设检验结果

本章针对企业人力资源管理者职业高原与组织支持感、工作满意度和离职倾向之间的关系设定了 8 个方面的研究假设，经大样本实证分析检验后的假设检验结果如表 5.64 所示。

表 5.64   研究假设的检验结果汇总

标号		检验结果
H4	H4a	不同结构高原水平人力资源管理者的工作满意度存在显著差异
	H4b	不同内容高原水平人力资源管理者的工作满意度存在显著差异
	H4c	不同中心化高原水平人力资源管理者的工作满意度存在显著差异
	H4d	不同动机高原水平人力资源管理者的工作满意度存在显著差异
	H4e	不同职业高原水平人力资源管理者的工作满意度存在显著差异
H5	H5a	职业高原与工作满意度整体负相关
	H5b	职业高原与内部工作满意度负相关
	H5c	职业高原与外部工作满意度负相关

表5.64(续)

标号		检验结果
H6	H6a	不同结构高原水平人力资源管理者的离职倾向存在显著差异
	H6b	不同内容高原水平人力资源管理者的离职倾向存在显著差异
	H6c	不同中心化高原水平人力资源管理者的离职倾向存在显著差异
	H6d	不同动机高原水平人力资源管理者的离职倾向存在显著差异
	H6e	不同职业高原水平人力资源管理者的离职倾向存在显著差异
H7		职业高原与离职倾向之间正相关
H8		组织支持感与工作满意度之间正相关
H9		组织支持感与离职倾向负相关
H10	H10a	组织支持感在职业高原和工作满意度的关系之间起到中介作用
	H10b	组织支持感在职业高原和内部工作满意度的关系之间起到中介作用
	H10c	组织支持感在职业高原和外部工作满意度的关系之间起到中介作用
H11		组织支持感在职业高原和离职倾向的关系之间未起到中介作用

5.7.2 实证结果分析

本章的实证研究结果分析如下：

第一，企业人力资源管理者工作满意度、组织支持感和离职倾向的整体状况。从实证分析结果来看，企业人力资源管理者的工作满意度处于中上水平，且内部工作满意度要高于外部工作满意度；企业人力资源管理者的组织支持感同样处于中上水平，在组织支持感的四个构成维度中，同事支持感最高，其次为工具性组织支持、主管支持和情感性组织支持；企业人力资源管理者的离职倾向处于中等偏下水平，说明企业人力资源管理者的离职倾向不是很高。

第二，职业高原和工作满意度的关系。之前的大量研究都证明员工是否处于职业高原会对工作满意度产生影响，职业高原期员工的工作满意度可能会低于非职业高原期员工的工作满意度。本书通过将职业高原得分划分为高分组、中等分组和低分组的方法，比较不同程度的职业高原得分的人力资源管理者的工作满意度是否存在差异。研究结果显示，结构高原得分高的人力资源管理者的内在工作满意度、外在工作满意度和整体工作满意度都要比得分相对低的人力资源管理者的相应的满意度要低；内容高原得分高的人力资源管理者的内在工作满意度、外在工作满意度和整体工作满意度都要比得分相对低的人力资源管理者的相应的满意度要低；中心化高原得分高的人力资源管理者的内在工作满意度、外在工作满意度和整体工作满意度都要比得分相对低的人力资源管理者的相应的满意度要低；动机高原得分高的人力资源管理者的内在工作满意度、外在工作满意度和整体工作满意度都要比得分相对低的人力资源管理者的相应的满意度要低；在职业高原整体得分分组中也存在同样的情况，说明高职业高原的确会带来低工作满意度。同时，从职业高原维度和工作满意度的相关分析和回归分析的结果来看，职业高原的四个维度对整体工作满意度均具有负面影响；职业高原中的中心化高原、动机高原和内容高原对内部工作满意度有负面影响；职业高原的四个维度均对外部工作满意度有负面影响。

第三，职业高原与离职倾向的关系。为了探讨处于职业高原不同程度的人力资源管理者的离职倾向是否会显著不同，本书同样按照得分高、中、低分组方法将职业高原得分划分为高分组、中等得分组和低分组，对他们的离职倾向进行比较。比较结果显示，较高的结构高原、内容高原、中心化高原和动机高原得分的人力资源管理者的离职倾向均较高，预示着职业高原得分越高，人力资源管理者的离职倾向越高。相关分析和回归分析的结果显示，职业高原维度中的结构高原和内容高原会被纳入对离职倾向的回归方程，且对离职倾向带来正向影响，同时结构高原的影响要大于内容高原的影响，可见对企业人力资源管理者的离职倾向起到主要影响作用的职业高原因素是结构高原。

第四，组织支持感对职业高原和工作满意度、离职倾向之间关系的中介作用分析。这一部分首先通过相关分析，得出企业人力资源管理者的职业高原各维度与组织支持感各维度之间呈负相关关系；而组织支持感各维度和工作满意度之间呈正相关关系；组织支持感和离职倾向之间呈负相关关系，但相关系数较低。进一步通过回归分析发现，组织支持感在职业高原和内部工作满意度、外部工作满意度和整体工作满意度之间起到显著的中介作用，且发挥部分中介作用。这说明职业高原不完全通过组织支持感作用于工作满意度，职业高原对工作满意度及其两个维度有直接影响效应。而组织支持感在职业高原和离职倾向的关系之间没有起到中介作用，职业高原对离职倾向有直接的影响效应。

5.8 本章小结

本章首先通过预调研检验对企业人力资源管理者的组织支持感、工作满意度和离职倾向问卷进行修订，进而投入大样本正式调查。通过实证调查的结果分析企业人力资源管理者职业高原、组织支持感、工作满意度和离职倾向的整体状况和它们之间的关系。分析结果显示，企业人力资源管理者整体工作满意度处于中等偏上水平，组织支持感处于中等偏上水平，离职倾向处于中等偏下水平。职业高原会对工作满意度产生负面影响，但其中结构高原对内部工作满意度的影响不显著。组织支持感在职业高原和工作满意度之间的关系中起到了部分中介作用。企业人力资源管理者的职业高原对离职倾向产生正向影响，其中结构高原和内容高原对离职倾向影响显著，且结构高原对离职倾向起主要的影响作用。组织支持感在职业高原和离职倾向的关系中未起到中介作用。除此之外，还得出了以下结论：组织支持感和工作满意度正相关，且相关性较强；组织支持感与离职倾向负相关，但相关性不大。

6 人力资源管理者职业生涯发展对策建议

6.1 实证研究结果分析

本研究以企业人力资源管理者为研究对象，通过理论和实证研究方法分析了企业人力资源管理者的职业高原结构，形成了企业人力资源管理者职业高原的调查问卷，分析了影响人力资源管理者职业高原的因素以及职业高原和组织支持感、工作满意度、离职倾向等变量之间的关系，验证了本研究提出的一系列假设。本研究得出的主要结论包括：

（1）根据文献研究和理论分析，梳理了人力资源管理思想的发展历程和企业人力资源管理者职业生涯发展的理论，在国内外研究者对职业高原结构进行探索的基础之上建立了企业人力资源管理者职业高原的四维度结构，包括结构高原、内容高原、中心化高原和动机高原。根据探索性因子分析确定了职业高原的结构并形成有 18 个题项的职业高原调查问卷。该问卷经过项目分析、因子分析和信度、效度分析，表现出良好的心理测量特征。在投入大样本正式调查后，通过验证性因子分析进一步证明该问卷具有良好的效度。确定了企业人力资源管理者职业高原的四维结构。

（2）大样本正式问卷调查结果显示，企业人力资源管理者职业高原总体处于中等水平，说明企业人力资源管理者对职业高原的感知适中。在职业高原的四个构成维度上，企业人力资源管理者对结构高原的感知最强烈，处于中等偏上水平；对中心化高原、动机高原的感知其次；对内容高原的感知最轻。

（3）通过分析人力资源管理者职业高原及其构成维度在人口学变量上的差异发现，人力资源管理者职业高原整体在年龄、工作年限、任职年限、学历、职位和企业性质上存在显著差异，在性别和婚姻上不存在显著差异。结构高原在年龄、工作年限、任职年限、学历、职位和企业性质上存在显著差异，在性别和婚姻上不存在显著差异；内容高原在任职年限、学历、职位和企业性质上存在显著差异，在性别、年龄、工作年限和婚姻上不存在显著差异；中心化高原在年龄、工作年限、任职年限、婚姻、学历和职位上存在显著差异，在性别和企业性质上不存在显著差异；动机高原在年龄、工作年限、任职年限、婚姻、学历、职位和企业性质上存在显著差异，在性别上不存在显著差异。总体来看，企业人力资源管理者的年龄越大、工作年限越长、任职年限越长、学历越低、职位越低，其职业高原程度越高。而在国有企业、民营企业、外资企业和三资企业等几种企业中，国有企业和民营企业人力资源管理者的职业高原程度相对较高。

（4）通过对企业人力资源管理者的组织支持感、工作满意度和离职倾向进行调查发现，企业人力资源管理者的工作满意度处于中上水平，且内部工作满意度要高于外部工作满意度；企业人力资源管理者的组织支持感同样处于中上水平，在组织支持感的四个构成维度中，同事支持最高，其次为工具性组织支持、主管支持，情感性组织支持相对最低；企业人力资源管理者的离职倾向处于中等偏下水平，说明企业人力资源管理者的离职倾向不是很高。

（5）通过对人力资源管理者职业高原和工作满意度、组织支持感、离职倾向之间的关系分析发现，职业高原会对工作满意度产生负面影响。同时通过回归分析发现，对工作满意度起最主要影响作用的职业高原维度是中心化高原，其次为动机高原、内容高原和结构高原。对内部工作满意度起影响作用的职业高原维度重要性排序依次为中心化高原、动机高原和内容高原，结构高原对内部工作满意度的影响不显著。对外部工作满意度起影响作用的职业高原维度重要性排序依次为中心化高原、结构高原、内容高原和动机高原。组织支持感在职业高原和工作满意度之间的关系中起到了部分中介作用，即在组织支持感的中介作用下，职业高原对工作满意度的负面影响会显著降低。企业人力资源管理者的职业高原对离职倾向产生正向影响，其中结构高原和内容高原对离职倾向影响显著，且结构高原对离职倾向起主要的影响作用。组织支持感在职业高原和离职倾向的关系中未起到中介作用。除此之外，还发现组织支持感和工作满意度正相关，相关性较强；组织支持感与离职倾向负相关，但相关性不大。

6.2　人力资源管理者职业生涯发展的对策建议

6.2.1　重视人力资源管理者的职业发展和职业高原问题

　　一般来讲，企业人力资源管理者的职业发展道路是比较宽泛的。一个努力工作的人力资源管理者首先能开阔眼界，能够有更多的机会接触到最新、最强的管理理念和管理知识，是管理知识的第一受益人。同时，人力资源管理工作对从业的管理者自身素质要求很高。人力资源管理人员的沟通范围，上至公司老总，下至普通员工，内与组织各个职能部门，外与管理咨询公司、培训机构等。其业务范围，除了自身的员工招聘、薪酬福利、绩效考核、职位设计、培训等职能外，还要求熟悉组织的企业文化、战略规划、业务流程和劳动法规等。因此，人力资源管理者的综合素质往往是比较高的，否则将很难胜任。

　　在目前或不久的将来，中国企业的发展需要企业的人力资源管理者完成管理角色的蜕变，由过去管理政策的执行者和人事管理的中心转变为企业的经营战略伙伴，为人力资源管理提供专业解决方案的行政专家，为员工提供所需支持和服务的员工支持者，以及为组织变革提供流程和技巧咨询的变革推动者。角色转变不仅意味着人力资源管理者所需胜任能力的改变，也意味着人力资源管理者的职业发展将出现前所未有的广阔空间。人力资源管理者的职业发展方向将不仅是传统意义上职位的晋升或者是岗位的横向变动，更可能逐步向组织的核心靠近，在企业中承担更加重要的管理职务，甚至是跨越专业的人力资源管理领域，成为企业的高层管理者或者创业者。但由于受到个人、组织和社会因素的影响，普通的特别是基层的人力资源管理者面临与企业其他管理人员、知识员工同样的职业高原现象。根据理论和实证分析，职业高原包括由组织结构设计原因造成的结构高原，由工作内容设计造成的内容高原，由组织重要任务安排情况所造成的中心化高原以及由人力资源管理者自身动机原因造成的动机高原。对于企业管理者来说，注重员工的职业发展是留人和激励人的一个重要内容，而人力资源管理者作为企业人力资源管理工作的重要执行者，其本身的职业发展也应该受到企业管理的关注，他们在职业发展中遇到的职业高原问题值得管理者思考如何进行企业的工作设计和规划员工的职业发展。

　　对于从事人力资源管理工作的员工，即企业的人力资源管理者个体来说，由于专业原因对自己的职业发展、职业规划和职业发展中所遇到的问题应该更加具有敏感性，面对职业发展的瓶颈，应该更加能够克服由于自身原因造成的困境，并为组织的职业发展通道设计提出自己的专业意见。

6.2.2　从职业高原构成维度出发，降低员工的职业高原程度

从职业高原四个构成维度在职业高原整体中所占据的重要性来看，结构高原是职业高原的最主要因素，其次为动机高原、中心化高原和内容高原。说明企业要想避免员工职业高原现象的发生，首先需要做的是做好企业的职位规划，设计通畅的员工职位晋升和变动通道，为企业员工的职业规划提供建议和帮助。其次应该注意的是，员工自身在职业发展中的惰性可能会极大地影响到他们的职业发展状况，因此应该调动员工工作的积极性，通过企业文化的宣扬和职业发展帮助计划让员工感受到职业发展的可能性和重要性。最后，在企业中是否有承担重要工作的机会成为比工作内容更能影响员工职业高原感受的一个因素，说明如果能体会到自己被企业重视，能够参与到企业的"主流"业务当中，即便承担重复性的工作，员工也会获得职业上的满足感。因此，企业在进行工作设计的时候，可以冲破部门界限，发展多部门合作的项目团队，让员工体会到能够得到公司的重视，这样对他们来说也是一种职业成功的标志。而对于内容高原而言，工作内容的丰富化、在职培训、各种技能的培训一直是企业员工管理中需要关注的问题。

对于企业人力资源管理者而言，通过实证调查发现，在职业高原的四个构成维度中，人力资源管理者的结构高原是最严重的（得分最高），且超过了平均水平，说明企业对人力资源管理者的客观上的职业通道设计不能使人力资源管理者满意，使他们体会到了在职位的晋升和变动中的困难。企业在未来对员工的职业发展管理方面仍然应该以职业通道设计为重。相对结构高原而言，中心化高原、动机高原和内容高原的得分均低于平均水平，说明人力资源管理者对这三个方面的高原感受不是很强烈。这一方面体现出随着企业人力资源管理能力的提高，人力资源管理者的工作也越来越受到组织的重视，承担组织重要工作、参与重要决策的机会也逐渐增加；另一方面说明人力资源管理者自身的职业发展主观意愿比较强烈，而人力资源管理工作本身也由于其复杂性、所需技能的综合性给企业的人力资源管理者自身能力提高带来机会。

6.2.3　从影响职业高原的因素出发，关注特定群体的职业高原问题

从职业高原及其构成维度在人口学变量上的差异的实证分析中可以看出，易产生职业高原的人力资源管理者集中在具有年龄相对高、工作年限相对长、任职年限相对长、学历相对低而职位也相对低等特征的群体身上，而职位变

动、上升的困难和难以被组织核心所接受的困境也会造成人力资源管理者个人职业发展动机的降低。这说明尽管企业人力资源管理者整体的职业高原现象不是非常严重，但是具体到不同特征群体上，仍然会面对职业发展的困难。而人力资源管理者作为企业人力资源管理工作的重要承担群体，如果他们自己的职业发展都会成为困难，这也会体现出该企业在员工职位设计方面的缺憾，同时体现出企业对人力资源管理工作本身缺乏重视。因此，企业在进行职位设计时，应该特别关注具有以上特征的特定群体，调动他们的工作积极性，发挥他们在岗位和专业上的工作经验，克服职业高原产生的负面影响。同时，本研究在实证调查中发现，国有企业和民营企业人力资源管理者的职业高原水平要高于外资企业和合资企业人力资源管理者的职业高原水平，特别是国有企业人力资源管理者的结构高原、动机高原和内容高原都要比其他类型企业中人力资源管理者的职业高原维度的程度要高。这说明国有企业、民营企业和外资企业、合资企业相比，其人力资源管理水平、组织设计、员工晋升渠道开发和员工职业发展帮助计划等方面还有待进一步提高。同时国有企业虽然在改革中推行了现代企业制度，但在员工晋升制度、职位安排设计方面还有待进一步加强。

从人力资源管理者自身的角度来说，做好自己的职业发展规划，提高自身的专业水平和能力，为企业提供专业的人力资源管理咨询也是避免自身面对职业高原的方式。人的职业生涯发展一般包括以下几个阶段。①起步阶段。从学校毕业后的第一个5~6年，个人开始慢慢了解社会及学习工作的方法，建立自己的社会关系和信誉度。大多数人在这个阶段往往雄心勃勃、非常自信（有些自负），许多事情都在尝试阶段，薪酬水平也较低。但现实常令他们感到失望，自然也谈不上有什么可以炫耀的成绩了。个人在这个阶段应脚踏实地地学习实践知识，有意交往一些前辈（有水准的），不断总结经验教训，找出自己的优势项目，挖掘自身潜力，为今后的发展打下良好的基础。②成长阶段。在第二个5~7年，你已经熟悉了一个领域，有一定的专业水准，不论职位及水平都处于逐步向上提升中，薪酬水平也在逐渐提高。同时你的机会也较多，跳槽的可能性较大，若机会把握好，将为下阶段的加速提升创造良好的平台。此阶段你要对专业知识十分熟悉（属于知识大补阶段），对它的发展方向要有前瞻性的认识，同时开始形成自己的专业人际网络，拓展自己的人脉关系网——特别是33~40岁的人士，你的人脉竞争力要十分强劲（这是你的优势项目），只有这样才能为个人下阶段的提升打下坚实的基础。③成熟阶段。此阶段可能会持续相当长时间，这要因人而异。你的职位及专业水准达到或即将达到你的最高点，事业基本有成，或达到了一个大家公认的较高水平（专家级）。这时你做任何事情，更多的是依靠你的经验，考虑问题所受到的牵扯较多，对薪酬的要求大大增加，相反你的求知欲正在逐步地减退。④即将退休阶段。退休前的 3~5 年，随着薪水和地位达到个人人生最高点，你开始逐渐失去工作的愿望，并为退休后的悠闲生活考虑了。从实证调查来看，人力资源管理者的职业高原通常出现在职业发展的第二个和第三个发展阶段。从学历对职业高原的影响来看，高学历仍然是企业所青睐的，因此作为学历水平未及本科的人力资源管理者应该提高自身学历水平，追求更高层次的学历培训，不仅能够为自身带来职业发展的机会也是提高学识和专业水平的有利途径。

6.2.4 发挥组织支持感的中介作用，降低职业高原产生的负面影响

如何提高员工的工作满意度、降低离职倾向一直是企业发展中面临的一个现实问题。而随着企业对职业高原现象的关注，职业高原带来的负面影响也成为企业管理领域的一个重要问题。过去管理领域的研究更多关注的是员工对组织的承诺，而忽略了与之相对应的组织对员工的支持。本研究的实证研究发现，对于企业人力资源管理者来说，提高组织支持感能够显著降低职业高原带来的工作满意度的降低程度，同时组织支持感对内部和外部工作满意度均具有正向的影响作用，而和离职倾向具有负向的相关性。因此，使员工感受到组织对自己情感上的关心，能够为自己的工作提供现实的帮助，体会到来自主管和同事的关心和帮助都可以有效地降低职业高原对工作满意度带来的负面影响，提高员工的工作满意度，使员工安心在组织内为组织创造更多的财富和价值。

对于企业人力资源管者来说，实证调查显示，他们的工作满意度和组织支持感要高于平均水平。这说明大多数企业能够为人力资源管理者和他们的工作提供有利的情感和工具上的支持，而人力资源管理者自身周围的工作氛围也相对和谐，使他们能够体会到来自同僚和上司的关心。因此，即便面对职业发展上的瓶颈期，他们也能够拥有相对高的工作满意度。因此，未来企业在探索如何提高员工工作满意度时，除了考虑为员工开拓合理的晋升和岗位变动渠道，丰富工作内容，对员工的职业发展进行合理的引导外，还需要考虑为员工创造和谐的工作环境，为员工提供情感上的支持，提供方便工作的有利环境，通过企业文化建设创造和谐融洽的工作团队。这些措施均有利于人力资源管理者工作满意度的提高，也有利于他们更好地服务于企业的人力资源管理工作。

从员工个体的角度来看，虽然从客观上来看，难以决定组织的职业通道设计，但是可以通过有方向的自我的职业规划，获得事业上的发展。作为人力资源管理者，从主观方面认识到人力资源管理在企业中的重要地位，有意识地主

动承担重任，不断丰富自己的专业知识和学识，不仅要熟悉人力资源管理专业知识，同时也要对企业生产经营、战略发展等其他方面的知识有所涉猎，这样才能够为组织的经营决策提供专业建议。人力资源管理者较低的离职倾向也体现出作为人力资源管理这个职业，其职业发展的组织依赖性要比其他技术类、营销类等岗位强。因此，他们相对的离职成本要高，跳槽的机会要相对少，做好长远的职业发展规划就显得更为重要。

6.3　改善企业人力资源管理工作的政策建议

从以上分析可以看出，无论是从企业管理的角度还是从人力资源管理者个人角度都应当对职业高原予以重视。企业人力资源管理者职业高原的四个构成维度——结构高原、内容高原、中心化高原和动机高原既因企业管理上的原因造成，也受到员工个人心理因素影响。而职业高原的重要性也体现在它会对员工的工作满意度、离职倾向造成负面影响，进而影响企业的人力资源管理工作。本书的理论分析和实证研究成果，可以给企业未来的人力资源管理工作带来如下的政策建议：

6.3.1　开发职业高原的正面意义，重新塑造企业员工的职业价值观

从传统企业文化理念来看，企业对员工最大的激励就是职位的晋升，而员工也将此作为体现自身职业成功的重要标志。这种传统的以晋升为标准的职业价值观不仅给员工带来了巨大的压力，也使组织由于"彼得原理"造成不能胜任者位居高位的状况。本书实证研究结果——企业人力资源管理者的职业高原会对工作满意度和离职倾向产生负面影响——支持了这一观点。但事实上，员工的职业发展还可以包括工作的横向变动、被组织赋予更多的责任、向着组织核心方向发展等其他发展方式。人们对于职业高原概念的理解不应该仅仅局限于其"负面"含以上。Ference 曾总结出"有效的高原"和"无效的高原"。对于企业管理实践来说，"有效的高原"就是"下不来"的高原，在这样的高原上，员工对自身的工作非常熟悉，能够得心应手、从容应对，获得相应的高绩效，这样的"高原"是组织应该提倡和推崇的。处于这一职业高原期的员工也不必有职位晋升的压力，而是应该好好享受"高原风光"。而另一种"无效的高原"则是一种"上不去的高原"，即低水平的高原。处于这种高原期的员工工作绩效低，感受不到职业成功的满足感。这才是企业和员工应该规避的

职业高原。因此，企业需要重新塑造员工的职业价值观，促进员工达到"有效的高原"，避免"无效的高原"，改变员工对职业高原和职业成功的固有看法，而不仅仅关注于职业高原的负面影响，将职业成功简单定义为获得职位上的晋升。

6.3.2 从职业高原四个构成维度出发，建立多样化的职业发展路径

无论是传统的职位晋升还是职位的横向变动，都会将员工的职业发展局限于某个职位发展通道。而建立多样化的职位发展路径，是要让员工了解职位发展的多样化和灵活性，而不仅仅是传统意义上的论资排辈。职业高原的四个构成维度意味着员工在职位的晋升和横向变动、工作内容的丰富化、向组织核心方向发展以及自身的职业发展动机方面都有可能遇到各种障碍，建立多样化的职业发展路径能够在某种程度上消除或者降低这些障碍的影响程度。

多样化的职业发展路径包括三个方面：第一，职位的横向发展路径。职业高原的第一个构成维度是结构高原，结构高原不仅意味着员工在传统的纵向职位晋升上受阻，也包括员工在横向的职位变动上受阻。这两种职业发展方向上的障碍都会使员工体会到职业高原。因此，职位的横向发展也是一种重要的职业发展路径。横向职位发展不局限于员工的专业领域，只要员工符合企业的任职要求，也可以冲破专业限制转向其他专业领域。例如对于人力资源管理者来说，不仅可以在人力资源管理领域进行职位的横向调动，由招聘专业岗位调动到培训专业岗位，由绩效管理岗位调动到员工管理岗位，也可以根据自己的性格特点和兴趣爱好转战到企业的营销、采购等领域。只要员工具备这样的能力，企业就应该为员工提供机会。第二，双重职业发展路径。双重职业发展路径往往由管理岗位发展路径和技术职能发展路径组成。员工在职位或技能提高的同时也伴随着向组织核心方向发展的趋势。因此，企业开辟双重职业发展路径，是有效规避员工结构高原、内容高原和中心化高原的有效方式。以往，双重的职业发展路径通常被运用于技术人员身上，而对于企业的行政管理岗位，通常的职业发展只有职位的晋升这一条职业发展路径。随着人力资源管理专业化程度的提高，企业人力资源管理者也有机会通过专业知识、能力的提升获得在人力资源管理领域的专业技能的提高。而企业可以据此为人力资源管理者设计管理领域和技术职称领域的双重职业发展路径，为他们提供多样化的职业发展方向。随着人力资源管理外包的发展，企业的人力资源管理者也有机会走出企业，成为更加专业的人力资源管理咨询师，甚至是成为合伙人或创办自己的人力资源管理咨询公司，这为人力资源管理者的职业发展开辟了新的道路。第

三，网状职业发展路径。无论是纵向的职业发展路径还是横向的职位变动，通常都是线性的职业发展方向，而网状的职业发展路径拓宽了员工的职业发展方向，如在纵向发展的基础上增加横向发展甚至是突破企业边界发展，或是增加破格晋升、破格录用的机会，使企业员工的职业发展更具灵活性。企业如果能够打通多渠道的职业发展路径，并配合职业价值观的重新塑造，也会在某种程度上降低员工动机高原发生的可能性。

6.3.3 关注人力资源管理者中的特定群体，帮助人力资源管理者完成角色转变

企业人力资源管理者面临成为战略执行的合作者、行政管理专家、员工伙伴、变革推崇者的新角色，这种角色的转变对人力资源管理者的能力提出了新的要求，同时也为人力资源管理者的职业发展提供了新的空间和机会。从职业高原及其构成维度在人口学变量上的差异的实证分析中可以看出，易产生职业高原的人力资源管理者集中在具有年龄相对高、工作年限相对长、任职年限相对长、学历相对低而职位也相对低等特征的群体身上。因此，企业帮助人力资源管理者顺利完成管理角色的转变，更需要关注这些易于面临职业高原的群体。完成角色转变不仅需要人力资源管理者自觉学习胜任新角色所应具备的知识和技能，更需要企业为他们提供完成角色转变的机会以及相应的培训机会。

首先，在工作设计方面，重新设计人力资源管理者的工作范围和工作内容，相应提出新的任职要求。通过工作设计让人力资源管理者参与到公司治理、企业变革当中，让他们提供企业发展所需的人力资源计划和相应的应对措施；提高人力资源管理者成为行政专家的能力，使人力资源管理部门成为企业人才信息收集、整理和发布的专家中心，使人力资源管理者成为企业其他部门提供人力资源管理相关知识内部咨询服务的专业人士；建立人力资源管理者和企业员工的良好关系，以调研、报告和员工调查等形式了解员工的真实情况，鼓励员工建立、维护工作团队，使人力资源管理者成为员工的代言人，保证员工对组织的全身心投入和组织忠诚；成为变革推动者要求人力资源管理者不再是单枪匹马地工作，而是需要组建自己的高效工作团队，以提高适应和把握变化的组织能力，促进和确保公司变革方案的执行和实施；针对易于产生职业高原的群体，让年长、工作年限长、任职年限长而又具备丰富人力资源管理实践工作经验的员工，发挥传、帮、带的作用，成为人力资源管理团队中的咨询师，成为年轻人力资源管理者的指导者，在让其发挥经验长处的同时获得职业满足感，降低职业高原程度。

其次，在培训方面，职业高原在某种程度上能够反映出员工在知识结构和自身工作能力方面的老化，特别是那些学历相对低的人力资源管理者，会因为学历原因面临更加严峻的职业高原现象，因此职业高原反映出企业对员工进行专业能力培训方面的不足。员工能力的提高可以通过多种形式的培训获得，为人力资源管理者提供帮助其进行角色转变的培训，是改善其职业高原的有效措施。如增加关于企业战略、变革、信息管理、调查研究和团队合作等方面的培训内容，以及配合人力资源管理者职业发展兴趣的各种培训。对于学历处于专科及以下的人力资源管理者，通过员工政策激励他们提高学历，或完成相应的在职培训，提高他们的工作能力，使他们能够更加适应现代人力资源管理的要求，摆脱职业高原带来的困扰。

6.3.4　探索提高企业人力资源管理者工作满意度、组织支持感，降低离职倾向的措施

本书实证研究证明，在职业高原的四个构成维度当中，对工作满意度产生负面影响的因素排序依次为中心化高原、动机高原、内容高原和结构高原。其中，中心化高原起到了非常重要的影响作用。这说明对于企业人力资源管理者来说，能够感受到组织的重视、参与到组织的核心决策当中比获得晋升和工作的丰富化更能带来工作的满足感。特别是内部工作满意度与人力资源管理者是否能够获得职位上的升迁和变动并无相关性。因此，企业应当探索人力资源管理者参与决策的措施，鼓励人力资源管理者发挥才智和专业能力，提出合理化建议。具体措施可以包括：一是对人力资源管理者参与管理制度进行有效宣传，得到员工特别是人力资源管理者团队的普遍认同，有利于政策的贯彻和执行。二是授权，即企业给予人力资源管理者参与管理、做出决策的权力和相应的企业信息，包括企业内外部的短期规划、业务调整、竞争对手情况等资料和数据，把企业信息即时传递给人力资源管理者作为决策参考。三是提高人力资源管理者自身的知识水平、完善他们的知识体系。人力资源管理者参与管理、做出决策的质量取决于自身的知识体系和获得信息的有效性，因此具备与做出决策相适应的能力是能够有效参与决策的关键。四是给予相应的报酬。对于给出有效策略的员工，报酬是企业对员工参与管理过程做出决策的认可和肯定，如果光有付出而没有回报只会挫伤员工参与管理的积极性。同时，企业也可以通过选举某些人力资源管理代表的方式让他们参与到企业的重要决策制定过程当中，以此发挥人力资源管理者的战略管理新角色。

对人力资源管理者的离职倾向造成影响的实证研究结果显示，职业高原构

成维度中的结构高原和内容高原发挥了主要作用，而中心化高原和动机高原并未被纳入对离职倾向影响的回归模型当中。企业人力资源管理者由于其工作直接面对企业大量的员工，如果连这一岗位都具有较高的人员流动性，对企业带来的负面影响将是加倍的。实证研究结果说明，能够造成人力资源管理者是否离开企业的主要因素仍然是晋升渠道的通畅与否以及工作内容的丰富化程度和获得新知识、新能力的可能性。因此，前文提到的建立多样化的职业发展路径、进行工作的内容的重新设计，不仅是帮助人力资源管理者降低职业高原、进行管理角色转变的措施，也是降低人力资源管理者离职倾向的可靠方式。

本书的实证研究证明，除了降低人力资源管理者的职业高原会增加他们的工作满意度、降低离职倾向外，组织支持感的提高也有利于职业高原对工作满意度带来的负面影响的降低。而近年来研究者对组织支持感的关注也证明，关注员工的组织支持感对企业的实际工作具有重要意义。而人力资源管理岗位既代表员工又代表企业的身份的特殊性也使得提高其组织支持感对企业的意义更为重大。组织支持感包括工具性组织支持、情感性组织支持、主管支持和同事支持，因此，提高组织支持感包括提供多维度的组织支持。工具性组织支持和员工的工作任务密切相关，组织需要为员工的工作提供必要的工作条件。对于人力资源管理者来说，他们属于企业的知识员工，他们工作的完成需要企业相应的资料、设备以及其他人员的支持，而在企业人力资源管理者角色转变的情况下，企业不仅需要为他们提供完成传统行政事务的条件，也要为他们提供例如关于企业的战略发展规划、改革方案等方面内容的资料，需要为他们提供来自企业高层领导的支持。情感性的组织支持在人力资源管理者的组织支持感中的地位尤为重要。如果人力资源管理者与企业没有建立积极的心理契约，将会影响到企业整体的人力资源管理工作。企业一方面需要尊重人力资源管理者个人的需求和价值观，另一方面也要尊重人力资源管理工作本身。例如，借助企业外部资源为人力资源管理者提供职业生涯规划和发展方面的培训，在企业进行人事决策或经营决策时为人力资源管理者提供表达其专业意见的机会，关注人力资源管理者自身的福利状况等。主管支持和同事支持的提高依赖于人力资源管理团队成员整体素质的提高，不同职位、阶层的管理者，包括企业高管都需要了解并支持企业的人力资源管理工作和人力资源管理管理者。同时进行人力资源管理团队建设，增加团队凝聚力，发挥人力资源管理团队在企业管理中的积极作用。

6.4　研究局限及研究展望

职业高原是一个多学科交叉的研究领域,逐渐成为研究者们关注的一个研究热点,因此许多问题还有待研究者们探索。本研究以企业人力资源管理者为研究对象,对他们的职业高原以及职业高原的影响因素,职业高原对结果变量的影响进行了探究,但还有许多问题值得进一步的探讨和检验。鉴于受到研究时间、条件、资源和精力的限制,本研究存在以下局限:

第一,在样本的收集上主要采用了专业调查网站和部分纸质问卷回收的方式,虽然采用了一定的方式避免答卷者填答问卷的不真实性,但这种自述式的答题方式本身所获得问卷的有效性仍然会受到影响,因此在样本是否具有代表性以及回答问题的真实可靠性方面仍不能完全保证。在今后的研究中可以选择扩大样本量、采用更加有效的回收问卷方式对本研究的结论进行进一步的检验。

第二,本研究探讨了人口学变量中的性别、年龄、工作年限、任职年限、婚姻状况、学历、职位和企业性质等因素对职业高原的影响作用。从文献研究中可以发现,个人职业动机和人格特征等其他因素也会对职业高原产生影响,本书受研究者研究精力和条件限制没有考虑影响职业高原的更加全面的因素。今后的研究可以进一步扩充对职业高原造成影响的因素研究,进一步探索职业高原的产生机理。

第三,本研究在对职业高原和工作满意度、离职倾向的关系进行研究时,加入了组织支持感这一中介变量,并发现了组织支持感在职业高原和工作满意度的关系中起到了部分中介作用。而除了组织支持感外,职业高原和工作满意度、离职倾向之间的关系还可能受到其他变量的影响,如组织承诺、指导关系、自我效能感等因素,这些中间变量是否会对职业高原和工作满意度、离职倾向之间的关系造成影响以及造成怎样的影响也可以成为未来的研究方向。

综上所述,在未来的职业高原研究领域,还可以进行以下方面的研究:

第一,扩大样本的研究范围。本研究得出的职业高原维度是在对企业人力资源管理者进行职业高原探究时所得出的结论,未来研究可以将此维度职业高原的研究运用于企业其他管理人员和知识型员工,以检验职业高原的四维结构是否具有普遍性。还可以通过企业人力资源管理者与企业其他管理人员职业高原的对比研究,进一步发现人力资源管理者职业高原的特殊性。同时,本研究收集的调查问卷是横向数据，可以进一步通过纵向研究收集更多的数据进行深入探讨，研究职业高原和其他变量之间是否具有因果关系。

第二，进一步探索职业高原的影响因素，探寻职业高原的形成机制。在职业高原的影响因素研究方面，可以进一步加入员工个人的职业动机、人格特征等因素。同时，本书只关注了影响职业高原的个人因素和部分组织因素，除此之外职业高原也会受到其他组织因素，如组织规模、组织结构和管理策略以及社会因素的影响，进一步探索这些影响因素，对全面了解职业高原的形成具有重要意义。

第三，对影响职业高原和工作满意度、离职倾向关系的中介机制进行进一步的研究，探索职业高原影响结果变量的中介机制。本研究发现组织支持感在职业高原和工作满意度之间起到了中介作用，但在职业高原和离职倾向的关系中并未发挥中介作用。在未来的研究中，可以进一步讨论存在于职业高原和离职倾向之间的中间变量，如自我效能感、指导关系等因素对职业高原和结果变量之间的关系中是否发挥着中介作用。

附　录

企业人力资源管理者职业高原现象问卷调查

各位先生、女士：

　　您好！这是一份学术性的问卷，探讨企业人力资源管理者职业生涯发展及职业高原现象，希望能获得您的支持与协助。本问卷总共75道问题，主要想了解您对工作上许多问题的看法，因此烦请您仔细阅读每一项叙述，并在适当的答案栏圈选。

　　本问卷各个题项与答案并无对与错之分，而您所填答案仅供整体统计分析之用，决不个别处理或公开发表，资料绝对保密，且不须填写个人姓名，敬请放心填答。

　　十分感谢您的协助及对本研究的支持。

　　敬祝身体健康、万事如意！

首都经贸大学工商管理学院

研究者：李沐

答题前请先阅读填写说明

　　1. 本调查问卷分三部分，第一部分是关于您对于个人职业发展和工作环境中相关问题的看法；第二部分是您对工作中相关状况的满意程度的看法；第三部分是个人基本情况调查。

　　2. 请您在适当的选项上用"√"选择一个最符合您在一般情形下最直接的想法、感觉或行为的选项。如果是电子版，请把您选择的字体颜色改为红色。

　　3. 本问卷并非测验，没有标准答案，任何问题的答案均无"对""错""好""坏"之分。我们所要了解的是您真实的状态和感受。您根据自己的实际情况如实填写即可。

　　4. 如有任何疑问，请与我们联系。

　　联系方式如下：

　　联系人：李沐

　　E-mail：limobaoer@ sohu.com

第一部分：您对个人职业发展和工作环境中相关问题的看法

说明：下述问卷中，字母 A 代表"非常不同意"，字母 B 代表"比较不同意"，字母 C 代表"有点不同意"，字母 D 代表"有点同意"，字母 E 代表"比较同意"，字母 F 代表"非常同意"。请在最符合您意愿的字母选项上打"√"（电子版问卷填写者，请您直接将所选项标红或加下划线并加粗）。

序号	问题	非常不同意	比较不同意	有点不同意	有点同意	比较同意	非常同意
1	在本公司，我不可能获得一个更高的职别或职称	A	B	C	D	E	F
2	目前这份工作可以开阔我的视野	A	B	C	D	E	F
3	目前这份工作能进一步丰富我的工作技能	A	B	C	D	E	F
4	在当前的组织内，我升迁的机会非常有限	A	B	C	D	E	F
5	在目前工作中，我能获得更多的组织资源	A	B	C	D	E	F
6	在今后不久的一段时间内，我能够被提拔到一个更高层次的岗位	A	B	C	D	E	F
7	由于工作性质和职务设计等原因，我近 5 年内横向调动的可能性很小	A	B	C	D	E	F
8	我当前的工作能让我有机会学习和成长	A	B	C	D	E	F
9	我的工作缺乏挑战性	A	B	C	D	E	F
10	我的工作需要我不断地扩展我的能力和知识	A	B	C	D	E	F
11	在本公司，我还能得到上级的不断提拔	A	B	C	D	E	F
12	在本公司，我将要升职的可能性很小	A	B	C	D	E	F
13	当前工作很难使我获得新的工作经验	A	B	C	D	E	F
14	对于我来说，我的工作任务和活动已变成重复性劳动	A	B	C	D	E	F
15	我工作主动性明显下降	A	B	C	D	E	F
16	我不愿再接受有挑战性的任务	A	B	C	D	E	F
17	我的上级不会赋予我更多的工作权力	A	B	C	D	E	F
18	我提出的有关公司的工作意见或建议，会受到领导的重视	A	B	C	D	E	F
19	在目前工作中，我有机会参与组织问题解决过程	A	B	C	D	E	F
20	在目前工作中，我有机会参与公司的决策、计划制订	A	B	C	D	E	F

序号	问题	非常不同意	比较不同意	有点不同意	有点同意	比较同意	非常同意
21	在本公司,我已经升到了我难以再继续上升的工作职位	A	B	C	D	E	F
22	我更希望把精力投给家庭,而不是工作	A	B	C	D	E	F
23	在本公司,我常能承担更大责任的任务	A	B	C	D	E	F
24	上级常让我负责一些重要的事物	A	B	C	D	E	F
25	我不愿意争取升职,因为升职要承担更多的责任	A	B	C	D	E	F
26	我对自己的工作不自信	A	B	C	D	E	F
27	我宁愿保持现状,也不愿冒险或尝试新事物	A	B	C	D	E	F
28	我不喜欢和同事竞争以获取升职的机会	A	B	C	D	E	F
29	组织关心我的福利	A	B	C	D	E	F
30	组织尊重我的意见	A	B	C	D	E	F
31	当我在工作中遇到困难时,组织会帮助我	A	B	C	D	E	F
32	当我在生活上遇到困难时,组织会尽力帮助我	A	B	C	D	E	F
33	组织尊重我的目标和价值	A	B	C	D	E	F
34	组织关心我的个人发展	A	B	C	D	E	F
35	组织关心我的个人感受	A	B	C	D	E	F
36	组织会尽力为我提供良好的工作环境和条件设施	A	B	C	D	E	F
37	组织会尽力为我提供工作所需的人员和信息支持	A	B	C	D	E	F
38	组织会尽力为我提供工作所需的培训或相关支持	A	B	C	D	E	F
39	我的主管愿意倾听我工作中遇到的问题	A	B	C	D	E	F
40	我的主管关心我的福利	A	B	C	D	E	F
41	当我遇到困难时,会从我的主管那里得到帮助	A	B	C	D	E	F
42	我的同事愿意倾听我工作中遇到的问题	A	B	C	D	E	F
43	我的同事对我的工作帮助很大	A	B	C	D	E	F
44	当我遇到困难时,同事愿意提供帮助	A	B	C	D	E	F
45	我常常想到辞去目前的工作	A	B	C	D	E	F
46	我考虑有一天我可能会离开本公司	A	B	C	D	E	F
47	我会寻找其他工作机会	A	B	C	D	E	F

第二部分　您对工作中相关状况的满意程度的看法

说明：下述问卷中，字母 A 代表"非常不满意"，字母 B 代表"比较不满意"，字母 C 代表"有点不满意"，字母 D 代表"有点满意"，字母 E 代表"比较满意"，字母 F 代表"非常满意"。请在最符合您意愿的字母选项上打"√"（电子版问卷填写者，请您直接将所选项标红或加下划线并加粗）。

序号	问题	非常不满意	比较不满意	有点不满意	有点满意	比较满意	非常满意
48	我有独立工作的机会	A	B	C	D	E	F
59	在工作中，我有自己做出判断的自由	A	B	C	D	E	F
50	我可以按自己的方式、方法完成工作	A	B	C	D	E	F
51	在工作中，我时常有做不同事情的机会	A	B	C	D	E	F
52	在工作中，我有充分发挥能力的机会	A	B	C	D	E	F
53	在工作中，我有为他人做事的机会	A	B	C	D	E	F
54	我能从工作中获得成就感	A	B	C	D	E	F
55	我有成为工作团队中重要人物的机会	A	B	C	D	E	F
56	我总能保持一种忙碌的状态	A	B	C	D	E	F
57	在工作中，我有告诉其他人做些什么事情的机会	A	B	C	D	E	F
58	这个工作能让我做不违背良心的事情	A	B	C	D	E	F
59	目前的工作可以给我带来一种稳定的雇佣关系	A	B	C	D	E	F
60	目前的公司能给我提供职位晋升机会	A	B	C	D	E	F
61	工作表现出色时所获得的奖励	A	B	C	D	E	F
62	在工作中，老板对待他（她）下属的方式	A	B	C	D	E	F
63	上级的决策胜任能力	A	B	C	D	E	F
64	公司政策实施方式	A	B	C	D	E	F
65	公司提供的报酬和分配的工作量	A	B	C	D	E	F
66	在工作中，同事之间的相处方式	A	B	C	D	E	F
67	公司提供的工作条件	A	B	C	D	E	F

第三部分　个人基本资料

说明：本部分是关于您个人和所在单位的一些基本信息，请您在相应选项的方框内打"√"。

68. 您的性别：（1）男□　　（2）女□

69 您的年龄：（1）18~25 岁□　　（2）26~30 岁□　　（3）31~40 岁□

（4）41~50 岁□　　（5）51 岁以上□

70. 您在当前企业工作已有：

（1）4 年以下□　　（2）5~10 年□　　（3）11~15 年□　　（4）16~20 年□

（5）21 年以上□

71 您在当前职位上工作的时间为：

（1）1~3 年□　　（3）3~5 年□　　（4）5~8 年□　　（5）大于 8 年□

72. 婚姻状况：

（1）未婚□　　（2）已婚□　　（3）离异□　　（4）分居□　　（5）丧偶□

73. 您的最高学历：

（1）大学专科以下□　　（2）大学专科□　　（3）大学本科□

（4）硕士及以上□

74. 您的职位是或者相当于是：

（1）普通职员□　　（2）基层经理□　　（3）中层经理□

（4）高层经理□

75. 您所在企业的性质：

（1）国有企业□　　（2）民营企业□　　（3）外资企业□　　（4）合资企业□

（5）其他□

参考文献

[1] ABRAHAM K G, MEDOFF J L. Length of service and promotions in union and nonunion work group [J]. Industrial and Labor Relations Review, 1985 (38).

[2] ALLEN T D, POTEET M L, RUSSELL J E A. Attitudes of managers who are more or less career plateaued [J]. Career Development Quarterly, 1998 (47).

[3] ALLEN T D, RUSSELL J E A, POTEET M L, et al. Learning and development factors related to perceptions of job content and hierarchical plateauing [J]. Journal of Organizational Behavior, 1999 (20).

[4] APPELBAUM S H, FINESTONE D. Revisiting career plateauing [J]. Journal of Managerial Psychology, 1994, 9 (5).

[5] ARMSTRONG STASSEN M. Factors Associated with Job Content Plateauing among Older Workers [J]. Career Development International, 2008, 13 (7).

[6] BARDWICK J M. The Plateauing Trap [M]. Toronto: Bantam Books, 1986.

[7] BAIK J. The influence of career plateau types on organizational members' attitude [D]. Sogang University, 2001.

[8] BARDWICK J. SMR Forum: Plateauing and Productivity [J]. Sloan Management Review, 1983.

[9] BAKER P M, MARKHAM W T, BONJEAN C M, et al. Promotion interest and willingness to sacrifice for promotion in a government agency [J]. Journal of Applied Behavioral Science, 1988 (24).

[10] BENJAMIN P FOSTER, TRIMBAK SHASTRI, SIRINIMAL WITHANE. The Impact Of Mentoring On Career Plateau And Turnover Intentions Of Management Accountants [J]. Journal of Applied Business Research, 2009, 20 (4).

[11] BURKE R J. Examining the career plateau: Some preliminary findings

[R]. Psychological Report, 1989 (65).

[12] BUCHKO A. Employee Owerership, Attitudes and Turnover: An Empirical Assessment [J]. Human Relations, 1992 (45).

[13] BURKE R J, MIKKELSEN A. Examining the Career Plateau Among Police Officers [J]. International Journal of Police Strategies and Management, 2006, 29 (4).

[14] CARRIE S MCCLEESE, LILLIAN T EBY, ELIZABETH A SCHARLAU, et al. Hoffman. Hierarchical, job content, and double plateaus: A mixed - method study of stress, depression and coping responses [J]. Journal of Vocational Behavior, 2007 (71).

[15] CARNAZZA J P, KORMAN A K, FERENCE T P, et al. Plateaued and non-plateaued managers: Factors in job performance [J]. Journal of Management, 1981, 7 (2).

[16] CHAO G T. Exploration of the conceptualization and measurement of career plateau: A comparative analysis [J]. Journal of Management, 1990 (16).

[17] CHOY M R, SAVERY L K. Employee plateauing: some workplace attititudes [J]. Journal of Management Development, 1998, 17 (6).

[18] CLARK J W. Career Plateaus in Retail Management. Proceedings of the Annual Meeting of the Association of Collegiate [J]. Marketing Educators, 2005.

[19] CONNER JILL, ULRICH DAVE. Human Resource Roles: Creating Value, Not Rhetoric [J]. Human Resource Planning, 1996, 19 (3).

[20] DUFFY, JEAN ANN. The Application of Chaos Theory to the Career - Plateaued Worker [J]. Journal of Employment Counseling, 2000, 37 (4).

[21] EDGAR H SCHEIN. The Individual, the Organization, and the Career: A Conceptual Scheme [J]. Journal of Applied Behavioral Science, 1971.

[22] EISENBERGER R, HUNTINGTON R, HUTCHISOM S, et al. Perceived Organizational Support [J]. Journal of Applied Psychology, 1986 (2).

[23] ELIOT FREIDSON. The Professions and Their Prospects [M]. London: Sage Publications, 1973.

[24] ELIZABETH LENTZ. The Link between the Career Plateau and Mentoring - Addressing the Empirical Gap [D]. University of South Florida, 2004.

[25] ETTINGTON D R. How Human Resource practices can help plateaued managers succeed [J]. Human Resource Management, 1997, 36 (2).

[26] ETTINGTON D R. Successful career plateauing [J]. Journal of Vocational Behavior, 1998 (52).

[27] EVANS M G, GILBERT E. Plateaued managers: their need gratifications and their effort-performance expectations [J]. Journal of Management Studies, 1984 (21).

[28] FERENCE T P, STONER J A, WARREN E K. Managing the career plateau [J]. Academy of Management Review, 1977 (2).

[29] FELDMAN D C, B A WEITZ. Career plateaues reconsidered [J]. Journal of Management, 1988 (14).

[30] FISHBEIN M, AJZEN I. Belief, Attitude, Intention, and Behavior: An Introduction to Theory and Research [M]. Reading, MA: Addison-Wesley, 1975.

[31] GERPOTT T, DOMSCH M. R&D professionals' reactions to the career plateau: An exploration of the medicating role of supervisory behaviors and job characteristics [J]. R&D Management, 1987 (17).

[32] GOULD S, PENLEY L E. Career strategies and salary progression: A study of their relationships in a municipal bureaucracy [J]. Organizational Behavior and Human Performance, 1984 (34).

[33] GREENHAUS J H, PARASURAMAN S, WORMLEY W M. Effect of race on organizational experience, job performance evaluations and career outcomes [J]. Academy of Management Journal, 1990 (133).

[34] GUNZ H. Career and Corporate Cultures [M]. Basil Blackwell: Oxford, 1989.

[35] HARVEY E K, J R SCHULTZ. Responses to the Career Plateau [M]. Bureaucrat, 1987.

[36] HERZBERG F, MAUSNER B, SNYDETLNAN B. The Motivation to Work [M]. New York: John Wiley&Sons Inc., 1959.

[37] JAMES W CLARK. Career Plateaus in Retail Management [C]. Annual Meeting of the Association of Collegiate Marketing Educators, 2005.

[38] JI-HYUN JUNG, JINKOOK TAK. The Effects of Perceived Career Plateau on Employees' Attitudes: Moderating Effects of Career Motivation and Perceived Supervisor Support with Korean Employees [J]. Journal of Career Development, 2008, 35 (2).

[39] JOHN W SLOCUM JR, WILLIAM L CRON, RICHARD W HANSEN.

Business Strategy and the Management of Plateaued Employees [J]. Academy Of Management Journal 1985, 28 (1).

[40] JOSEPH J. An Exploratory Look at the Plateausim Construct [J]. Journal of Psychology, 1996, 130 (3).

[41] LEE P C B. Career plateau and professional plateau: Impact on work outcomes of information technology professionals [J]. Computer Personnel, 1999 (20).

[42] LEE P C B. Going beyond career plateau, using professional plateau to account for work outcomes [J]. Journal of Management Development, 2003 (22).

[43] LEE K, PARK H. The impact of career plateauing perceptions on career attitudes among travel agency employees [J]. Journal of Tourism Systems and Quality Management, 2001 (7).

[44] LEMIRE L, T SABA, Y GAGNON. Managing Career Plateauing in the Quebec Public Sector [J]. Public Personnel Management, 1999 (28).

[45] LENTZ E. The Link between the Career Plateau and Mentoring-Addressing the Empirical Gap. M. A. Thesis, Department of Psychology [D]. College of Arts and Sciences, University of South Florida, 2004.

[46] LENTZ E, ALLEN T D. The Role of Mentoring others in the Career Plateauing Phenomenon [J]. Group & Organizational Management, 2009, 34 (3).

[47] MARJORIE ARMSTRONG, STASSEN. Factors associated with job content plateauing among older workers [J]. Career Development International, 2008, 13 (7).

[48] MCCLEESE C S, EBY L T. Reactions to Job Content Plateaus: Examining Role Ambiguity and Hierarchical Plateau as Moderators [J]. the Career Development Quarterly, 2006 (55).

[49] MCCLEESE C S, EBY L T, SCHARLAU E A, et al. Hierarchical, Job Content of Stress, Depression and Coping Responses [J]. Journal of Vocational Behaviour, 2007, 71 (2).

[50] MICHEL TREMBLAY, ALAIN ROGER. Individual, Familial, and Organizational Determinants of Career Plateau: An Empirical Study of the Determinants of Objective and Subjective Career Plateau in a Population of Canadian Managers [J]. Group & Organization Management, 1993 (18).

[51] MICHEL TREMBLAY, ALAIN ROGER, JEAN MARIE TOULOUSE. Career Plateau and Work Attitudes: An Empirical Study of Managers [J]. Human Re-

lations, 1995 (48).

[52] MILLS Q D. Seniority vs. ability in promotion decisions [J]. Industrial and Labor Relations Review, 2008, 38 (3).

[53] MOBLEY W H. Intermediate Linkages the Relationship between Job Satisfaction and Employee Turnover [J]. Journal of Applied Psychology, 1977 (62).

[54] NEAR J P. The Career Plateau: Causes and Effects [M]. Business Horizons, 1980.

[55] NEAR J P. Reactions to the career plateau [M]. Business Horizons, 1984.

[56] NEAR J P. A discriminant analysis of plateaued versus nonplateaued managers [J]. Journal of Vocational Behavior, 1985 (26).

[57] NICHOLSON N. Purgatory or Place of Safety? The Managerial Plateau and Organizational Agegrading [J]. Human Relations, 1993, 46 (12).

[58] ONGORI H, AGOLLA J E. Paradigm Shift in Managing Career Plateau in Organization: The Best Strategy to Minimize Employee Intention to Quit [J]. Africa Journal of Business Management, 2009, 3 (6).

[59] PARK G, YOO T. The impact of career plateau on job and career attitudes and moderating effects of emotional intelligence and organizational support [J]. Korea Journal of Industrial and Organizational Psychology, 2005 (18).

[60] PETER L, HULL R. The Peter Principle [M]. New York: Morrow, 1969.

[61] PETERSON R T. Beyond the Plateau [J]. Sales and Marketing Management, 1993.

[62] ROGER A, TREBLAY M. The Moderating Effect of Job Characteristics on Managers' Reactions to Career Plateau [C]. Retrieved 13th November 2009 from http:ideas.repec.org/p/cir/cirwor. 98s-27.html.

[63] ROSEN B, JERDEE T H. Middle and late career problems: Causes, consequences and research needs [J]. Human Resource Planning, 1990, 13 (1).

[64] ROTONDO D M, P L PERREWE. Coping with a career Plateau: An Empirical Examination of What Works and What Doesn't [J]. Journal of Applied Social Psychology, 2000 (30).

[65] ROTONDO D. Individual-Difference Variables and Career-Related Coping [J]. The Journal of Social Psychology, 1999 (139).

[66] SAMUEL O SALAMI. Career Plateuning and Work Attitudes: Moderating Effects of Mentoring with Nigerian Employees [J]. The Journal of International Social Research, 2010 (3/11).

[67] SHARON G HEILMANN, DANIEL T HOLT, CHRISTINE Y RILOVICK. Effects of Career Plateauing on Turnover A Test of a Model [J]. Journal of Leadership &Organizational Studies, 2008, 15 (1).

[68] SLOCUM J W JR, CRON W L, HANSEN R W, et al. Business strategy and the management of plateaued employees [J]. Academy of Management Journal, 1985 (28).

[69] STOUT S K, SLOCUM J W JR, CRON W L. Dynamics of the career plateauting process [J]. Journal of Vocational Behavior, 1988 (32).

[70] SUGALSKI T D, GREENHAUS J H. Csreer exporation and goal setting among managerial employees [J]. Journal of Vocational Behacior, 1986, 29 (1).

[71] THOMAS P FERENCE, JAMES A STONER, E KIRBY WARREN. Managing the Career Plateau [J]. The Academy of Management Review, 1977, 2 (4).

[72] TREMBLAY M, ROGER A, TOULOUSE J M. Career plateau and work attitudes: An empirical study of managers [J]. Human Relations, 1995 (48).

[73] TREMBLAY M, ROGER A. Career Plateauing Reactions: The Moderating Role of Job Scope, Role Ambiguity and Participating among Canadian Managers [J]. International Journal of Human Resource Management, 2004, 15 (6).

[74] TSCHIBANAKI T. The determination of the promotion process in organizations and of earnings differentials [J]. Journal of Economic Behavior and Organization, 1987 (8).

[75] ULRICH DAVE. Strategic Human Resource Planning: Why and How? [J]. Human Resource Planning, 1987 (10).

[76] ULRICH DAVE. A New Mandate for Human Resources [M]. Harvard, 1998, 76 (1).

[77] ULRICH DAVE, SMALLWOOD NORM. Capitalizing on Capabilities [J]. Harvard Business Review, 2004, 82 (6).

[78] VEIGA J F. Plateaued versus Non-Plateaued Managers Career Patterns, Attitudes and Path Potential [J]. Academy of Management Journal, 1981, 24 (3).

[79] XIE B, LONG L. The Effects of Career Plateau on Job Satisfaction, Organizational Commitment and Turnover Intentions [J]. Acta Psychologica Sinica, 2008,

40 (8).

[80] YEUNG ARTHUR, BROCKBANK WAYNE, ULRICH DAVE. Lower Cost, Higher Value: Human Resource Function in Transformation [J]. Human Resource Planning, 1994, 17 (3).

[81] 戴维·沃尔里奇. 人力资源管理新政 [M]. 赵曙明, 等, 译. 北京: 商务印书馆, 2007.

[82] 段磊. 重铸 HR 经理胜任力模型 [J]. 人力资源, 2006 (17).

[83] 彭剑锋. 内外兼修十大 HR 新模型 [J]. 人力资源, 2006 (8).

[84] 格林豪斯, 卡拉南, 戈德谢克. 职业生涯管理 [M]. 3 版. 王伟, 译. 北京: 清华大学出版社, 2006.

[85] 廖泉文. 职业生涯发展的三、三、三理论 [J]. 中国人力资源开发, 2004 (9).

[86] S E 施恩. 职业的有效管理 [M]. 仇海清, 译. 北京: 生活·读书·新知三联书店, 1992.

[87] 谢宝国. 职业高原的结构及其后果研究 [D]. 武汉: 华中师范大学硕士学位论文, 2005.

[88] 林长华. 企业员工职业高原及其对工作绩效和离职倾向的影响研究 [D]. 长沙: 湖南大学博士学位论文, 2009.

[89] 郭豪杰. 职业高原的结构研究及其与工作倦怠的相关 [D]. 郑州: 河南大学硕士学位论文, 2007.

[90] 寇冬泉. 教师职业生涯高原: 结构、特点及其与工作效果的关系 [D]. 重庆: 西南大学博士学位论文, 2007.

[91] 白光林. 职业高原内部结构及其产生机制探讨 [D]. 广州: 暨南大学硕士学位论文, 2006.

[92] 白光林, 凌文辁, 李国昊. 职业高原结构维度与工作满意度、离职倾向的关系研究 [J]. 科技进步与对策, 2011 (2).

[93] 李华. 企业管理人员职业高原与工作满意度、组织承诺及离职倾向关系研究 [D]. 重庆: 重庆大学博士学位论文, 2006.

[94] 吴贤华. 某银行员工职业生涯高原的影响因素结构研究 [D]. 广州: 暨南大学硕士学位论文, 2006.

[95] 李尔. IT 企业研发人员职业高原现象成因及相关问题研究 [D]. 广州: 暨南大学硕士学位论文, 2009.

[96] 谢宝国. 职业生涯高原的结构及其后果研究 [D]. 武汉: 华中师范

大学硕士学位论文，2005.

　[97] 陈怡安，李中斌. 企业管理人员职业高原与工作满意度、组织承诺及离职倾向关系研究 [J]. 科技管理研究，2009 (12).

　[98] 陈子彤，金元媛，李娟. 知识型员工职业高原与工作倦怠关系的实证研究 [J]. 武汉纺织大学学报，2011 (4).

　[99] 白光林，凌文辁，李国昊. 职业高原与工作满意度、组织承诺、离职倾向关系研究 [J]. 软科学，2011 (2).

　[100] 张勉，李树茁. 雇员主动离职心理动因模型评述 [J]. 心理科学进展，2002, 10 (3).

　[101] 赵西平，刘玲，张长征. 员工离职倾向影响因素多变量分析 [J]. 中国软科学，2003 (3).

　[102] 张勉，张德，李树茁. IT 企业技术员工离职意图路径模型实证研究 [J]. 南开管理评论，2003 (4).

　[103] 叶仁荪，王玉芹，林泽炎. 工作满意度、组织承诺对国企员工离职影响的实证研究 [J]. 管理世界，2005 (3).

　[104] 凌文辁，张治灿，方俐洛. 影响组织承诺的因素探讨 [J]. 心理学报，2001, 33 (3).

　[105] 刘智强. 知识员工的职业停滞与治理研究 [D]. 武汉：华中科技大学博士学位论文，2005.

　[106] 陈志霞. 知识员工组织支持感对工作绩效和离职倾向的影响 [D]. 武汉：华中科技大学博士学位论文，2006.

　[107] 黄春生. 工作满意度与组织承诺及离职倾向相关研究 [D]. 厦门：厦门大学博士学位论文，2004.